LE DOSSIER PINOCHET

Rémy BELLON
Dominique RIZET

LE DOSSIER PINOCHET

Tortures – Enlèvements – Disparitions
Implications internationales

Michel LAFON

DE DOMINIQUE RIZET

Le Major,
Éditions Anne Carrière, 1992

Midnight Bangkok,
Éditions Anne Carrière, 1995

Cent ans de passion automobile,
Éditions Mazarine, 1998

7-13, boulevard Paul-Émile-Victor - Île de la Jatte
92521 Neuilly-sur-Seine Cedex

« *Dans ce pays, pas une feuille ne bouge*
sans que je le sache. »

Augusto PINOCHET UGARTE

À nos pères,
à Nadia et Katia pour leur patience,
à Raphaëlle, Camille, Antoine, Galaad et Clerval.
Ce livre est dédié aux milliers de disparus
du régime Pinochet et du plan Condor
et à tous ceux que leur absence fait,
aujourd'hui encore, souffrir.

– Introduction –

Jeudi 2 mars 2000, aéroport de Santiago du Chili, 10 h 25. Sur le tarmac, un vieil homme – souriant, costume bleu, cravate aux couleurs vives – descend d'un avion assis sur une chaise roulante. Le ciel est bleu azur, le soleil resplendissant. Il y a plus de deux cents personnes pour l'accueillir, certaines dûment vêtues de leur uniforme militaire, la plupart en costume sombre. Des dizaines de caméras enregistrent la scène. Les flashes crépitent.

C'est alors que l'homme se lève. Comme par miracle. Soutenu par des officiers, il empoigne une canne et sourit largement en adressant un salut à tous, une accolade appuyée à certains, des regards complices à d'autres.

Cet homme, c'est le général Augusto Pinochet Ugarte. Il rentre de Londres où il est resté presque un an et demi, d'abord à l'hôpital puis en résidence forcée. Le vieux dirigeant revient de loin. De très loin. Son sourire en paraît d'autant plus narquois. Les défenseurs des droits de l'homme et les familles des victimes de l'ex-dictateur chilien, mais aussi les juges et les avocats qui l'ont traqué et obligé à rester confiné dans la capitale de la Grande-Bretagne contre son gré, sont stupéfaits, révoltés devant tant de cynisme. « Ce jour-là, raconte l'avocat français William Bourdon, Pinochet a fait un bras d'honneur au monde entier ! »

Comme tant d'autres, il n'est pas près d'oublier la scène de ce soi-disant grand malade se levant comme par enchantement.

« Le criminel retourne sur les lieux de ses crimes », lâche la secrétaire générale du parti communiste chilien Gladys Martin tandis que plusieurs milliers de personnes se rassemblent dans les rues de Santiago aux cris de : « Le Président est revenu. Vive le Président ! »

Sur le tarmac de l'aéroport, quelques minutes auparavant, on avait vu une femme brandir une pancarte qui résume à elle seule les contradictions et l'histoire récente de ce pays d'Amérique latine revenu peu à peu à la démocratie. « *Eres immortal* ! » (« Tu es immortel ! ») avait-elle écrit à l'intention de son idole, Augusto Pinochet.

La saga politico-judiciaire londonienne a duré seize mois exactement. Elle commence le 16 octobre 1998. L'ancien dictateur nommé sénateur à vie a été admis le 22 septembre à la London Clinic pour une banale hernie discale qui lui a valu d'être opéré. Arrivé huit jours plus tôt en tant qu'ambassadeur spécial de son pays, comme en témoigne son passeport, il s'estime protégé par un statut diplomatique. Il a d'ailleurs été reçu à l'aéroport de Londres-Heathrow par un représentant du gouvernement de Tony Blair. Le 5 octobrc, il a pris le thé en compagnie de son amie Margaret Thatcher, avec qui il entretient les relations les plus cordiales, notamment depuis la guerre des Malouines au cours de laquelle il avait donné un coup de pouce aux Anglais.

Jusque-là, tout va bien.

Pourtant, le 16 octobre, il se trouve sur son lit d'hôpital quand on lui signifie l'inimaginable, l'incroyable : il est en état d'arrestation.

Un juge d'instruction de Sa Majesté, Nicholas Evans, vient d'ordonner cette interpellation en se basant sur une « demande d'arrestation provisoire en vue d'extradition » d'un magistrat hispanique, Baltasar Garzon. Ce magistrat entend l'inculper pour « génocide, terrorisme et tortures ». Des crimes imprescriptibles.

Aussi tenace que courageux et ambitieux, Garzon n'est pas n'importe qui. Âgé d'une quarantaine d'années, il a déjà poursuivi de gros bonnets du trafic de drogue et lancé, dans les années quatre-vingt, l'enquête sur les Groupes antiterroristes de libération (GAL), les « escadrons de la mort » mis en place par le ministère de l'Intérieur espagnol afin de lutter contre les séparatistes basques de l'E.T.A. Pour ces faits, en 1998, l'ex-ministre socialiste de l'Intérieur Jose Barrionuevo et son secrétaire d'État Rafael Vera ont été condamnés à dix ans de prison. Un choc sans précédent dans le pays.

En 1993, le juge a tenté une brève incursion en politique et a été élu député sur les listes socialistes. Le chef du gouvernement de l'époque, Felipe Gonzales, l'a ensuite nommé secrétaire d'État à la lutte anti-drogue, mais Garzon démissionne rapidement, estimant qu'il n'a pas suffisamment de moyens. Sa vie est vouée à la magistrature et il n'a pas froid aux yeux.

Que diable reproche-t-il à Pinochet ? Que vient faire un juge espagnol au cœur des affaires intérieures chiliennes ?

Le document officiel signé Baltasar Garzon a été rédigé à Madrid le 18 octobre 1998. Il s'intitule « Terrorisme et génocide » et déroule une argumentation juridique à faire frémir.

« Fait premier : Il est établi que, depuis septembre 1973 au Chili, et à partir de 1976 en Argentine, une série d'activités délictueuses ont été commises sous le manteau de la plus féroce répression idéologique contre les citoyens et les résidents de ces pays. Celles-ci suivaient des plans et des consignes préétablis par les structures du pouvoir et dont le but était l'élimination physique, la disparition, l'enlèvement et la pratique préalable et généralisée de la torture sur des milliers de personnes. À l'échelle internationale, une coordination avait été formée sous le nom d'opération Condor. Plusieurs pays, dont le Chili et l'Argentine, y participaient. Son objectif : coordonner l'action répressive. » Pinochet est nommément cité, lui qui « développa les activités délictueuses, ordonna l'élimination physique, la torture » de Chiliens et de ressortissants de différentes nationalités « au Chili et ailleurs ».

« Fait deuxième, poursuit le juge Garzon : Augusto Pinochet Ugarte, né à Valparaiso (Chili) le 26 novembre 1915, carte d'identité chilienne n° 1128923, apparaît comme l'un des principaux responsables et le leader d'une organisation internationale créée, en coordination avec d'autres responsables militaires ou civils d'autres pays, principalement l'Argentine, pour concevoir, développer et exécuter la planification systématique des détentions illégales, tortures, déplacements forcés, assassinats et/ou disparitions de nombreuses personnes y compris des Argentins, des Espagnols, des Britanniques, des Américains, des Chiliens et d'autres nationalités. Le but : atteindre les objectifs politiques et économiques de la conspiration, exterminer l'opposition politique et de nombreuses personnes pour des raisons idéologiques, à partir de 1973, ce qui coïncide avec des événements similaires survenus en Argentine entre 1976 et 1983. »

Baltasar Garzon a recueilli dans un premier temps les plaintes de familles d'Espagnols victimes de la dictature. Tous disparus. Il recense quatre-vingt-onze cas concrets et ordonne l'emprisonnement de Pinochet pour ces délits.

Le magistrat en appelle aux « normes internationales » en vigueur : le statut du tribunal de Nuremberg de 1945 et la résolution de l'Assemblée générale des Nations unies de 1973 sur la perpétration de crimes contre l'humanité.

Dès lors Augusto Pinochet, en état d'arrestation, va devoir livrer depuis Londres une bataille juridique tentaculaire, s'entourant d'une armada d'avocats britanniques. Le 22 octobre, un recours est déposé devant la Haute Cour de justice de Londres. Le 28, celle-ci invalide l'interpellation du sénateur chilien au nom de « l'immunité souveraine » reconnue par la loi anglaise aux anciens chefs d'État. Le parquet de Londres fait appel. Garzon également. Pinochet est transféré au Grovelands Priory Hospital, un établissement psychiatrique de luxe. Le 30 octobre, les onze juges de la chambre pénale de l'Audience nationale estiment à l'unanimité que la justice espagnole est compétente pour juger Pinochet. Le juge Garzon peut donc poursuivre ses investigations et maintenir son mandat d'arrêt. Un avion sanitaire chilien, prêt à rapatrier d'urgence le général qui a gardé beaucoup d'amis et de partisans dans son pays, est autorisé à stationner sur l'aéroport londonien depuis le 25 octobre. Le vieux dictateur attend sans bien comprendre. On lui a dissimulé une partie de la vérité afin de le ménager ; il n'est pas au mieux de sa forme et sa convalescence serait difficile.

« Pourquoi votre père a-t-il décidé de se faire opérer à Londres ? Ne se doutait-il pas que les choses pourraient mal tourner pour lui ? » demande la presse à l'une des filles du sénateur à vie, Veronica. Et celle-ci de répondre : « Il y avait urgence. Nous n'avions pas vraiment le choix. » Lucia, l'épouse de Pinochet, se déclare pour sa part humiliée et ajoute : « Si Augusto apprend ce qui se passe réellement, il va se mettre dans une telle rage qu'il en mourra ! » Surtout que, pour des raisons identiques à celles invoquées par Garzon, d'autres magistrats pourchassent le tyran retraité.

Le 2 novembre, le juge français Roger Le Loire, depuis Paris, a en effet lancé un mandat d'arrêt contre Pinochet. Sensiblement du même âge que Garzon, ce magistrat s'est également frotté aux affaires terroristes les plus sensibles. Et lui aussi instruit plusieurs dossiers sur les disparitions de Français au Chili, sous le règne de Pinochet, ainsi qu'en Argentine. Opiniâtre, Le Loire sait poser les bonnes questions et peut compter sur l'insistance de deux avocats impliqués à fond dans ces dossiers, Me William Bourdon et Me Sophie Thonon.

Et ce n'est pas tout ! Au Canada, en Allemagne, en Suède, en Suisse, en Italie, en Belgique, des plaintes ont été déposées, des procédures ouvertes, des procès par contumace ont eu lieu. Partout les autorités judiciaires se réveillent avec l'arrestation de Pinochet à Londres. La Suisse puis la France demandent à leur tour l'extradition du général. Le vieux despote est cerné.

L'évolution de sa situation au Royaume-Uni est donc suivie à la loupe dans le monde entier. Personne n'aurait imaginé, tant chez ses détracteurs que chez ses partisans, qu'un jour il devrait rendre des comptes. Et encore moins de cette façon : loin de chez lui, humilié, à terre. Dans les deux camps, chez les démocrates comme chez ceux qui soutiennent l'action de Pinochet à la tête de l'État chilien, on sort donc les banderoles pour manifester. Chacun réactive ses réseaux et ses lobbies pour le faire tomber définitivement ou le sortir de ce très mauvais pas.

Robert Badinter, ancien ministre de la Justice sous François Mitterrand, résume ainsi le sentiment de beaucoup : « Le jugement de Pinochet n'appartient pas qu'au Chili. Il concerne l'humanité entière, qu'à travers ses victimes, ses crimes ont atteinte. Et nul État, même le plus blessé, n'a le pouvoir de pardonner ou d'oublier pour le compte de l'humanité entière. » Pour lui, il est même « impérieux que soit créée le plus vite possible la Cour pénale internationale chargée de juger les criminels contre l'humanité ». À cette époque, elle n'en est encore qu'à ses balbutiements.

Le 4 novembre, les cinq magistrats de la Chambre des Lords, l'instance judiciaire suprême du Royaume-Uni, entament l'examen de la procédure en appel concernant l'immunité d'Augusto Pinochet. Leur décision est aussi attendue en Europe qu'en Amérique du Sud. L'arrestation du général suscite de vives réactions et des manifestations dans plusieurs points du globe, notamment au Chili où elles embarrassent le chef du gouvernement Eduardo Frei, tiraillé entre le souci de faire la lumière sur les années noires qu'a vécues son pays et le poids des partisans du sénateur à vie, nombreux dans la population comme dans l'armée. Frei insiste pour que le vieux dictateur soit renvoyé et jugé chez lui. En visite officielle en Grande-Bretagne, le président argentin Carlos Menem apporte tout son appui à la demande de son homologue chilien. Résultat, Tony Blair, Premier ministre de Sa Gracieuse Majesté, n'exclut pas de libérer son hôte encombrant pour des « raisons humanitaires ».

Le 25 novembre 1998, l'information tombe comme un couperet : par trois voix contre deux, les Lords refusent d'accorder l'immunité au général Pinochet. « Les chefs d'État ont droit à l'immunité, pas les chefs de coups d'État », estiment les magistrats. Cet arrêt sans précédent en droit international ouvre un nouveau chapitre dans l'imbroglio politico-judiciaire qu'a déclenché le juge Garzon. La balle est désormais dans le camp du gouvernement et de la justice britanniques qui doivent maintenant donner le feu vert à des procédures d'instruction et d'extradition venues de toute part.

Dans les rues de Santiago, la décision des Lords est saluée par des cris de joie parmi ceux qui refusent toute clémence à leur ancien dirigeant. « Cette décision est la plus grande agression contre la souveraineté de notre pays », s'exclament en revanche plusieurs officiers supérieurs. Soutenus par la droite de la droite chilienne, ils exigent qu'une délégation du plus haut niveau soit dépêchée auprès de Tony Blair afin d'obtenir la libération de Pinochet. Ils sont entendus : contestant le verdict, le démocrate chrétien Eduardo Frei envoie à Londres son ministre des Affaires étrangères avec mission de ramener le vieux sénateur qui joue de plus en plus de sa maladie, ayant compris qu'il s'agit là de son unique planche de salut.

Maintenant c'est à Jack Straw, ministre britannique de l'Intérieur, que revient le redoutable honneur de mettre en musique la décision des Lords et d'accorder ou non son feu vert à la demande d'extradition. Le 9 décembre, il s'y déclare favorable. Aussitôt Santiago du Chili rappelle son ambassadeur en Grande-Bretagne. Le lendemain, les avocats de Pinochet font appel de la décision des Lords en arguant du fait que l'un des juges, Lord Léonard Hoffman, a des liens très proches avec l'organisation humanitaire Amnesty International, partie prenante dans les poursuites contre l'ancien dictateur. Le 17 décembre, le comité d'appel de la Chambre des Lords casse le jugement de ses pairs pour cette raison. Quelques jours plus tôt, Pinochet, qui est désormais assigné à résidence dans une luxueuse demeure des environs de Londres, a comparu pour la première fois de sa vie devant un tribunal, celui de Belmarsh. Face aux magistrats, il a rejeté en bloc la justice anglaise et accusé l'Espagne de mentir. Dans le même temps, son testament politique a été publié à Santiago. Il exprime « sa profonde douleur pour toutes les personnes qui ont perdu la vie » durant ses années de règne, mais aucun remords ni regret.

L'hypothèse du retour et d'un procès de l'ex-dictateur dans son pays est de plus en plus fréquemment évoquée. Malgré les démentis officiels, on parle même d'un accord secret passé entre Londres et Santiago.

C'est qu'au Chili, en effet, un magistrat d'une soixantaine d'années, Juan Guzman Tapia, instruit deux cent soixante plaintes visant les crimes perpétrés par le général Pinochet et sa junte dans les années soixante-dix. Grâce aux procédures engagées par ce magistrat au profil atypique, la justice chilienne a des arguments pour réclamer son ancien dirigeant. Le juge Guzman fut étudiant à la Sorbonne au moment des événements de mai 1968. Très attaché à la France, d'allure aristocratique, il est issu d'un milieu intellectuel et a été marqué par la personnalité de son père Juan Guzman Cruchaga, diplomate et poète, prix national de littérature en 1962, qui recevait chez lui des artistes et des écrivains de renom. Très tôt, le juge Guzman a lu Platon et Aristote. Il a connu sa femme Inès à Paris. Après avoir tenté une carrière dans les lettres, il a finalement choisi de servir la justice de son pays auprès du président socialiste Salvador Allende élu en 1970.

– Êtes-vous des nôtres ? lui avait demandé Allende en évoquant la mémoire de son père plutôt conservateur.

– Non ! avait répondu Guzman, dont l'un des traits de caractère est la franchise.

Ce qui ne l'a pas empêché de faire carrière sous le régime d'Allende puis de s'accommoder de la situation politique créée par le putsch de la junte militaire.

Quoi qu'il en soit, à Londres, la saga judiciaire se poursuit de plus belle. Le 24 mars 1999, la Chambre des Lords se réunit à nouveau. Au menu du jour, une fois encore, la sempiternelle immunité d'Augusto Pinochet. Si les magistrats refusent de la lui reconnaître, ils n'en limitent pas moins les charges retenues à son encontre.

Au mois d'avril, Jack Straw réitère son accord quant à l'extradition du général vers l'Espagne. Appel immédiat des avocats du dictateur devant la Haute Cour de Londres. Le 18 avril, Pinochet nie haut et fort avoir joué un rôle quelconque dans les violations des droits de l'homme au cours de ses années au pouvoir. Et il accuse le gouvernement britannique de l'avoir tout bonnement « enlevé ».

Le 13 septembre, il est brièvement hospitalisé à Londres pour un examen au scanner du cerveau. Le 8 octobre, son extradition vers l'Espagne est approuvée par la Haute Cour. Désormais, le dossier va se transporter sur le terrain médical. Cela va durer trois mois, et tout tiendra à l'avis que rendront les experts mandatés. La seule et unique question à laquelle ils devront répondre est la suivante : « Pinochet peut-il physiquement assister à son procès ? »

Ayant reçu mission d'examiner sous toutes les coutures le sénateur à vie, les médecins John Grimley Evans, Michel J. Denham et Andrew J. Lees livrent ainsi leurs conclusions : « Pour résumer, le général Pinochet présente une détérioration modérée à sévère de la fonction intellectuelle supérieure à celle correspondant à son groupe d'âge. Ce fut une personne d'une intelligence supérieure et il opère maintenant à un taux en dessous de la moyenne à moyen. La mémoire à court terme, la capacité d'apprendre et la mémoire à retardement montrent toutes de sérieux handicaps. Sa plus grande difficulté consiste à conserver l'information sur une période de temps donnée. Rien ne permet d'affirmer que le général Pinochet tente de simuler un handicap. Il ne serait pas capable de faire face aux complexités d'un procès. »

Si les juges étrangers contestent cet avis, ils ne sont pas fondés, pour autant, à réclamer une contre-expertise. Cependant, en France, à la demande expresse du juge Le Loire, un expert auprès de la cour d'appel, le Dr Jacques Reverberi, se fait communiquer le dossier médical. Il indique que celui-ci met en évidence deux groupes de pathologies. D'une part des problèmes cardio-vasculaires, de diabète, de rhumatologie, de prostate et de thyroïde, d'autre part des problèmes neurologiques avec notamment une atteinte des fonctions supérieures.

La question reste de savoir si ces problèmes de santé, compte tenu de l'âge du patient, nécessitent une prise en charge particulière, s'ils le rendent incapable de se défendre devant un tribunal, et si le stress d'un procès peut mettre sa vie en danger. À ce sujet, en termes à peine voilés, le Dr Reverberi remet en cause la qualité du travail accompli par ses confrères britanniques : « Il ne peut être répondu à l'ensemble de ces questions que par la réalisation d'un examen clinique comprenant un expert spécialisé en neuropsychiatrie, un gériatre et un médecin généraliste, l'étude du dossier médical ne permettant pas de répondre de façon objective à de telles interrogations. »

« L'expertise médicale des Anglais n'était ni faite ni à faire, observe pour sa part Me William Bourdon. Il y a eu une complaisance envers Pinochet. Les Anglais voulaient s'en débarrasser, un point c'est tout. Pinochet était capable d'être jugé à cette époque, sous assistance médicale s'il le fallait. Il peut encore l'être aujourd'hui. »

Quoi qu'il en soit, le 11 janvier 2000, « pour raisons de santé », Jack Straw se déclare enclin à interrompre la procédure d'extradition vers l'Espagne. Et le 2 mars, après cinq cent trois jours de détention, Londres libère Pinochet.

À 5 heures G.M.T., sur la base de Brize Norton, un Boeing médicalisé des forces armées chiliennes quitte la base de la R.A.F. afin de rapatrier le général dictateur.

À 7 heures G.M.T., devant le ministère de l'Intérieur britannique, des victimes de la dictature chilienne se rassemblent, brandissent banderoles et photos de disparus en réclamant justice.

À 8 heures G.M.T., Jack Straw annonce officiellement sa décision. Les opposants à Pinochet accueillent celle-ci dans les larmes.

À Santiago du Chili, à la même heure, c'est la liesse

générale dans les quartiers chics où résident les partisans du général Pinochet.

À Wentworth, deux heures plus tard, six véhicules quittent la villa où était confiné l'ex-chef d'État, pour sa part transporté à bord d'un monospace aux vitres teintées. Une course poursuite s'engage entre le convoi surveillé par des hélicoptères et des voitures de presse.

À 12 h 45 G.M.T., sur la base aéroportuaire de Waddington, le Boeing médicalisé des *Fuerzas aereas de Chile* (Forces aériennes du Chili) fait tourner ses moteurs.

À 13 h 15 G.M.T., l'appareil décolle.

À 13 h 20 G.M.T., à Londres, Straw annonce devant la Chambre des Communes que « le sénateur Pinochet a désormais quitté la juridiction britannique ». Le Premier ministre Tony Blair le félicite pour avoir « géré parfaitement ce dossier extrêmement difficile ».

Augusto Pinochet Ugarte est libre. Une gifle pour les défenseurs des droits de l'homme qui réclamaient sa comparution et son jugement. Pour certains experts en droit, cependant, l'échec ne serait que relatif. Ils relèvent en effet deux avancées majeures dans cette bataille pour l'extradition. Primo, l'immunité dont bénéficiaient jusqu'ici les chefs d'État à la retraite n'est plus une assurance tous risques. Secundo, le caractère imprescriptible de certains crimes contre l'humanité a été solennellement affirmé.

L'épisode londonien a coûté au total aux contribuables anglais 4 millions de livres (6,4 millions d'euros). Les frais de justice ont représenté à eux seuls 2 millions de livres, la garde d'Augusto Pinochet 1,2 million et l'intervention des interprètes 114 000 livres. À eux seuls, les examens médicaux s'élèvent à 11 000 livres.

*
**

Sans la prise de conscience internationale qui a découlé de cette affaire, sans l'acharnement de magistrats et d'avocats de tous bords et de toutes nationalités, sans le douloureux devoir de mémoire des familles de disparus, ce livre n'aurait pas existé.

Nous avons mené notre propre enquête, rencontré des témoins, et des documents souvent inédits nous ont été confiés afin que nous portions témoignage au nom des victimes. C'est là notre rôle de journalistes.

On pourra nous reprocher notre parti pris, nous accuser d'avoir instruit à charge contre un homme et son système. Certains – des proches parfois – nous ont indiqué que le général Pinochet avait été un rempart contre le chaos d'un régime collectiviste qui avait également fait des victimes et des dégâts économiques. À l'appui de ces affirmations, des maires, en France, débaptisent encore des rues et des places Salvador-Allende ou Pablo-Neruda. Comme si les mots d'un poète pouvaient être subversifs à ce point. Aucun, pourtant, n'est allé jusqu'à donner à l'une de ses artères le nom d'Augusto Pinochet...

C'est qu'au Chili même, les faits ont largement prouvé que le remède était pire que le « mal ». Et les chiffres parlent d'eux-mêmes.

Dix mille personnes tuées durant le coup d'État du général Pinochet, en septembre 1973, selon les agences de presse (quatre mille selon les militaires chiliens).

Quatre-vingt-dix mille détenus en dix-huit mois.

Cent soixante-trois mille exilés.

Trois mille disparus.

Tel est le vrai bilan des années Pinochet.

Ce livre est un devoir de mémoire.

– Première partie –

LE COUP D'ÉTAT

– 1 –

Tragique feuilleton d'un putsch

4 décembre 1972, New York, Assemblée générale des Nations unies. Un petit homme d'apparence anodine, portant lunettes et moustaches, s'avance à la tribune pour prononcer son discours.

– Je viens du Chili, où aujourd'hui tout citoyen est libre de s'exprimer comme il l'entend le mieux. Un pays de tolérance culturelle, religieuse et idéologique non limitée, où la discrimination raciale n'a pas de place. Un pays avec une classe ouvrière unie en une seule organisation syndicale, où le suffrage universel et secret est le véhicule qui définit un régime pluraliste, avec un Parlement ayant une activité ininterrompue depuis sa création, il y a cent soixante ans. Où les tribunaux de justice sont indépendants de l'exécutif. Où, depuis 1833, la charte constitutionnelle n'a été changée qu'une fois, sans que pratiquement jamais celle-ci n'ait cessé d'être appliquée. Un pays où la vie publique est organisée en institutions civiles, qui possède des forces armées ayant une formation professionnelle démontrée et un esprit démocratique profond. Un pays de près de dix millions d'habitants qui, au cours de la même génération, a donné deux prix Nobel de littérature : Gabriela Mistral et Pablo Neruda.

L'homme qui parle ainsi de son pays et fait ses premiers pas sur la scène politique internationale se nomme Salvador Allende Gossens. Son intervention est saluée par un tonnerre d'applaudissements.

Belle revanche pour celui en qui personne ne croyait. Président de la république du Chili depuis deux ans, Allende est un socialiste. L'élection démocratique de celui qui dirige l'Unité populaire – une coalition de gauche – grâce à une majorité relative de 36,3 % des voix a fait l'effet d'une bombe. De fait, l'Unité populaire préconise un bouleversement radical : la redistribution des richesses et des terres ainsi que la nationalisation des exploitations minières de cuivre, principales ressources du pays, lesquelles appartiennent pour la plupart à des compagnies américaines.

Avec dix millions d'habitants, dont 65 % d'origine européenne, le Chili est un ruban de terre de 4 200 km de longueur et seulement 175 de largeur. Il borde toute la partie ouest de l'Amérique du Sud entre la cordillère des Andes et la côte Pacifique. Cette situation géographique impose sa logique implacable : où que l'on se trouve il n'y a que deux vraies directions possibles – le nord ou le sud – et une seule route principale, la Panaméricaine. Elle part du Pérou pour rallier la pointe australe du continent, à une envolée du cap Horn.

Comme dans toute l'Amérique latine, le Chili connaît des clivages entre la population des villes et celle des *poblaciones*, les bidonvilles des banlieues, sans oublier les habitants des campagnes dont 5 % sont des Indiens.

Au moment où Allende prend le pouvoir, ce petit pays de 757 000 km^2 se déchire peu à peu. Un grave conflit dresse les conservateurs contre les partisans de l'Unité populaire. À l'extrême droite de l'échiquier politique, le très actif mouvement « Patrie et Liberté » va rapidement déclencher des actions terroristes. L'une des plus spectaculaires est l'assassinat, perpétré en octobre 1970, du général René Schneider, proche du président Allende et commandant en chef de l'armée de terre. À travers ce meurtre, l'opposition tente déjà de déstabiliser le président socialiste en l'empêchant d'assumer son rôle de chef des armées.

Les troubles se multiplient. Les paysans se rebellent et le monde ouvrier lance des grèves, bientôt suivies par les routiers et les commerçants.

En 1973, le président Allende est au bord d'un gouffre. Qu'a-t-il fait pour en arriver là ? Un retour sur quelques événements sociaux et politiques qui ont fortement entravé la mise en œuvre du programme de l'Unité populaire permet de mieux le comprendre.

Le 2 décembre 1971, les grands propriétaires terriens voient leurs domaines expropriés, morcelés et redistribués. C'est la révolution agraire.

Le 13 août 1971, les États-Unis coupent les crédits au Chili.

Le 4 décembre 1971, les Chiliens manifestent dans les rues de Santiago pour protester contre la pénurie alimentaire. Salvador Allende décrète pour la première fois l'état d'urgence.

Le 11 octobre 1972, la grève des camionneurs qui s'estiment lésés et bloquent le pays provoque un deuxième état d'urgence.

Le 28 mars 1973, les militaires qui faisaient encore

partie du gouvernement démissionnent en raison de profonds désaccords.

Le 27 juin 1973, une nouvelle fois l'état d'urgence est décrété après une tentative d'attentat contre le chef du gouvernement, Carlos Prats.

Le 28 juin 1973, un régiment de blindés attaque le palais présidentiel de la Moneda. La révolte est matée en trois heures. Allende réclame les pleins pouvoirs qui lui sont refusés par le Parlement.

Le 3 juillet 1973, la grève des mineurs d'El Teniente s'achève. Mais, à la fin du mois, les camionneurs prennent le relais.

Le 27 juillet 1973, l'aide de camp naval du président Allende, Arturo Araya Peters, est assassiné.

Le 2 août 1973, les transports en commun se mettent en grève.

Le 23 août 1973, le général Prats démissionne après que la Chambre des Députés a demandé aux militaires de respecter la Constitution ou de se retirer. Plusieurs officiers de haut rang suivent son exemple.

Neuf mois plus tôt, en décembre 1972, à la tribune des Nations unies, le président du Chili n'avait pas manqué d'évoquer le désordre qui règne dans son pays. L'occasion, pour lui, de dénoncer un complot extérieur.

– Messieurs les délégués, j'accuse les puissances étrangères et particulièrement la C.I.A. et les États-Unis de vouloir provoquer une guerre civile au sein de ma patrie.

En mars 1973, les élections législatives qui ont suivi l'élection présidentielle se sont déroulées dans un climat délétère. Jarpa, l'un des chefs de file de la droite, a prononcé un réquisitoire sans concession :

– Le gouvernement Allende a condamné les maîtresses de maison à l'humiliation des queues pour obtenir des aliments mais, au lieu de trouver une solution à ce drame, dans leur propagande les marxistes se moquent d'elles et les injurient.

Néanmoins, le mouvement de Salvador Allende a conforté son pouvoir et augmenté son score en remportant 43 % des suffrages. « Le rêve de destituer le président de la République s'est écroulé. L'Unité populaire a plus de députés qu'hier », commente un chroniqueur de la radio officielle.

Depuis la Moneda, au lendemain de cette victoire, le président Allende s'est adressé au pays :

– Ce jour est une victoire pour le Chili, pour ses institutions, pour la cohabitation démocratique et les libertés publiques. Je souligne, avec une juste satisfaction, qu'une fois de plus la parole du gouvernement a été remplie. Nous avons dit que nous ferions les changements structuraux que le Chili réclame dans le pluralisme, en démocratie et en liberté. Et il en a été ainsi.

Le sénateur de droite Francisco Bulnes a fait, quant à lui, une analyse diamétralement opposée :

– Le gouvernement porte atteinte aux garanties individuelles. La liberté d'éducation, la liberté d'opinion, la liberté du travail, le droit à la propriété, la liberté de quitter le pays et même la liberté des personnes et leur intégrité physique sont bafoués au moyen de détentions illégales et de flagellations inhumaines.

Et d'ajouter :

– Nous sommes obligés d'employer tous les moyens à notre portée contre un gouvernement illégitime qui s'achemine tout droit vers l'abolition de la démocratie et qui, de surcroît, est en train de détruire le patrimoine économique de tous les Chiliens.

L'appel à la révolte du sénateur Bulnes va être relayé par le bras armé de la droite, Patrie et Liberté. Le 28 juin 1973, avec sa complicité, le commandant Roberto Suber, qui dirige un régiment de véhicules blindés, se soulève et attaque le palais de la Moneda ainsi que le ministère de la Défense.

Cette tentative de putsch fait vingt-deux morts et trente-deux blessés mais est matée par l'armée de terre et la police chilienne du général Carlos Prats, un fidèle d'Allende. Dans les heures qui suivent, le président Allende tente de calmer les esprits :

– J'ai appelé le peuple pour qu'il sorte dans la rue mais non pour qu'il soit achevé ni pour qu'il soit victime. Je l'appelle aussi à garder sa sérénité.

La nuit suivante, une foule se groupe devant le palais de la Moneda et manifeste son soutien aux cris de « *Allende, Allende, el pueblo te defiende* ! » (« Allende, Allende, le peuple te défend ! »). Depuis son bureau, le président chilien s'écrie :

– Je suis resté ici, camarades, parce que j'ai une conscience de classe. Je suis ici, où se trouvent mes camarades de classe, en train de défendre le gouvernement des travailleurs. J'y resterai jusqu'à la mort si cela est nécessaire.

Acclamations de la foule qui entonne l'hymne de l'Unité populaire, *El pueblo unido jamás sera vencido* (« Le peuple uni ne sera jamais vaincu »).

– Nous ferons les changements révolutionnaires dans le pluralisme, poursuit Allende. En démocratie et en liberté, ce qui ne signifie pas – écoutez bien ! – ce qui ne signifie pas et ne signifiera pas une tolérance ni à l'égard des anti-démocrates, ni à l'égard des subversifs, ni jamais à l'égard des fascistes, camarades !

Puis, contre l'avis du Congrès, le président proclame l'état d'urgence dans certaines provinces du Chili, car le chaos gagne peu à peu dans le pays. Des syndicalistes soutenant l'Unité populaire évoquent des manifestations « provocatrices et insolentes », et même « des hordes fascistes » circulant au centre de Santiago, la capitale.

Le 23 août 1973, en démissionnant de ses fonctions, le général Prats s'explique dans une lettre au président Allende, son ami : « J'ai estimé que mon devoir de soldat ayant des principes solides était de ne devenir ni un facteur de rupture de la discipline institutionnelle, ni un facteur de dislocation de l'État de droit, et encore moins de servir de prétexte à ceux qui cherchent le renversement du gouvernement constitutionnel. » Le même jour, l'un des généraux de l'armée chilienne, Augusto Pinochet Ugarte, assume les fonctions de commandant en chef de l'armée de terre. C'est Carlos Prats lui-même qui l'a recommandé à Salvador Allende.

– Je visiterai les unités demain, dit le général Pinochet au président du Chili.

– Je remercie messieurs les généraux, répond Allende.

– Chacun doit remplir son devoir comme il le faut, conclut le nouveau chef de l'armée.

Le monde entier et les Chiliens eux-mêmes ignorent encore qui est le général Pinochet.

Le 4 septembre 1973, c'est le troisième anniversaire du gouvernement Allende. Durant de longues heures, des files de manifestants convergent vers l'Alameda, l'avenue principale de Santiago. Le sénateur de droite

Francesco Bulnes ne se laisse nullement impressionner par la ferveur populaire.

– Allende est un président en échec, tonne-t-il. Il a fait échouer le pays et il doit démissionner en évitant au Chili l'affrontement ou des situations encore plus dangereuses que celles que nous vivons. Je suis persuadé que la résistance va grandir jour après jour et que ce gouvernement va trouver sa fin dans la résistance des citoyens.

Partout, les camionneurs, les commerçants et les médecins se mettent en grève, et de violents incidents éclatent dans les universités. Partout, les actes de sabotage et les attentats se multiplient. Le leader corporatiste Jaime Guzman, accompagné du président du puissant syndicat des camionneurs, Leon Vilarin, exige la démission de Salvador Allende. Les bruits les plus fous courent dans Santiago : on parle d'un coup d'État imminent. La rumeur est infondée, même si le président est effectivement au bout du rouleau et songe de plus en plus à consulter la population par référendum.

Laura Allende, députée et sœur du président, témoignera plus tard de cette atmosphère de fin de règne : « La dernière fois que j'ai parlé avec mon frère, c'était le dimanche 9 septembre, et le putsch a eu lieu le mardi 11. Salvador m'a expliqué qu'il pensait que la situation pourrait s'améliorer si le peuple s'exprimait. Il m'a dit qu'il allait organiser un référendum et quc, le mardi 11, il allait prononcer un discours important pour que la situation soit définie par un vote populaire. »

La guerre civile menace. Sur la chaîne de télévision de l'Université catholique, le prêtre Raoul Hasbun tutoie le peuple et l'appelle à se soulever contre son président :

– Lève-toi, lève-toi, et secoue la torpeur de ton âme. Lève-toi et secoue la poussière de la tristesse et les chaînes du découragement. Lève-toi car le jour se lèvera.

Lève-toi et consacre-toi à la principale tâche du jour : lutter. Lutter surtout avec la prière. Lutter pour que l'arrivée des jours nouveaux s'accélère.

L'espoir de l'homme d'Église n'est pas vain. Le 11 septembre 1973 débute le coup d'État qui va renverser le gouvernement d'Unité populaire.

D'une voix hachée, alors que l'on entend derrière lui de multiples détonations, le président Allende s'adresse à ses compatriotes par l'intermédiaire de la radio officielle :

– C'est le président de la République qui vous parle depuis le palais de la Moneda. Des informations confirmées nous signalent qu'un secteur de la marine aurait isolé Valparaiso... [*Suit un silence de plusieurs minutes*] et que la ville serait occupée. Ce qui signifie un soulèvement contre l'armée, contre le gouvernement, le gouvernement légitimement constitué ; le gouvernement qui se fonde sur la loi et la volonté des citoyens...

» Je n'ai pas l'étoffe d'un apôtre, d'un Messie ou d'un martyr. Je suis un combattant social qui remplit la tâche que le peuple m'a confiée. Mais qu'ils l'entendent clairement, ceux qui veulent vaincre contre l'histoire et ignorer la volonté majoritaire du Chili : sans avoir la chair d'un martyr, pour qu'il fasse jour de nouveau au Chili, pour que la lumière revienne, je ne ferai pas un seul pas en arrière. Qu'ils le sachent : je quitterai la Moneda lorsque j'aurai rempli le mandat que le peuple m'a donné... je ne laisse pas d'autre alternative. Ce n'est qu'en m'assignant par des balles qu'ils pourront contrecarrer ma volonté d'exécuter le programme du peuple. »

Puis le président appelle les ouvriers à se rendre dans les usines et à occuper leurs lieux de travail. Il essaie surtout de rassurer chacun en affirmant que son armée contrôle la situation à Santiago.

Dans les heures qui suivent, les putschistes infligent un démenti cinglant au président à travers ce communiqué des forces armées : « Compte tenu de la crise économique, sociale et morale gravissime qui est en train de détruire le pays, de l'incapacité du gouvernement à adopter les mesures qui permettent d'arrêter le processus et l'extension du chaos, et de l'augmentation constante des groupes paramilitaires armés et entraînés par les partis politiques de l'Unité populaire, qui mèneront le peuple du Chili à une guerre civile inévitable, Monsieur le président de la République doit procéder à la remise immédiate de sa haute charge aux forces armées et à la police du Chili. »

Signé le général de l'armée de terre Augusto Pinochet, l'amiral en chef de la marine Toribio Merino Castro, le général commandant l'armée de l'air Gustavo Leigh Guzman et le directeur général de la police Cesar Mendoza Duran.

Réplique de Salvador Allende, toujours à la radio :

– Je ne démissionnerai pas. Je signale au pays l'attitude incroyable de soldats qui manquent à leur parole et à leur engagement. Je vous signifie ma volonté de résister avec les moyens qu'il faudra, au péril de ma vie. Les avions survolent la Moneda à cet instant même. Ils vont sûrement la mitrailler. Nous sommes sereins et tranquilles. Notre holocauste marquera l'infamie de ceux qui trahissent la patrie et le peuple.

*
**

Pour comprendre comment Allende en est arrivé à ce point de non-retour, revenons un peu en arrière...

Dans la soirée et la nuit du lundi 10 septembre, d'inquiétants préparatifs et mouvements de troupes se sont produits dans les casernes du Chili, notamment au régiment des Andes. Les partisans de l'Unité populaire, craignant déjà un vaste soulèvement, ont commencé à occuper les endroits stratégiques du pays. Au palais de la Moneda, « Payita », le secrétaire particulier du président de la République, assure la permanence.

« Je ne suis au courant de rien », déclare le général Herman Brady, chef de la 2e Division des forces terrestres au ministre de la Défense, Orlando Letelier.

Brady ment. Au poste qu'il occupe, il sait évidemment dans le détail ce qui se trame. Le secrétaire général du parti socialiste, Carlos Altamirano, a fait état récemment, dans un rapport officiel, de la grogne des forces armées. Il a même exprimé des doutes quant à leur loyauté. Altamirano sait que des sous-officiers soupçonnés de sympathies pour la gauche ont été renvoyés chez eux sans leurs armes et sans explications.

Le 11 septembre, à 6 heures du matin, la marine passe à l'action en investissant des lieux stratégiques à Valparaiso et à Vina del Mar. Des dirigeants politiques et syndicaux sont arrêtés. L'amiral Montero Cornejo, commandant en chef de la marine, respecté de ses hommes et fidèle au gouvernement, a été mis aux arrêts et remplacé par un amiral putschiste de la première heure, Toribio Merino.

À Santiago, la capitale, le seul général que le gouvernement réussit à trouver pour tenter de calmer les troupes est... Herman Brady. Celui-ci promet d'exécuter les ordres. Il n'en fera rien. Dans le secret, en réalité, les armées de terre, de l'air et la marine sont en train de préparer leur coup de force et tentent de rallier les carabiniers qui hésitent encore. Pas pour longtemps. Alors qu'il arrive au ministère de la Défense, Orlando Letelier est lui aussi placé aux arrêts.

Dans son palais, Salvador Allende n'ignore rien de la gravité de la situation. Jersey à col roulé gris avec des motifs bruns sous la veste, pantalon gris sombre et chaussures noires, il tient à la main une mitraillette soviétique A.K., cadeau de Fidel Castro. Sur la culasse de l'arme, une dédicace gravée dans le métal résume à elle seule les liens d'amitié qui unissent les deux hommes : « À Salvador, de la part de son compagnon d'armes Fidel. »

Allende a pris sa décision. Il va résister, combattre avec les moyens dont il dispose. Il ne se laissera pas prendre et se sent investi d'une responsabilité historique qui évitera, pense-t-il, le massacre. En cet instant, il a en mémoire les paroles prononcées au stade national de Santiago, au côté de Castro, un jour faste de décembre 1971 :

– Ceux qui prétendent nous écarter du chemin que nous nous sommes tracé, qui, par leurs mensonges et leurs calomnies, disent qu'au Chili il n'y a pas de liberté [...] sont ceux qui mentent pour pouvoir tromper, obtenir l'appui de certains secteurs, et ce sont eux qui conspirent pour s'opposer à la volonté populaire. Je vous le dis à vous, camarades, camarades depuis tant d'années, je vous le dis avec calme, en toute sérénité [...] : je ne quitterai la Moneda qu'à l'expiration du mandat que le peuple m'a confié. [...] Je n'ai pas d'autre choix. Ce n'est qu'en me criblant de balles que l'on pourra m'empêcher d'accomplir le programme du peuple. »

*
**

Dès les premières heures de la matinée du 11 septembre, Veronica Ahumada, journaliste en poste à la Moneda, a vu apparaître trois tanks de l'armée de terre sur la place centrale de la Constitution. Salvador Allende espère encore une réaction des « soldats de la patrie » – selon sa propre expression – qui avaient prêté le serment de défendre le régime en place. Mais seuls ses fidèles et ses plus proches collaborateurs affluent en masse au palais, non sans difficulté pour certains. Un break transportant des membres de l'escorte civile du président, le coffre rempli d'armes et de munitions, est intercepté à quelques centaines de mètres à peine de la Moneda. Ses occupants sont faits prisonniers par des militaires et par certains de leurs propres collègues. Parmi eux, Enrique Ropert Contreras et Domingo Blanco seront assassinés quelques jours plus tard, sans autre forme de procès.

Dans le centre ville, la majorité des habitants regagnent leur domicile à pied faute de transports en commun. Autour d'eux, des soldats en tenue de campagne, foulard orange autour du cou, prennent fébrilement le contrôle des rues.

Bizarrement, alors que les putschistes semblent avoir tout prévu, le téléphone reliant le palais présidentiel continue et continuera à fonctionner malgré les violents raids aériens qui se succèdent, pilonnant et détruisant une aile entière de la Moneda.

Nancy Julien, une Cubaine qui vit au Chili depuis 1970, réussit à passer un coup de fil à l'ambassadeur cubain, Mario Garcia Inchaustegui.

– Mario, s'écrie-t-elle, je suis à la Moneda. La Patrie ou la mort. Nous vaincrons !

Entre 8 et 9 heures du matin, le président Allende campe au deuxième étage et évalue la situation. Par téléphone, il s'entretient avec ses principaux soutiens à l'extérieur, Rolando Calderon, secrétaire général de la C.U.T. (le principal syndicat chilien), et Hernan del Canto, membre du comité central du parti socialiste qui vient de passer au palais et a noté que Salvador Allende a « la ferme intention de résister ».

Au premier étage se trouvent plusieurs médecins et une infirmière. Un bloc opératoire a été installé dans l'une des pièces de l'intendance.

Au quartier général de l'aviation, à quelques encablures de là, le commandant Roberto Sanchez appelle la Moneda et, se déclarant l'intermédiaire des putschistes, offre de mettre un avion à disposition du président, de sa famille et de ses proches collaborateurs pour quitter le pays.

– Commandant, répond Allende, dites que le président du Chili ne fuit pas en avion, qu'il sait se comporter en soldat et que je saurai me comporter en président de la République.

Cette offre lui sera réitérée – mais en quels termes ! – à plusieurs reprises. En témoigne la transcription d'une écoute téléphonique entre Augusto Pinochet et l'un de ses alliés, l'amiral Patricio Carvajal :

– Attention, poste 1, poste 1 à poste 5, allez-y, à vous !

Réponse :

– Patricio a besoin de parler à Augusto. Allez-y, parlez, à vous.

Pinochet répond en personne :

– Conforme, c'est Augusto qui parle ici. Augusto à l'écoute. Augusto à l'écoute.

Au milieu des bruits d'explosions, de la mitraille et du fracas, le dialogue se poursuit.

Carvajal : – Allende... il est à la Moneda.

Pinochet : – Il faut alors être prêt à agir sur lui. Mieux vaut tuer la chienne pour en finir avec la meute, mon vieux !

Carvajal : – Exact, mais il propose de parlementer...

Pinochet : – Reddition inconditionnelle ! Aucun dialogue ! Reddition inconditionnelle !

Carvajal : – Bien, conforme. Reddition inconditionnelle. On le fait prisonnier en lui proposant uniquement de lui respecter la vie, disons...

Pinochet : – En lui proposant uniquement de lui respecter la vie, la vie et son intégrité physique, et ensuite on l'enverra ailleurs.

Carvajal : – Conforme, on maintient donc l'offre de lui faire quitter le pays ?

Pinochet : – On maintient l'offre de lui faire quitter le pays mais l'avion tombera lorsqu'il sera en vol...

Carvajal : – Conforme... [*Rires*.]

On l'apprendra plus tard, et le relevé authentique de cette conversation entre mutins en fait foi : Pinochet avait élaboré un sinistre plan au terme duquel l'avion présidentiel se serait écrasé au sol avec les conséquences qu'on imagine. Quant à l'expression « tuer la chienne », elle est parfaitement explicite : il s'agit d'une formule couramment utilisée au Chili – où les rues sont envahies d'animaux vagabonds dans les quartiers populaires – quand une meute de chiens suit une femelle en chaleur.

À 8 h 30, sur les ondes de Radio Agriculture, retentit une musique inhabituelle aux oreilles des Chiliens. Les marches militaires succèdent à l'hymne avant-gardiste et révolutionnaire de l'Unité populaire. C'est la première proclamation de la junte militaire du gouvernement. L'orateur se nomme Roberto Guillart. Il est lieutenant et il parle au nom des nouveaux hommes forts du pays, Pinochet en tête, qu'il présente comme des sauveurs de la nation :

– Prenant en compte la crise économique, sociale et

morale des plus graves qui est sur le point de détruire le pays et l'incapacité du gouvernement à prendre les mesures qui permettraient de mettre un terme à l'extension du chaos, les forces armées et les carabiniers déclarent que monsieur le président de la République doit immédiatement leur remettre les pouvoirs de sa haute charge.

Toujours par sa voix, les militaires prétendent « libérer la patrie du joug marxiste » ainsi que « restaurer l'ordre et les institutions ». À la fin de cette déclaration, l'hymne national chilien est diffusé dans son intégralité.

Pendant ce temps, Allende réaffirme qu'il ne démissionnera pas. Avec une fermeté teintée de réalisme et de désespoir, il lance au peuple chilien :

– C'est peut-être la dernière occasion que j'aurai de m'adresser à vous. [...] Je ne démissionnerai pas. Placé dans un moment historique, je paierai avec ma vie la loyauté du peuple et je vous dis que j'ai la certitude que la graine que nous avons plantée ne pourra jamais être coupée.

Son aide de camp, Roberto Sanchez, tente de le convaincre de quitter le pays, comme l'y invitent les putschistes. Il est vertement renvoyé dans les cordes par Allende. Sanchez quitte la Moneda. Un médecin du palais l'interpelle :

– Commandant, que se passe-t-il ?

– Docteur, répond Sanchez, j'étais venu offrir un avion au président afin qu'il puisse quitter le pays. Il l'a refusé. Je vais voir si quelques unités lui sont encore loyales...

Depuis la banque centrale de Santiago, un groupe de militants socialistes propose de se joindre aux quelques loyalistes encore rassemblés autour d'Allende. Peine perdue, les militaires ont bloqué tous les accès.

À la Moneda, l'ambiance est de plus en plus électrique. Les membres de la Garde armée présidentielle (GAP) empoignent leurs armes et s'installent à leurs postes de combat, aux fenêtres. De nombreux échanges de coups de feu s'ensuivent entre les assaillants et les loyalistes.

Au secrétariat, on commence déjà à brûler les archives, à l'exception de l'acte d'indépendance du Chili que Salvador Allende ne peut se résoudre à détruire. « Coco » Paredes, un ancien médecin de l'hôpital Saint-François-de-Borgia, a quitté son épouse Eva, ses fils Raimundo et Nicolas en leur disant : « Je ne pense pas que nous sortirons d'ici. Cette fois, c'est définitif. Les "milicos" se sont unis pour le coup ! »

« Coco », comme le surnomment affectueusement ses amis, revient de loin. Le 29 juin, il y a deux mois, il a survécu par miracle à un attentat de l'extrême droite : sa voiture a été mitraillée par les militants de Patrie et Liberté. L'aide de camp naval du président, le capitaine de vaisseau Arturo Araya Peters, a eu moins de chance. Il a été abattu le 27 juillet. Et l'extrême droite a tenté de rejeter la responsabilité du meurtre sur des mouvements d'extrême gauche.

Vers 9 h 30, Enrique Huerta, un collaborateur du président Allende, lui passe une communication téléphonique :

– C'est le ministère de la Défense, président.

Au bout du fil, l'amiral Carvajal le somme de nouveau de se rendre, menaçant cette fois de bombarder la Moneda et d'éliminer toutes les personnes s'y trouvant.

– Qui pourrait faire confiance à des traîtres ? rétorque Allende.

Curieusement, la communication n'ayant pas été coupée, on entend l'amiral félon prononcer cet aparté :

– Nous allons devoir les tuer comme des rats. Qu'il ne reste aucune trace d'aucun d'entre eux. Particulièrement d'Allende...

Pendant ce temps, de nombreux carabiniers quittent le palais afin d'éviter les rafales de plus en plus nourries tirées depuis l'extérieur par les soldats de l'infanterie, les chars et les véhicules blindés. Des membres du personnel de service, effrayés, s'échappent également en courant, dans la plus grande confusion. Certains adressent de timides signes d'adieu à ceux qu'ils connaissent depuis des années et qui vont rester jusqu'au bout.

Le général Sepulveda, de la Direction des carabiniers, demeuré fidèle au président, s'entend relever de ses fonctions par celui-ci.

– Ne vous occupez par de cela, président, répond-il. Je ferai mon devoir et défendrai la Moneda.

Quelques instants plus tard, cependant, Sepulveda serait sorti et aurait été arrêté dans des conditions qui n'ont jamais été éclaircies.

Peu avant 10 heures, des militaires putschistes tentent une importante percée vers une porte centrale du palais. Ils sont repoussés par la garde civile du président. Allende se trouve toujours au premier étage. Il reste « serein », selon certains témoins. D'autres disent qu'il a les larmes aux yeux.

Le chef de l'État convoque alors ses proches au deuxième étage, dans le salon Toesca, normalement réservé aux grandes cérémonies. Isabel, sa fille, demande à un médecin de brûler les photos de ses enfants :

– Il faut leur éviter la persécution car le fascisme sera comme cela, dit-elle.

Dans le grand salon, tous sont debout et écoutent

Allende leur parler avec émotion. Un discours improvisé, sans notes, dont quelques échos nous sont parvenus jusqu'aujourd'hui :

– Camarades, le coup militaire est en marche. Nous n'avons aucune force organisée à nos côtés. Je lutterai jusqu'au dernier moment. Je vous remercie tous de votre loyauté mais vous ne devez pas devenir des victimes inutiles. La plupart d'entre vous êtes jeunes. Vous avez des femmes et des enfants en bas âge. Vous avez un devoir envers eux et envers le peuple chilien. Ceci n'est pas le dernier combat. Aux camarades qui n'ont pas de tâches essentielles à accomplir, qui ne sont pas armés ou ne savent pas se servir d'une arme, je demande de sortir maintenant, tant qu'ils ont peut-être encore une possibilité de le faire. Il faut que certains puissent faire le récit de ces événements. Je combattrai car j'en ai reçu le mandat des travailleurs et du peuple, mandat que je remplirai loyalement comme je l'ai fait tout au long de ma vie.

Un long silence suit ce discours improvisé.

« La plupart d'entre nous n'ont pu retenir leurs larmes, rapporte un témoin. Nous avons chanté l'hymne national et terminé aux cris de : "Vive Allende, vive l'Unité populaire !" »

Avant de se retirer, ceux qui partent viennent un à un saluer le président qui interpelle l'un d'eux, le Dr Ruiz.

– Vous vivez une histoire intéressante. Écrivez-la !

– *Story or History* (« histoire ou Histoire ») ? demande, en anglais, le médecin au président.

– *History !* répond Allende.

À ce moment, la junte militaire diffuse son communiqué n° 2 : « Le palais de la Moneda devra être évacué avant 11 heures. Si cela ne se produit pas, il sera attaqué par les forces aériennes du Chili. »

La réunion terminée, les ministres et membres du gouvernement regagnent leurs ministères respectifs. Les autres, médecins, secrétaires et membres de la garde rapprochée, commencent à prendre des précautions pour parer au bombardement qui s'annonce.

Le président Allende se rend dans le jardin d'hiver et, de là, examine les mesures de défense de la Moneda. Mitraillettes, chargeurs et masques à gaz se trouvent sur une table. Ceux qui savent s'en servir s'en emparent. Les autres tentent maladroitement et dans la précipitation de s'initier à leur maniement.

« Le calme d'Allende était contagieux, raconte l'une des personnes présentes. Nous ne savions pas ce qui allait se passer dans les minutes suivantes. Nos conversations étaient des plus concrètes. Nous en avons profité pour détruire certains documents personnels qui n'avaient plus aucune utilité. »

Allende décide que toutes les femmes doivent quitter le palais. Sa fille Beatriz, qui est dans les derniers mois de sa deuxième grossesse, refuse tout net de s'en aller, comme sa sœur Isabel. Inquiet, le président prend le téléphone pour joindre Carvajal.

– Amiral, ici le président. J'exige que l'on envoie un véhicule protégé pour permettre d'évacuer les femmes qui se trouvent à la Moneda. J'en appelle à votre honneur d'homme et non pas de soldat.

Puis le président raccroche, rejoint l'entrée d'un petit passage souterrain situé à côté des bureaux de l'intendance et implore les femmes de l'emprunter pour avoir la vie sauve. À ses filles, il demande de prendre soin de leur mère qui se trouve à cet instant à la résidence présidentielle de Tomas Moro.

– Nous serons sûrement prises en otages pour faire pression sur toi, dit Beatriz à son père.

– Dans ce cas-là, répond-il, dis-leur de te fusiller et d'ajouter la lâcheté à leurs méfaits.

Lentement, en file indienne, l'une après l'autre, les dernières femmes présentes à la Moneda empruntent le passage souterrain.

En partant, Nancy Julien donne son arme à son ami Enrique. Dehors, aucun véhicule n'a été envoyé. Et les femmes sont accueillies par une pluie de balles. Carvajal n'a pas tenu sa promesse.

Dans le palais, Allende et son dernier carré de fidèles attendent l'attaque aérienne qui va intervenir d'un moment à l'autre. L'ultimatum des militaires a expiré depuis longtemps. Les blindés ont tenté une nouvelle percée, encore une fois repoussée par les assiégés. Pourtant, à l'intérieur du bâtiment, il y a bien plus de fusils-mitrailleurs que de bras pour les utiliser. Et dans le ciel de Santiago tournent les hélicoptères. ils tirent sur les militants de l'Unité populaire qui résistent encore.

Peu avant midi, la radio des forces armées séditieuses diffuse un message sans ambiguïté : « Depuis 10 h 30, il a été demandé à Salvador Allende de se rendre, mais face au refus de celui-ci l'attaque aérienne et terrestre de la Moneda a été initiée. Cette action a pour but d'éviter que le sang soit répandu. »

– Aux environs de midi, je crois qu'il devait être 11 h 55, raconte un témoin enfermé dans la Moneda, les Hawker-Hunter de l'aviation ont fait leurs premiers passages. De l'intérieur, nous les entendions s'approcher. Ensuite, un son aigu, comme un sifflement, probablement causé par la trajectoire du projectile. Après quelques brèves secondes, une violente explosion...

Les appareils repassent huit fois avant que n'explosent les vitres et fenêtres dans un bruit sourd et que, sous l'onde de choc, ne s'ouvrent toutes les portes. Le bombardement dure de quinze à vingt minutes et vise essentiellement la partie centrale du bâtiment, provoquant un gigantesque incendie. Sur ses ondes, la junte militaire diffuse un nouveau communiqué, le n° 3 :

« Nous demandons au corps des sapeurs-pompiers de se rendre à la Moneda afin de neutraliser le sinistre qui est en train de se produire là-bas... et portant l'uniforme... des pompiers en uniforme... »

Au palais, les militaires lancent les premières bombes lacrymogènes dans les brèches creusées par l'aviation. À l'intérieur du palais, tout le monde suffoque.

Les combats redoublent d'intensité et de violence. Un char et un véhicule blindé tentent une percée aussitôt repoussée par les tirs de bazooka effectués par le président, sa garde et les derniers fidèles qui se replient de plus en plus vers l'intérieur de l'édifice. Allende pousse une table vers une fenêtre et se protège derrière pour utiliser sa mitraillette. L'un de ses amis, le directeur de la télévision nationale Augusto Olivares, s'est retiré juste avant dans une petite pièce du premier étage. Là, assis sur une chaise, il s'est tiré une balle de revolver dans la tête.

Deux hommes le trouvent le visage affreusement déformé, mais respirant encore. On tente en vain de le réanimer. Informé de sa mort, Allende fait cesser les combats le temps d'une minute de silence en son honneur.

« Mon frère, mon ami de toute une vie... "Toutou" est mort », se lamente Carlos, l'ami qui avait donné ce surnom à Olivares. Salvador Allende vient d'apprendre une autre tragédie : la résidence Tomas Moro, où se trouve son épouse Hortensia, a également été prise pour cible par les chasseurs bombardiers putschistes. Il demande qu'on essaie de joindre sa femme au téléphone.

– C'est inutile, lui répond-on, tout est détruit là-bas !

Quelques secondes Allende vacille, comme s'il allait céder. Quelques secondes seulement, puis il se ravise soudain, se dirige à nouveau vers les fenêtres de la Moneda et se remet à tirer avec sa mitraillette en direction des assaillants. On apprendra plus tard qu'Hortensia Allende, née Bussi, a réussi à se réfugier dans la résidence de l'ambassadeur du Mexique à Santiago.

Dans les ruines du palais, quelques fidèles envisagent encore de tout tenter pour sauver la vie d'Allende. Pourquoi ne pas sortir en force ?

– Ce serait mieux pour l'avenir du pays, dit l'un d'eux.

– Non, rétorque Carlos Alamos, le chef de la garde. Il y aurait trop de morts et le président pourrait être grièvement blessé ou fait prisonnier.

Au fil des heures, entre gaz lacrymogènes, fumée des incendies et assauts répétés des putschistes, la situation à l'intérieur de la Moneda devient intenable. Le Dr Oscar Soto, en écrivant plus tard *Le Dernier Jour de Salvador Allende*, chronique de l'assaut contre le palais d'où sont tirés tous les témoignages connus, se souviendra du moment où la porte n° 80, située à un lieu stratégique du bâtiment, a sauté.

« Nous nous sommes retrouvés sous les fusils d'une vingtaine de soldats, tous jeunes, qui portaient autour du cou un foulard orange pour mieux s'identifier. Ils étaient commandés par un officier qui portait des lunettes à verres ronds. Je l'ai regardé et me suis rendu compte que l'un de ses verres était cassé. Les soldats criaient et nous visaient avec rage. Ils étaient très excités, hors d'eux. [...] L'officier leur a ordonné de ne pas tirer. Il nous a sauvé la vie. »

Et Oscar Soto de poursuivre en racontant comment les militaires les ont fait sortir du palais à coups de pied puis s'allonger sur le trottoir :

« Par hasard, mon corps est tombé sur les autres, j'ai senti que l'on me prenait le bras droit et que l'on me forçait à me lever. C'était l'officier aux lunettes rondes. "Qui êtes-vous ? me demande celui-ci. Combien sont-ils au-dessus ? Montez et dites-leur qu'ils ont dix minutes pour descendre sans armes." »

Le Dr Soto monte les escaliers quatre à quatre jusqu'au deuxième étage où se trouvent encore Allende et ses derniers compagnons.

– Président, crie-t-il, le premier étage est aux mains des militaires. Ils disent que vous devez déposer vos armes et vous rendre.

– Descendez tous, rétorque Salvador Allende. Laissez vos armes et descendez. Je viendrai en dernier.

C'est l'image qu'emporteront tous les proches du président du Chili. Quelques minutes plus tard on le retrouvera mort, sa mitraillette entre les jambes. A-t-il été abattu ? S'est-il suicidé ? Aujourd'hui encore, certains se posent la question.

*
**

Il est environ 14 heures. Les derniers assiégés sortent du palais les mains en l'air. Eux aussi seront allongés sur le trottoir, les mains sur la tête et les jambes écartées, pendant que les soldats leur crieront : « On va vous fusiller. »

La bataille de la Moneda est terminée.

Le Chili va connaître la période la plus noire de son histoire. Elle durera dix-sept ans.

– 2 –

« Le stade »

« Dans ce pays, pas une feuille ne bouge sans que je le sache... » Cette phrase historique d'Augusto Pinochet Ugarte est la plus belle illustration du seul souci qui animera désormais le dictateur chilien. Dès les premières heures du 11 septembre 1973, la terreur se met en place de manière implacable et répétitive. Les militaires soulevés, qui ont également nom Gustavo Leigh Guzman, Cesar Mendoza Duran ou Jose Toribio Merino Castro, ordonnent l'emprisonnement de tous les représentants du gouvernement démocratique qu'ils viennent de renverser, tant dans les provinces que dans les municipalités. Ils suspendent les droits d'association, d'information et d'expression, ferment le Congrès national, militarisent toutes les universités, brûlent les bibliothèques et registres électoraux, instituent un régime de terreur, s'arrogent les pouvoirs constituant, exécutif et législatif, imposent l'état de guerre, l'état de siège et un couvre-feu qui se prolongera durant trois lustres.

Ceux qui ont pris le pouvoir par la violence s'installent à tous les leviers de commande par les mêmes moyens et s'assignent des objectifs aussi précis que sinistrement méthodiques : obtenir de manière systématique la disparition des partis politiques, syndicats et associations ayant appuyé le régime qu'ils viennent d'abattre dans le sang. Pire, ils procèdent à l'élimination physique de leurs membres en utilisant à tout va la détention, la torture, l'assassinat, l'emprisonnement ou l'exil de milliers d'hommes, de femmes et d'enfants à qui s'ajouteront ensuite leurs familles, leurs amis, leurs connaissances ou voisins et quiconque oserait discuter.

Pour cela, les hommes de Pinochet se servent des troupes placées sous leur commandement. Les soldats de l'ex-armée régulière vont devenir des matons et des tortionnaires. Les casernes et les écoles militaires vont être transformées en centres de détention, de torture et d'exécutions sommaires.

L'histoire se répète. Les nazis avaient utilisé les mêmes méthodes.

L'une des premières victimes que cette dictature assassine est un Français de vingt-huit ans, né le 29 décembre 1945 à Romans-sur-Isère dans la Drôme. Il se nomme Georges Max Patrick Klein-Pipper. Il est médecin. Le 11 septembre 1973, Jorge Klein, comme les Chiliens avaient coutume de l'appeler, est comme d'habitude parti très tôt de son domicile situé dans le quartier de Bellavista à Santiago. Et comme chaque matin, il a embrassé sa femme Alice et leur fille unique Vanessa.

Jorge se rend au palais de la Moneda où il occupe un poste d'*assesor*. Il fait en quelque sorte fonction de commissaire politique au secrétariat général du gouvernement de Salvador Allende. Le Dr Klein est militant au parti socialiste chilien de longue date. Durant des années, il a été l'un des leaders d'un vaste mouvement de réformes universitaires impulsé par des militants de gauche. C'est un fidèle du président. Quand éclate le coup d'État, il se trouve donc aux premières loges avec les assiégés.

Vers 11 heures, sous les bombes des putschistes, il téléphone à sa femme pour lui dire : « Ils nous bombardent mais nous allons bien... » Ce sont les derniers mots qu'Alice entendra de la bouche de son mari. La communication est subitement coupée. La Moneda est à feu et à sang. Dans un ouvrage collectif intitulé *Pourquoi nous étions des médecins du peuple*, un ami du Dr Klein-Pipper témoigne : « Après le bombardement, entre les ruines, la poussière, les cris, les blessés, les morts et le bruit des mitraillettes, il y eut un vacarme énorme et ensuite le silence. »

Les défenseurs du palais présidentiel, Klein en tête, se retrouvent sur le sol, mains sur la nuque, arrêtés par les sbires de Pinochet. Sur une photographie qui fera le tour du monde, un cliché pris dans les minutes qui suivent la chute d'Allende, on voit un groupe d'hommes bousculés sans ménagement par des militaires en treillis, casqués, armés de fusils-mitrailleurs et bardés de cartouchières. On y distingue très nettement le Dr Klein. Vêtu d'un pantalon à « pattes d'éléphant », reconnaissable à son épaisse moustache noire en accent circonflexe, il lève les bras. Il est le dernier de la file alignée le long d'un mur. Devant lui se tiennent les docteurs Enrique Paris et Eduardo Paredes. Plus que des collaborateurs du président, ils étaient ses amis. Point commun entre ces hommes : la médecine. Salvador Allende a obtenu son diplôme de médecin en mai 1933, Enrique Paris en avril

1961, Eduardo Paredes en mars 1963, et Georges Klein en mai 1970.

Vers 18 heures, tous trois sont transportés à la caserne du régiment Tacna. Juan Seoane, qui était alors chef des détectives de la section Moneda, se souviendra plus tard de la présence du médecin français parmi les prisonniers. Mais qu'est devenu Georges Klein par la suite ?

Autour de sa disparition subsiste un doute si lourd de sens que sa famille, qui vit aujourd'hui en France, ne peut se contenter de demi-vérités.

*
**

Georges était le fils unique de Rodolphe Klein et Lotte Pipper, née à Wistnitz en Roumanie. Les Klein-Pipper ont abandonné Berlin après que la verrerie familiale leur a été confisquée par les nazis. Ils s'installent à Vienne, la ville natale de Rodolphe Klein. De là, avec l'Anschluss, ils doivent à nouveau prendre le chemin de l'exil pour échapper aux persécutions. Tous s'installent en France, dans le petit village de Romans-sur-Isère où Georges verra le jour peu après la Libération, d'où sa nationalité française.

Recherchant la sécurité et la paix après des années de cauchemar et voulant avant tout préserver l'avenir de leur fils, ses parents émigrent dans un premier temps au Canada. Mais la mère de Georges, Lotte, rêve du Chili. Là-bas vit sa sœur qui, dans ses lettres, ne cesse de lui vanter la beauté sauvage de cette contrée si lointaine mais tellement paisible.

Alors, en 1953, la famille de Georges fait une nouvelle fois ses bagages et part s'installer dans le village chilien de Bellavista. Peu après son installation, le père de Georges, qui ne manque pas de ressources, crée une sellerie-bourrellerie. Le jeune garçon grandit entre les rues du quartier où son père a ouvert sa boutique et la région du lac Vichuquen, où il passe ses vacances. Son enfance baigne dans le bonheur et l'amour que lui prodiguent son père et sa mère. Et ces Chiliens d'adoption s'intègrent tout naturellement à la communauté juive locale. Tous ont la même histoire, les mêmes douleurs et les mêmes plaies à panser… Les uns comme les autres ont des morts à pleurer et n'aspirent qu'à la tranquillité. Certes Rodolphe, le père, est un peu autoritaire, et protecteur à l'excès. Son rêve serait de voir son fils devenir médecin. Psychiatre, par exemple.

Lotte, quant à elle, est une femme enjouée. D'une intelligence rare, elle partage avec son mari l'amour de la musique et la pratique d'un instrument. Son rêve serait que son fils unique devienne un jour un acteur important de la vie de son nouveau pays. Le jeune Klein a d'ailleurs hérité d'elle un sens aigu de la négociation et de la conciliation, ce qui lui sera fort utile dans l'avenir.

En attendant, Georges entre au lycée Saint-Exupéry de l'Alliance française à Santiago. Ses études secondaires sont brillantes. Là, pour les garçons de son âge, il devient « Jorge ». En 1956, il reçoit le prix d'excellence décerné au meilleur élève chilien de l'Alliance française. Il termine ses années pré-universitaires par une préparation scientifique à l'Institut national dont il est le lauréat en 1962. Un an plus tard, il est reçu à l'examen d'admission de l'école de médecine de l'université de Santiago. Il s'est classé deuxième sur plus de mille candidats. L'un de ses compagnons se souvient que « Jorge passait plus de temps à nous expliquer les cours qu'à les étudier ».

En 1972 il décroche son diplôme de chirurgien, puis celui de psychiatre en 1973, après avoir soutenu une thèse sur la schizophrénie. Un an plus tôt, il s'est marié.

Sa femme s'appelle Alice Vera Fausto. Elle est la fille d'un médecin brésilien renommé qui exerce au service des Nations unies. Quelques mois plus tard, le 11 juillet 1972, naît la petite Vanessa.

Daniel Rappaport, un ami d'enfance et de toujours, a dédié ses mémoires à Georges Klein. « Je me souviens des étés à Loa-Ileo, des blagues, de tous les moments passés avec ta mère adorable et ton père rabat-joie, écrit-il en exergue de ses souvenirs. Les journées d'études pendant lesquelles tu devenais le précepteur particulier de tous ceux qui travaillaient avec toi, tes talents remarquables de joueur de football. Et tes succès qui débordaient sur le domaine sentimental. Quelle aptitude à conquérir et à tomber amoureux ! Jusqu'à ce que Cupidon te frappe finalement et que tu tombes irrévocablement amoureux de la belle Brésilienne Alice. »

Et Daniel de signer sa lettre en ajoutant : « Jorge (Georges pour tes parents), je t'embrasse avec émotion et admiration. »

Marta Bello, une psychologue qui a travaillé au côté de Jorge Klein, écrira plus tard à la fille de celui-ci : « Brillant, profond, passionné, tendre, il a marqué de sa personnalité tous ceux qui l'ont approché. J'ai eu le privilège d'être son amie, de l'avoir connu et d'avoir partagé sa joie de vivre, son engagement dans l'étude et le travail, sa foi en ses semblables. À une certaine époque, comme tant d'autres qui pleuraient leurs disparus, j'ai couru derrière un étranger dans quelque rue d'une ville lointaine, parce que sa démarche, une silhouette, un geste avait suffi pour ranimer mes plus folles espérances qu'il soit encore vivant, qu'il ait survécu et que nous puissions nous rencontrer à nouveau. J'ai cessé de le chercher depuis des années et aujourd'hui je le porte en moi... »

Et Marta de conclure :

« Je sais que la même chose se répète chez nombre de ses amis. Je ne peux pas vraiment dire grand-chose et mes paroles ne suffisent pas. [...] Mais c'est le meilleur et, en fait, le seul hommage que je puisse lui rendre. C'est pour cela, Vanessa chérie, que je peux te dire que ton père, le Dr Jorge Klein-Pipper, disparu à la Moneda le 11 septembre 1973, était un homme qui avait une grande connaissance de l'Amour. »

L'amour, pour Georges Klein, c'était Alice. Elle et lui s'étaient connus durant leurs études en psychiatrie. Médecin comme lui, Alice était venue de son Brésil natal pour se spécialiser au Chili : « Nous étions unis par l'amour de la vie, du bien, de ce qui est sain », témoigne-t-elle dans *Pourquoi nous étions des médecins du peuple.*

Elle se souvient aussi de « ses yeux bleus brillants », de son « sourire accueillant », de « sa joie de vivre et son goût du partage malgré une grande timidité ». Elle raconte « les journées de bonheur, de liberté et de recherches », par exemple ces trois jours d'échappée belle passés avec lui dans la cordillère des Andes, dans une vieille Citroën, supportant la faim et le froid mais « vivant intensément ».

Alice reste aujourd'hui encore profondément marquée par la disparition de son mari : « Nous avons été séparés par la mort et la haine. En fermant les yeux, je le sens toujours près de moi. Je le vois toujours comme le compagnon intègre, l'ami de confiance à qui l'on peut tout dire et avec qui l'on peut tout partager. »

C'est dans ces souvenirs que Vanessa, la fille du Dr Klein, a grandi. Plusieurs fois, depuis la fin de la dictature, elle s'est rendue au Chili pour comprendre ce qu'un enfant ne peut admettre. Elle a exploré les moindres recoins du pays en quête du plus petit témoignage sur son père. Elle a retrouvé tous ceux qui l'avaient connu, mais pas la moindre trace de ce qu'il est devenu.

Georges Klein n'était pas un mordu de la politique mais, poussé par une intelligence et une culture hors normes, il s'est vite intéressé aux problèmes sociaux du Chili. Dans les années 1964-65, il s'engage politiquement et entre au parti socialiste, influencé en cela par le grand patron de la faculté de médecine, Carlos Lorca Tobar. Celui-ci connaîtra la même fin que son élève : arrestation par la junte puis disparition.

Au parti socialiste, Klein se fait remarquer au point de devenir rapidement l'un de ses dirigeants. Charisme, sens inné de la communication, esprit de synthèse et intégrité sont ses qualités premières. Ce qui ne l'empêche pas de pratiquer avec succès les échecs, le football, le baby-foot et surtout le ski, où il décroche un certain nombre de trophées. Se remettant sans cesse en question, et sans doute trop impatient, il prend bientôt ses distances avec le parti socialiste pour rejoindre le parti communiste chilien.

Un hommage posthume lui a été rendu ainsi qu'à son père spirituel Carlos Lorca Tobar, à la faculté de médecine où ils avaient été ensemble les leaders de la réforme universitaire. À cette occasion, le Dr Ennio Vivaldi a déclaré : « Les noms que nous honorons aujourd'hui sont ceux de fils du Chili. Ils sont l'expression de notre société. C'étaient des personnes de gauche et qui en tant que telles se définissaient d'une certaine manière, quasi universelle. La gauche semble devoir être le creuset où se retrouvent tout naturellement les artistes, les intellectuels et les jeunes préoccupés par leurs idéaux et leurs utopies, peu impressionnés et en aucune façon attirés par la sécurité de l'ordre établi. Il y avait en eux quelque chose qui touchait à la dignité même de l'être humain. »

En 1970, le Dr Klein abandonne la psychiatrie pour se consacrer corps et âme au gouvernement d'Unité populaire de Salvador Allende. Il s'implique au plus haut niveau en devenant notamment responsable du secteur des communications et de l'informatique. Ce sera l'un des pionniers, dans ce domaine, au Chili.

La veille du coup d'État militaire, le Dr Jorge Klein et son ami le Dr Francisco Rivas sont restés tard dans la nuit à la Moneda. N'imaginant pas une seconde ce qui allait se passer le lendemain, ils se sont longuement entretenus. Au détour de la conversation, ils ont réfléchi sur les risques que leur faisait courir leur engagement politique :

– Il est inutile de continuer à discuter sur ce thème, lâche Klein. De toute façon, ils nous tueront.

Triste prémonition.

Beatriz Cessa Parrau Tejos faisait partie des personnes conduites au régiment Tacna peu après le coup d'État. Elle est formelle : elle y a aperçu le Dr Klein parmi les prisonniers. Le détective Juan Seoane, lui aussi, se souvient de l'avoir vu à Tacna, alors que des hommes de troupe demandaient à leurs officiers la permission de tuer tout de go les prisonniers.

– Lieutenant, insista un soldat, laissez-moi leur éclater la tête, à ces communistes !

Selon des militaires de haut rang qui ont voulu garder l'anonymat, le 13 septembre, un camion militaire aurait conduit les résistants, dont Klein, depuis la Moneda, jusqu'au camp militaire de Peldehue à Colina, non loin de Santiago, où ils auraient été sommairement fusillés. Mais ce ne sont là que des suppositions qu'aucune preuve ne vient étayer.

Dans une note en date du 13 octobre 1980, l'ambassadeur de France au Chili témoignera à son tour qu'« il est impossible de faire état officiellement des propos tenus sur cette affaire par des militaires de haut rang. En privé, un certain nombre d'officiers généraux et supérieurs ont dit à divers interlocuteurs connaître les circonstances de la mort de Georges Klein et les déplorer comme constituant un accident regrettable ». Et le diplomate de citer nommément certains officiers, dont le médecin général Spoerer, en précisant que « tous ont ajouté immédiatement qu'il n'était pas question pour eux de déclarer quoi que ce soit officiellement ».

À travers la disparition de son fils, Rodolphe, le père de Jorge Klein, a revécu les heures les plus noires des persécutions nazies. Inlassablement, sans faiblir, il a parcouru les hôpitaux, les casernes, les ministères et les instituts médico-légaux du Chili afin de reconstituer le parcours du jeune disparu. Jusqu'à sa mort, en 1989, il a multiplié les démarches auprès de l'ambassade de France, de l'Assemblée nationale et des présidents de la République française. Et jusqu'à ses derniers jours il a dormi dans la chambre de Jorge où étaient conservés, en l'état, tous ses souvenirs : les mêmes photos au mur, les mêmes diplômes de médecine, les mêmes récompenses sportives. « Ainsi fut la très courte vie, vingt-sept ans, de Georges Klein, conclut l'ouvrage collectif des “médecins du peuple”, ce fils juif, né dans un village français et mort dans ce lointain et terrible Chili de 1973. Il est mort parmi nous, ses proches, ses collègues et ses amis qui attendions tant de son talent, de sa joie, de sa vie. »

*
**

Comme Jorge, beaucoup d'autres ont disparu dans les heures sombres qui ont succédé au coup d'État. Dans le chaos le plus total, des milliers de personnes ont été interpellées et conduites de force dans les stades du pays, dans le plus pur style des rafles hitlériennes.

Le plus connu et le plus emblématique de ces prisonniers se nomme Victor Jara. Metteur en scène de théâtre, compositeur et chanteur célébrissime aux grandes heures de l'Unité populaire qu'il soutient activement avec – pour seules armes – sa voix et sa guitare, il est emmené à l'*Estadio Chile*, le stade de Santiago du Chili, en compagnie de dizaines d'ouvriers et d'étudiants arrêtés comme lui à l'Université technique. C'était le 12 septembre 1973.

Les scènes qui vont suivre sont parmi les plus tragiques de l'histoire du Chili. Dans la faculté, un officier des carabiniers reconnaît l'artiste en hurlant :

– Enculeur de ta mère, tu es Victor Jara !

Ainsi commence le calvaire de Jara. L'officier se rue sur lui et le frappe à coups de crosse de fusil dans l'estomac, à la tête, aux reins et dans les parties génitales.

Victor tombe.

Un autre soldat se joint au premier. Les deux militaires exultent en se renvoyant son corps à coups de poing. Il est touché au visage, l'un de ses yeux s'emplit de sang. Au comble de l'excitation, ses tortionnaires redoublent de sauvagerie. Lui se recroqueville, tente vainement d'esquiver. Mais il ne se plaint pas. Aucun son, aucun cri ne sort de sa bouche.

Survient alors un petit chef.

– Coupez les mains de ce con ! ordonne-t-il à ses hommes en se saisissant d'un bâton et en frappant à son tour. Chante, maintenant, salaud ! Branleur, lève-toi !

Ayant placé le corps du chanteur en position inclinée et fixé ses bras sur une planche de bois, maintenant ils cognent sur ses mains et ses poignets jusqu'à les réduire en une masse sanguinolente.

Ce lynchage se passe dans un couloir du stade, sous les regards horrifiés et impuissants de dizaines de prisonniers dont certains pleurent, impuissants.

Victor Jara est exhibé comme un trophée aux autres militaires qui arrivent pour se délecter du spectacle. Trois officiers de l'aviation chilienne lui portent des coups, l'insultent encore et lui demandent sur un ton ironique :

– Tu veux fumer, salaud ?

Le chanteur ne peut répondre. Peu importe à ses bourreaux, qui écrasent une cigarette allumée dans l'une de ses mains mutilées. Les tortures durent jusque tard dans la nuit du mercredi. Il est ensuite abandonné sur place, sans soins. Les soldats l'oublient quelque temps. Puis un gradé hurle :

– Mettez-le avec les autres prisonniers !

Dans le stade, un immense élan de solidarité se manifeste : un peu de pain, un biscuit, un bandage ou quelques gouttes d'eau sont collectés pour lui porter secours. Victor commence à récupérer. Malgré ses mains brisées, il parle de l'avenir, de sa compagne, de ses enfants, et insuffle aux autres prisonniers une lueur d'espoir.

Pendant ce temps, au même endroit, d'autres malheureux sont victimes de pareils sévices. Certains prisonniers devenus fous se jettent du haut des gradins. D'autres crient et courent dans tous les sens. Les militaires frappent les hommes au hasard jusqu'à la mort. Au vu de tous.

Samedi 15 septembre. Un appel retentit dans l'*Estadio Chile*. Quelqu'un annonce que les prisonniers vont être transférés au grand stade national de la capitale du Chili. Tout le monde pense que le chanteur va faire partie du convoi. Victor Jara commence à dicter un poème qu'il intitule sobrement *Estadio Chile*. Il ne le finira jamais. Conduit sans ménagement dans une galerie en compagnie d'un groupe d'hommes que les militaires accusent d'être des « marxistes spécialistes en explosifs », l'artiste se trouve maintenant dans un vestiaire transformé en salle de torture. On recommence à le rouer de coups. Les soldats l'étendent sur le dos, lui maintiennent les jambes ouvertes et le frappent rageusement au niveau des testicules. Un étudiant sorti miraculeusement indemne de cet enfer racontera : « Vers la fin, le sang sortait de sa bouche, son nez, ses yeux, ses oreilles. Son corps n'était plus qu'une masse sanglante. »

C'est là que va mourir Victor Jara, dont le corps restera ensuite pendu tout l'après-midi dans le foyer du stade. Pour l'exemple.

*
**

Si l'histoire garde en mémoire le martyre du chanteur chilien devenu presque une icône, de nombreux anonymes, parmi lesquels beaucoup d'étrangers, ont subi les pires violences avant d'être éliminés.

Entre le 16 et le 23 février 1974, une commission d'enquête « particulière » vient de Chicago, aux États-Unis, pour évaluer la situation chilienne. Cinq mois après l'arrivée au pouvoir des putschistes, elle entend officiellement s'assurer... du respect des droits de l'homme par la dictature. Il faut dire que l'opinion américaine est secouée par la disparition inexpliquée de quelques-uns de ses ressortissants vivant au Chili, en tête desquels un étudiant de vingt-trois ans, Franck Teruggi Jr. La commission, composée d'un pasteur, d'un avocat, d'un conseiller municipal, d'un professeur de sociologie, de syndicalistes et du père du jeune homme, souhaite faire la lumière sur le dossier Teruggi et sur le rôle un peu trouble que joue l'ambassadeur des États-Unis à Santiago. En effet, celui-ci est accusé de ne pas assurer suffisamment la protection des ressortissants américains sur place. La commission entend rédiger un rapport, dont elle espère qu'il alertera l'opinion publique internationale sur le sort des prisonniers politiques au Chili. C'est la première initiative de ce genre. Il était temps. D'autant que les U.S.A. sont de plus en plus clairement soupçonnés d'avoir voulu et organisé la perte du régime de Salvador Allende.

La commission a rencontré de grandes difficultés pour se rendre au Chili. Au point qu'elle a dû faire jouer de nombreux relais diplomatiques et politiques, dont Henry Kissinger lui-même, pour obtenir gain de cause.

Su place, ses membres sont autorisés à rencontrer plus de soixante-cinq personnes, parmi lesquelles le ministre de l'Intérieur de la junte et le directeur d'*Estadio Chile* devenu l'une des prisons du régime.

Après six jours d'enquête, les conclusions des Américains sont sans appel. Ils insistent sur la campagne de terreur mise au point par la junte, qui « semble avoir acquis un caractère systématique et organisé ». « Les cas de détention pour motifs politiques sont nombreux », soulignent les rédacteurs qui estiment que « quatre-vingt mille personnes ont été arrêtées au cours des six derniers mois ». (Les militaires, eux, ont présenté aux Américains une liste de deux cent cinquante noms.)

« Ces détentions, observent-ils, ne sont accompagnées d'aucun acte légal d'accusation et les prisonniers n'ont pas droit à l'assistance d'un avocat. »

« L'utilisation de la torture persiste », notent encore les rapporteurs, qui ont recueilli à cet égard de nombreux témoignages. Et d'ajouter qu'il « existe des sanctions économiques contre les personnes suspectées d'entretenir la moindre sympathie avec Allende. Notre estimation porte à cent soixante mille le nombre de personnes ayant perdu leur emploi pour cette raison. Plus grave, la faim est chose courante. Syndicats et journaux ont été fermés. Les universités et les écoles sont passées sous la tutelle des militaires. Un certain nombre de librairies ont été fermées et leurs livres confisqués ou brûlés. La plupart des ouvrages ayant trait à la philosophie, aux questions politiques ou aux problèmes sociaux sont dangereux pour leurs propriétaires. Un grand nombre de personnes ont ainsi brûlé leurs livres volontairement, par peur, ainsi que les affiches et journaux personnels ».

En outre, l'attitude des militaires chiliens interrogés ne laisse pas de surprendre les membres de la commission : « Nous avons été impressionnés par le fait que les représentants de la junte se sentaient couverts au point de pouvoir nous présenter, en toute impunité, les mensonges les plus évidents. » Ainsi, un représentant des généraux affirme, très sûr de lui, que l'ancien ministre des Affaires étrangères de Salvador Allende, Claudo Miro Almeyda, est « chez lui ». En téléphonant à son épouse, la commission apprend qu'il a été détenu et transféré pour traitement à l'hôpital militaire de Santiago. Et, observe la commission, « son épouse n'a depuis plus aucune nouvelle de l'ancien homme politique ».

Dans le même ordre d'idée, les enquêteurs de Chicago demandent à rencontrer l'ancien ministre de l'Intérieur. « Il est dans un hôpital militaire de Santiago », leur rétorque le ministre de la Justice de Pinochet. « Il ne peut pas recevoir de visiteurs. »

Juste avant de regagner leur pays, les Américains apprendront que l'ancien proche d'Allende est décédé dans des circonstances mystérieuses.

Pendant son séjour à Santiago du Chili, la commission a constaté que le couvre-feu est en vigueur de 1 heure à 5 heures du matin. Ce qui entraîne de nombreux incidents ou bavures. Ainsi, au cours de la première semaine de février, une touriste italienne a été tuée par balle à Vina del Mar par un policier qui lui demandait ses papiers.

Officiellement, les autorités militaires affirment que quatre cent dix personnes ont été tuées « alors qu'elles tentaient de s'enfuir ». Pourtant, sous couvert d'anonymat, des Chiliens ont évoqué les nombreux cadavres retrouvés, par exemple, dans la rivière Mapocho. Un témoin a vu des exécutions sommaires se produire sur la rive. Les corps étaient ensuite poussés dans l'eau.

Perquisitions et confiscations arbitraires, sans commissions rogatoires, se succèdent de jour comme de nuit dans les lieux privés. Dans le quartier de Las Barrancas, à Santiago, comme une femme se plaignait que sa maison était visitée pour la troisième fois, en quittant les lieux les soldats ont dit à son petit garçon :

– Au revoir, le gosse, tu ne nous reverras plus avant longtemps...

C'est là que l'enfant s'est coupé.

– Pourquoi ? Vous avez trouvé mon père caché sur le toit ?

Les militaires sont aussitôt revenus sur leurs pas, ont attrapé le père et l'ont abattu devant les siens.

La junte encourage d'autre part la dénonciation de toute personne suspecte. Les Américains relèvent plusieurs cas. « Un voisin a dénoncé un groupe de huit professeurs lors d'une réunion politique. Le dénonciateur attendait sur le pas de la porte l'arrivée de la police. Il a été emmené pour infraction au couvre-feu avec les huit autres. Tous les hommes, dénonciateur compris, ont été tués, les femmes ont été violées au commissariat par des policiers ivres et ensuite relâchées. »

Pire, la commission de Chicago est intimement convaincue « qu'une campagne concertée a été lancée immédiatement après la prise du pouvoir par les militaires contre les étrangers ».

À l'*Estadio Chile*, le lieutenant-colonel Rodriguez est aux petits soins pour les enquêteurs. Il organise même à leur intention des entretiens... avec sept prisonniers. Cela ne fera guère illusion. « Il nous a été possible, de manière semi-clandestine, en nous penchant de la tribune, de communiquer avec d'autres prisonniers. Au début, cela se faisait par signes. En montrant par exemple du doigt pour savoir ce qui était arrivé à X., qui avait le bras en écharpe. Cette personne s'approchait alors sans se faire remarquer et laissait pendre son bras sans vie en indiquant par un geste tranchant qu'il avait été brisé. En s'enhardissant, les hommes s'approchaient de nous et, en passant, soulevaient leur chemise pour montrer la trace des brûlures laissées par l'électricité. [...] Au bout d'une heure et demie, ils entretenaient avec nous de véritables conversations en anglais ou en français. »

Au fil des jours et de ses incroyables découvertes, le petit groupe se montre de plus en plus méfiant à l'égard de ses interlocuteurs. « Aux questions pressantes lui demandant de nous fournir une estimation du nombre des exécutions, le vice-ministre de la Justice Max Silva nous a déclaré que lors des premiers jours du gouvernement militaire quelques personnes avaient été exécutées mais qu'il n'y en avait plus maintenant. Les preuves démontrent le ridicule de cette démonstration. » Les Américains avancent le chiffre de vingt à vingt-cinq mille personnes exécutées « mais, écrivent-ils, ce chiffre peut atteindre quatre-vingt mille si nous prenons en compte l'estimation d'un homme d'affaires chilien conservateur ».

Et tout cela pour quoi ? Aucune des promesses politiques et économiques de la junte militaire n'a été tenue. Les ouvriers moyens sont devenus si pauvres qu'ils ne sont même plus en mesure de s'acheter des vêtements. Et acquérir chaque matin *El Mercurio* (l'un des rares quotidiens autorisés par la junte) leur coûterait le sixième de leur salaire mensuel.

C'est dans ce contexte que le père de Franck Teruggi s'isole volontairement du groupe pour mener ses investigations personnelles quant au sort de son fils. Celui-ci était étudiant en économie à l'université du Chili. Là, dans sa chambre, il trouve écrit sur un annuaire téléphonique, de la main de son garçon, le numéro de l'ambassade des États-Unis. Ses colocataires lui précisent que les lieux ont été perquisitionnés à plusieurs reprises par les militaires qui n'ont rien trouvé. M. Teruggi met en doute les affirmations de la junte selon lesquelles Franck aurait été arrêté le 20 septembre, interrogé et relâché le lendemain à 18 heures. Pour lui, c'est impossible : aucun prisonnier n'a été retenu pendant un laps de temps aussi court et il est invraisemblable qu'une personne soit libérée aussi près de l'heure limite du couvre-feu (19 heures). Or, l'accusation initiale contre son fils indique que Franck a été interpellé pour infraction à la loi sur le couvre-feu.

À partir de plusieurs témoignages, son père parvient à démontrer que l'accusation portée contre Franck ne tient pas. Le 20 février, M. Teruggi se rend à l'école des sous-officiers de Santiago, près de la Plaza Zanartu où Franck a été conduit après son arrestation. On refuse de lui communiquer le dossier d'arrestation. Un homme d'affaires chilien l'aide néanmoins dans ses recherches et parvient à lui faire rencontrer plusieurs autorités militaires. Le 21 février, M. Teruggi lui présente les preuves qu'il a amassées. Notamment une lettre du voisin de chambre de Franck, David Hathawai, un autre étudiant qui a eu plus de chance que son ami et compatriote : après son arrestation, il a été remis à son ambassade. Un militaire de haut rang, le général Bonilla, surpris par ces découvertes, promet un peu rapidement de rouvrir l'enquête s'il est établi que Franck est mort suite à une « négligence » des militaires.

Promesse sans lendemain.

La commission, dans ses conclusions, note sans détour que « contrairement aux affirmations de la junte, Franck Teruggi Jr a été assassiné alors qu'il était sous la garde des militaires au stade national. Il a été torturé et a reçu dix-sept balles. » Pour preuve de ses assertions, elle avance la déposition recueillie auprès d'un réfugié dans une ambassade d'un pays d'Europe de l'Ouest qu'elle ne cite pas : « De nombreux étrangers ont été détenus au stade national, et on les interrogeait tous les jours. Ils recevaient des chocs électriques, ils étaient battus et on leur gravait dans le dos, avec un poignard, “chien étranger”. Tous les jours, des simulacres d’exécutions étaient organisés, et les mauvais traitements étaient particulièrement sauvages contre les étrangers et appliqués sans discrimination aux hommes et aux femmes. Ils étaient séparés des prisonniers chiliens. »

Le témoin, se basant sur les meilleures sources – des étudiants –, ajoute qu’un certain Franck se trouvait dans le stade parmi ces groupes d’étrangers : « Il était en très mauvaise condition physique. La première fois que les étudiants sont entrés en contact avec lui, on l’avait interrogé alors que sa tête était emprisonnée dans un sac. Il a été battu brutalement et on a dû le sortir presque inconscient. Les militaires ont obligé l’un des étudiants à aider à le transférer dans l’un des vestiaires en lui ordonnant : “Couille molle, aide ce foutu gringo, il est comme les autres !” Quand j’ai lu que le senior était ici, j’ai continué à penser que le prisonnier dont j’ai parlé pouvait avoir été son fils, car les étudiants qui m’en ont parlé ont indiqué qu’il n’y avait que deux ou trois Américains parmi les détenus du stade national. »

André Van Lancker, un ressortissant belge ingénieur du textile, qui a été transféré comme beaucoup d’autres au stade de Santiago du Chili, a lui aussi entendu parler de la présence d’un étudiant américain, Franck, très estimé de ses camarades. Le service de renseignement militaire l’aurait mené sur le vélodrome et interrogé en usant des coups et de l’électricité. Bientôt, son état fut si grave qu’un officier décida d’abréger ses souffrances.

Ils ont ensuite parlé de possibles problèmes avec les autorités américaines et, par conséquent, ont décidé de ne pas admettre le fait qu'il se soit trouvé au stade. Selon M. Van Lancker, le consul U.S. se serait rendu sur le stade à plusieurs reprises, à la recherche de Franck. Mais aucun prisonnier n'aurait osé lui parler, par peur des représailles.

Cependant, pour la commission, aucune enquête sérieuse n'aurait été menée par l'ambassade sur les circonstances de la disparition de Franck.

*
* *

Il faut dire que les représentants du gouvernement américain n'ont jamais fait preuve d'un zèle excessif pour dénoncer, à l'instar de cette commission venue de Chicago, la dictature du général Pinochet. Le 30 mars 1975, à la demande du Congrès, l'ambassade des États-Unis rendra un rapport sibyllin et parfois embarrassé sur (sic) *La situation des droits de l'homme au Chili.* On peut y lire que « le pays vit sous un régime autoritaire contrôlé par ses chefs militaires ». Il est mentionné « l'état de siège » et la « loi martiale » mais surtout, ce qui se révélera par la suite en grande partie erroné au regard des faits historiques, « des mesures sont prises afin de réduire le nombre de personnes détenues, pour des raisons de sécurité intérieure essentiellement, par le biais de l'exil vers des pays étrangers ».

Ce document ne craint même pas d'affirmer que, « finalement, la junte estime que le Chili est victime d'un traitement particulièrement sévère (à l'extérieur) dans un monde où de nombreux pays appliquent des méthodes semblables voire pires. [...] Nous ne défendons pas les pratiques de la junte concernant les droits de l'homme.

Nous ne considérons pas davantage comme acquise l'évolution du Chili vers une société démocratique. Nous pensons cependant que ces facteurs ont un certain sens et expliquent la position du Chili en ce qui concerne le respect des droits de l'homme ». Et le cynisme du rédacteur frise la complaisance pure et simple lorsqu'il précise : « Le gouvernement du Chili n'a pas encore tenté de réglementer la vie privée des Chiliens. [...] Sa préoccupation majeure est et restera la sécurité intérieure. [...] Il a été particulièrement clair sur son intention de poursuivre, détruire ou neutraliser ses opposants, que ceux-ci agissent par les armes ou par des moyens de subversion interne, et sur le fait qu'il prendra toutes les mesures nécessaires pour arriver à ses fins. »

S'agissant des exécutions sommaires, les diplomates les chiffrent à cent au cours des quatre premiers mois ayant suivi le coup d'État. « Des disparitions de personnes sont toujours signalées et leurs corps sont parfois retrouvés, mais ce type d'exécutions, normalement attribuées aux forces de sécurité gouvernementales, semble être relativement rare. [...] Les chefs du gouvernement ont nié que la torture ou les mauvais traitements infligés aux prisonniers aient fait partie d'une ligne politique du gouvernement. Ils ont déclaré avoir ordonné que les abus cessent et que des officiels avaient été sanctionnés pour avoir maltraité des prisonniers. [...] Il existe un faisceau écrasant de preuves de la pratique de la torture des prisonniers, et ce depuis la prise du pouvoir de la junte. La torture ne semble pas être infligée à toutes les personnes interpellées mais uniquement à celles dont les autorités pensent qu'elles ne veulent pas parler ou qu'elles soupçonnent de mentir. »

Certes il existe de nombreux centres de détention au Chili, mais ces derniers « reçoivent la visite de représentants de la Croix-Rouge internationale » et les détenus celle « de leurs familles, amis et avocats. Le consensus semble indiquer de manière générale que les conditions de détention sont certes spartiates mais, dans l'ensemble, adéquates. Il ne semble pas que la torture soit pratiquée dans ces centres ».

« Le 11 septembre, lit-on encore, le général Pinochet a annoncé que le gouvernement du Chili était prêt à laisser partir en exil la quasi-totalité de ses prisonniers politiques. Le programme de libération des détenus a démarré lentement, mais le 11 novembre une liste de cent personnes a été publiée. »

Sur d'autres aspects de la situation au Chili, le rapport note que « les terres et les biens qui ont été expropriés illégalement sous le régime Allende sont, dans de nombreux cas, restitués à leurs propriétaires légitimes par le biais de procédures judiciaires classiques » et que « la maison de feu Pablo Neruda dans la station balnéaire de Isla Negra a été confisquée par le gouvernement, mais sa veuve en a conservé l'usufruit et cette maison devrait devenir un musée après son décès ».

En conclusion, « il est clair que les droits de l'homme tels qu'ils sont normalement compris ont sérieusement souffert au Chili depuis l'arrivée de la junte au pouvoir. [...] Les preuves établissent également le fait que les autorités chiliennes ont ignoré et admis (c'est-à-dire n'ont pas réagi) certaines violations exercées hors de tout contrôle légal. Il est impensable, par exemple, que l'école de [*l'armée de*] l'Air ait pu être utilisée comme centre d'interrogation et de torture, une accusation fréquemment portée, sans que cela ne soit connu du commandant en chef de l'armée de l'air, lui-même général et membre de la junte, Gustavo Leigh. [...] La très grande majorité des Chiliens n'a aucun problème avec le gouvernement et n'est soumise à aucune persécution. Leur vie est en général normale. Le gouvernement militaire a ramené l'ordre et la tranquillité après le chaos politique hérité d'Allende et la plupart des Chiliens apprécient cela. Néanmoins, bon nombre de ceux qui ont des problèmes avec le gouvernement du Chili – et ils sont des milliers – apparaissent fréquemment être victimes de procédures arbitraires et draconiennes incompatibles avec la norme d'acceptation convenue de la définition des droits de l'homme ».

La dictature des militaires perdurera jusqu'en 1990 lorsque, à bout de souffle, le général Augusto Eduardo Pinochet Ugarte devra se résigner à organiser des élections libres et démocratiques. Au mois de juin 1989, peu avant la fin de la dictature, l'avocate française Gilberte Deboisvieux (qui sera la première à assurer la défense de Français disparus au Chili évoqués dans ce livre) se rendra à Santiago afin d'effectuer une mission pour la Fédération internationale des droits de l'homme. Elle portera un regard sévère sur les longues années du régime Pinochet. « Tous ceux qui ne pensent pas comme le pouvoir sont considérés comme des ennemis de la patrie », notera-t-elle. À cause de la peur et du grand nombre consécutif de dépressions, les suicides se sont multipliés, particulièrement chez les femmes et les jeunes. En outre, l'imbrication complexe de relations sociales et familiales dans un tissu très serré et dans un pays au nombre d'habitants réduit explique pour partie « la permanence de la junte et les difficultés de l'opposition à se situer clairement face au régime actuel ».

Il en résulte qu'un climat politique « quasi surréaliste » règne alors au Chili, selon Me Deboisvieux. « Seule l'Église est partout présente ainsi que le parti communiste mais, constate-t-elle, les jeunes sont attirés par l'action armée. » Il y a tant d'exclus que « la situation peut devenir explosive pour le futur gouvernement ». « Le seul point positif de seize années [...] est l'émergence des femmes. » Elles s'opposent à la dictature « car les hommes sont tombés sous ses coups et elles s'organisent merveilleusement bien, d'autant que leur statut est particulièrement défavorable ».

Forte de toutes ces observations glanées sur le terrain, l'avocate se risquera à prédire que le seul opposant crédible du moment, Patricio Alwyn, dirigeant de la Démocratie chrétienne, emporterait les premières élections libres de 1990.

Elle voit juste : Alwyn sera démocratiquement élu président de la République du Chili. S'ouvrira alors une ère nouvelle.

– 3 –

Pinochet, florilège

L'histoire retiendra qu'Augusto Pinochet Ugarte est l'un des dictateurs les plus emblématiques des années soixante-dix et quatre-vingt.

Fils d'un inspecteur des douanes de Valparaiso, issu d'une famille française ayant quitté Saint-Malo au début du XVIIIe siècle, le petit Augusto ne se montre guère brillant à l'école. Il préfère le travail manuel aux mathématiques, l'éducation physique et religieuse à l'enseignement artistique. Mais l'ordre et la discipline, voilà ce qui le fascine avant tout. À telle enseigne que sa mère, qui l'a surnommé « Tito », lui répète volontiers : « Tu seras général, mon fils ! » En effet, *doña* Avelina n'a pas manqué de remarquer combien « Tito » aime organiser, avec ses cinq frères, des simulacres de défilés militaires à la maison.

En toute logique, il s'engage très jeune dans l'armée. Assez vite, il est nommé capitaine d'un camp de détention à Iquique, à 1 460 km au nord de Santiago. Là sont emprisonnés les dirigeants du parti communiste interdit par le président de l'époque, Gabriel Gonzalez Videla.

Il épouse *doña* Lucia Iriart, qu'il a connue alors qu'elle était encore lycéenne. Fille d'un ancien vice-président du Chili, elle est issue d'un milieu plus aisé que lui et a toujours éprouvé un certain mépris pour la chose militaire qui offre, selon elle, bien peu de perspectives d'avenir. Car elle a le culte du pouvoir. L'influence de son épouse est telle que Pinochet quitte un an l'uniforme pour tenter sa chance dans le civil en exerçant la profession de douanier, comme son père. Mais il déchante vite.

À l'école militaire où, devenu officier, il enseigne pendant un temps la géographie politique, ses supérieurs directs le jugent sérieux, cordial avec ses élèves et respectueux envers ses supérieurs, doué pour le commandement et doté d'un incontestable charisme mais très piètre orateur.

Pinochet devient général après l'arrivée au pouvoir de Salvador Allende, en 1970. Il s'assure les bonnes grâces du pouvoir socialiste pour mieux le trahir après. Cette année-là, lorsque Fidel Castro se rend au Chili en visite officielle, Pinochet est désigné pour lui servir d'aide de camp. Marque de la grande confiance que lui porte alors le gouvernement.

Pinochet se lève tous les matins à 5 h 30. Après une séance de gymnastique, il s'offre un petit déjeuner à base de légumes et de viande bouillie. Sa seule faiblesse : les chocolats et les pâtisseries.

De son union avec Lucia sont nés cinq enfants. En 1988, le couple Pinochet a déjà seize petits-enfants mais n'a pu éviter que deux de ses filles divorcent, ce qui est plutôt mal vu dans un pays de tradition catholique.

Politiquement, le général est partisan d'une économie

libérale, et viscéralement anticommuniste. Pour cette raison, les États-Unis miseront largement sur lui. Catholique apostolique et romain, il aura durant toutes ses années de pouvoir des relations assez tendues avec l'institution religieuse, bien qu'il reçoive la visite du pape Jean-Paul II en 1987. Un jour de 1988 où un prêtre lui refuse l'entrée de son église en raison de ses convictions personnelles, Pinochet et sa famille vont assister à l'office religieux du temple protestant voisin.

Augusto Pinochet aime l'Histoire et particulièrement Napoléon, dont il collectionne les biographies dans son bureau privé. Il avoue sa passion pour l'opéra et peut citer des passages entiers de *Madame Butterfly*. Le dictateur n'aime pas les journalistes et accorde les interviews avec parcimonie, surtout à ceux des pays occidentaux et démocratiques dont il n'aime ni le regard qu'ils portent sur lui, ni les critiques, et encore moins les questions qu'ils lui posent.

En 1998, néanmoins, un journaliste américain du *New Yorker*, Jon Lee Anderson, a longuement rencontré l'autocrate alors âgé de quatre-vingt-trois ans. Il décrit un homme affaibli, la voix tremblante et cassée mais le visage insondable. Pinochet tente toujours de justifier son action au Chili, ignorant les exactions, les massacres et les disparitions qui lui sont imputés. Comme le dit sa fille préférée, Lucia, « le coup d'État contre Allende avait été nécessaire parce que le pays était en train de devenir un second Cuba. Si les forces armées n'étaient pas intervenues, une guerre civile sanglante aurait été inévitable ». Et, au passage, la jeune femme « regrette » que les jeunes Chiliens ne louent pas son père et « préfèrent admirer Fidel Castro et Che Guevara ». L'article lui-même n'oubliera pas d'insister sur la réussite économique du régime Pinochet (le pays a connu une croissance de 7 %

par an en moyenne durant son règne), ce qui lui a valu « d'être admiré de nombreux conservateurs parmi lesquels Margaret Thatcher qui a envoyé l'un de ses conseillers six mois au Chili avant d'entreprendre ses propres réformes économiques en Grande-Bretagne ». Depuis, Pinochet se rend tous les ans au Royaume-Uni et, à chaque fois, envoie des fleurs et des chocolats à la « Dame de fer ». Autre admirateur, selon le *New Yorker*, le général Alexander Lebed, alors candidat à la présidence russe.

Des observateurs se sont demandé comment Pinochet a pu bénéficier jusqu'en 1990 du réel soutien d'une grande partie de l'opinion, et comment il a su incarner les inspirations d'un pays nationaliste et catholique. Beaucoup ont comparé Pinochet au général Franco, ce qui avait le don de mettre le premier en colère. Tomas Moulian, sociologue et ancien conseiller du président Allende, tente une autre explication : « Je crois que Pinochet est un vrai politique, pas un politicien. Il a eu l'instinct du pouvoir et a toujours cru à un soutien d'ordre divin. Il est profondément chilien, même si cela me heurte. Ce pays s'est construit sur des modèles autoritaires. Lui incarne le triomphe contre le communisme. Il est celui qui prétend avoir évité la guerre civile, le chaos, au nom de l'armée, au nom de Dieu. »

L'écrivain chilien Luis Sepulveda, qui a connu la prison sous la botte du dictateur, n'est évidemment pas de cet avis. « La dictature nous a laissé la haine, a-t-il expliqué dans *Libération*, en 2001. Les haineux représentent la moitié du Chili. » Tout en s'empressant d'ajouter, comme pour nuancer ses propos : « J'ai vu des pauvres manifester pour la libération de Pinochet. [...] J'ai de la pitié pour lui. Je crois que c'est un vieux qui ne saisit plus ce qui lui arrive, un malin qui n'a rien compris. »

Rien compris ? Pas si sûr. Ce petit florilège de ses « bons mots » en dit plus long sur son état d'esprit que bien des discours...

Sur sa famille

« J'ai eu un fils militaire. Il a eu un accident et n'a pu poursuivre sa carrière. L'autre fils était aviateur, il a suivi l'École de l'Air et entrepris depuis une autre carrière. Lucia et moi nous nous entendons très bien, mais je ne peux influencer ma fille pour qu'elle ait une opinion. Les enfants sont libres. Ils ne nous sont que prêtés. »

Sur le coup d'État du 11 septembre 1973

« On se souviendra toujours du 11 septembre comme d'une date dans l'histoire du pays. C'est comme la naissance d'un fils. Cela fait partie de l'histoire de la famille. Ainsi est né le nouveau Chili et c'est celui que nous avons aujourd'hui. Ce fut un coup que j'ai préparé ici, à Santiago. Personne n'est intervenu dans ce qui s'est passé. C'était la seule issue à ce moment-là et il fallait agir, en finir avec tous les excès qui étaient commis. Vous n'avez pas oublié que les finances, les campagnes, l'industrie étaient à la dérive et que les assassinats se perpétraient. L'État de droit était en faillite. Si nous n'avions pas frappé un grand coup, cela aurait coûté énormément de vies humaines. »

Sur les dictateurs

« Je n'ai été qu'un apprenti dictateur. Je suis depuis toujours quelqu'un de très studieux. Je n'étais pas un élève brillant mais je lisais beaucoup, notamment de l'Histoire. Et l'Histoire nous enseigne que les dictateurs ne finissent jamais bien. »

Sur Salvador Allende

« Ce fut un président qui a essayé de faire pour le mieux mais qui s'y est mal pris. Le problème, c'est qu'il a essayé de le faire en appliquant des idéologies étrangères ne donnant pas de résultats au Chili. »

« Le fait que le président Allende ait perdu la vie en fait-il un homme courageux à vos yeux ? » lui demande une journaliste. Réponse du général Pinochet : « Cela dépend. Toutes les choses dépendent d'un moment précis de la vie. »

Sur la Constitution qu'il a mise en place

« J'en ai ficelé une ! Comment peut-on rester pieds et poings liés ? Il faut soi-même placer les poteaux de but pour pouvoir agir ! On ne peut pas être sur un terrain et ne pas savoir d'où dégager. J'ai donc placé mes poteaux. »

Sur les disparus

« Attendez ! Je vais vous le dire pour la énième fois : je ne sais rien sur l'endroit où ils se trouvent. Je n'en sais rien ! »

Sur les mères des disparus

D'elles qui inlassablement, toutes les semaines, marchent dans les rues de Santiago avec des pancartes portant les noms de leurs maris, fils ou frères disparus, voici ce qu'il dit : « Et pourquoi devrais-je leur demander pardon [*il frappe du poing sur la table*] ? Pourquoi leur demanderais-je pardon ? Sont-ils allés demander pardon aux mères des militaires dont les fils sont morts ? Sont-ils allés demander pardon aux épouses dont les maris sont morts ? Non ! »

Sur le marxisme

« C'est lamentable. Presque tout le monde est marxiste aujourd'hui. Même ceux qui ne le savent pas. Ils continuent d'avoir des idées marxistes ! »

Sur les droits de l'homme

« Je vous en prie, ne me parlez pas des droits de l'homme. »

« Ce qui m'est reproché, ce sont le plus souvent des faits que j'ignorais. À maintes reprises, j'ai été informé trop tard. Et toutes les affaires dont j'estime qu'elles étaient délicates, je les ai transmises à la justice. Il y a eu abus des deux côtés. Un jour, une bombe a tué onze de mes carabiniers. Un autre jour, c'est un officier de la marine qu'ils ont tué... Alors je leur dis : "Vous souffrez beaucoup ? Mais mon peuple, lui, ne souffre-t-il pas ?" Les droits de l'homme, c'est à tous qu'ils devraient s'appliquer ! »

Sur un charnier d'une centaine de corps

« Ceux qui les ont enterrés ont bien servi la mère patrie en économisant les clous [*des cercueils*]. » (Propos attribués à Pinochet par des militaires.)

Sur le bilan qu'il fait de sa vie

« Bon, je suis satisfait de ma vie. Je n'ai pas l'impression d'être arrivé à un âge où je ne peux rien faire. Je me sens encore capable de beaucoup de choses. Tout ce que je demande, c'est que l'on se souvienne de moi comme d'un Chilien qui a aimé sa patrie, a lutté pour elle et a essayé de la grandir. »

– 4 –

Étienne Pesle, prêtre disparu

19 septembre 1973, province de Temuco, au fin fond de la campagne chilienne. Terres arides mais cultivables à force de courage et de ténacité. Une semaine après le coup d'État de Santiago, la vie n'a pas encore changé ici. Parmi les paysans occupés à gratter la terre, un grand nombre d'Indiens mapuchos. Dans le pays, 5 % de la population sont d'origine indienne.

Temuco, c'est une région oubliée. Dans son projet de réforme agraire, Salvador Allende l'avait inscrite parmi ses priorités, provoquant la colère des grands propriétaires terriens.

À Temuco vit Étienne Marie Louis Stanislas Pesle. Français, il est né le 7 janvier 1924 au Havre. Prêtre à ses débuts, il a eu la vocation très tôt, celle de venir en aide aux autres. Mais avant tout c'est une « gueule », avec de faux airs de l'acteur américain Spencer Tracy.

En 1953, Étienne Pesle est envoyé au Chili par la Fraternité Charles-de-Foucauld, afin de se consacrer aux plus démunis. Treize ans plus tard, sa vie bascule. Il quitte la prêtrise et épouse Haydée Mendez Caceres, une Chilienne dont il aura deux enfants, Roberto et Anne-Marie. Mais l'ancien prêtre restant un chrétien militant, son couple ne tarde pas à adopter une petite fille qui se prénommera Angélique.

Ce 19 septembre donc, Étienne Pesle travaille comme d'habitude à l'Institut national du développement de l'agriculture et de la pêche (INDAP), où il surveille l'application de la réforme agraire dans la région. Malgré la mort d'Allende et en attendant de nouvelles instructions des putschistes, il poursuit la mission qui lui a été confiée. L'ex-prêtre s'est attaché à Temuco et particulièrement aux Indiens, une minorité dont il partage les préoccupations et qu'il défend de toutes ses forces.

Soudain, des hommes en armes pénètrent dans son bureau. C'est un détachement de l'armée de l'air. Les militaires fouillent partout et finissent par l'emmener sans ménagement devant ses collègues médusés. Son arrestation n'étonne cependant personne. Six jours auparavant, le 13 septembre, la police était déjà venue le chercher chez lui pour l'interroger. Il en était revenu rasé, la marque des « gauchistes ».

Passé ce 19 septembre, sa famille ne le reverra jamais. Autour de sa disparition règne encore aujourd'hui le plus grand mystère. Tout au plus a-t-on pu reconstituer des bribes de ce qui a pu se passer. Un puzzle fragile d'éléments mis bout à bout.

Oscar Aravena, né le 1er août 1936 à Canete, est traducteur. Il est l'un de ceux que les policiers français de la brigade criminelle ont réussi à retrouver. Ce sont eux, en effet, qui sont en charge de l'enquête sur la disparition de l'ancien prêtre français, cela sur commission rogatoire du juge Roger Le Loire. Interrogé comme témoin dans les locaux parisiens du 36, quai des Orfèvres, Oscar Aravena explique qu'il est né au Chili, où il est resté jusqu'au mois de novembre 1973. Puis il s'est rendu en France, où il a bénéficié du statut de réfugié politique avant d'obtenir la double nationalité franco-chilienne.

Jusqu'au coup d'État, il a été le responsable général du centre Emmaüs de Temuco. À ce titre, il s'est occupé tout particulièrement des Indiens mapuchos, en relation étroite avec deux organismes œuvrant dans la région, l'INDAP et la CORA (*Corporación de la Reforma Agraria*, Corporation de la réforme agraire). C'est ainsi qu'à la fin des années soixante il a fait la connaissance d'Étienne Pesle, ce conseiller de l'INDAP dont le rôle consistait à contrôler le bon déroulement de la réforme agraire lancée par le gouvernement Frei, peu avant l'élection de Salvador Allende. Il s'agissait alors pour l'État chilien de racheter des terrains laissés en friche par de riches propriétaires terriens, puis d'en organiser l'exploitation par de petits paysans sous forme de coopératives. Pour Aravena, Pesle ne faisait pas de politique. Il n'en reste pas moins que l'objet même de sa mission ne pouvait que déplaire aux grands propriétaires.

Le 18 septembre 1973, Oscar Aravena est arrêté sur son lieu de travail par les carabiniers de la Force spéciale. Il est conduit au commissariat central de Temuco puis à la caserne Tucapel, dans le Service de l'intelligence militaire (SIM), où il est longuement torturé en raison de ses activités auprès des plus pauvres. Renvoyé au commissariat, il est ensuite transféré dans la prison de Temuco.

Grâce à de multiples interventions de l'abbé Pierre, sa libération interviendra le 17 octobre. Ce jour-là, les *carabineros* l'ayant déposé au domicile de l'évêque, il rencontre Mme Pesle. Et c'est de sa bouchc même qu'il apprend l'arrestation de son mari, dont il n'a jamais entendu prononcer le nom durant son incarcération.

José Barrera est né le 8 septembre 1943 à Yungay, au Chili. Ce veilleur de nuit, devenu français, a également été appelé à témoigner devant les policiers de la « Crime ».

En 1973, il exerçait la profession de technicien agricole dans la région de Neule, à 450 km au sud de Santiago. Militant actif et membre du bureau politique du parti socialiste sous la présidence de M. Allende, il faisait partie d'une commission nationale chargée de mettre en place la réforme agraire. Quand la junte a pris le pouvoir, le 13 septembre 1973, plutôt que de tomber dans les griffes des militaires il a aussitôt quitté le Chili, via la cordillère des Andes, pour rejoindre l'Argentine. Là, il est resté deux ans et demi avant de s'exiler en France.

José Barrera a connu Étienne Pesle lorsqu'il était à l'INDAP. Les deux hommes ont sympathisé, car ils partageaient les mêmes convictions. Ces convictions et leur action sur le terrain leur ont d'ailleurs valu de figurer ensemble sur la liste noire des propriétaires terriens. Mais Barrera ne sait rien de plus. Il n'a pas revu l'ancien prêtre depuis juillet 1973 et a ignoré sa disparition jusqu'en 1982, lorsque par le plus grand des hasards il a rencontré son épouse à Bagneux, en région parisienne.

Eduardo Navarrette Herrera est natif de Temuco. Entendu au Quai des Orfèvres, il arrive de Genève où il vit et exerce la profession d'assistant social. Il possède la double nationalité suisse et chilienne.

À l'époque des faits, Herrera était le chef du Département de développement social de la province de Cautin à l'INDAP, dont le siège se trouvait à Temuco. Cet organisme finançait l'achat de semences des petits paysans tout en leur apportant une assistance technique et une aide à la commercialisation de leur production. À Étienne Pesle, dont Herrera était l'un des supérieurs hiérarchiques, revenait la responsabilité de regrouper les petits paysans dans des coopératives. Comme le souligne Eduardo Herrera, « la région de Temuco, très agricole, était concernée au premier chef par la réforme agraire initiée par le gouvernement d'Eduardo Frei et poursuivie par celui de Salvador Allende. En conséquence, tout ce qui touchait de près ou de loin ce problème devenait sensible et conflictuel. C'est la raison pour laquelle tous ceux qui travaillaient dans ce domaine [...] recevaient de façon quasi permanente des menaces de tous ordres ou étaient victimes d'agressions personnelles ou matérielles. Mais cela était somme toute très banal et nous n'y prêtions pas beaucoup d'attention ».

Peu à peu, Herrera et Étienne Pesle ont tissé des liens d'amitié. L'un et l'autre fréquentent leurs familles respectives. Puis survient le coup d'État militaire du 11 septembre 1973. Ce jour-là, Herrera se trouve à Santiago. En raison du couvre-feu, il y reste bloqué jusqu'au lundi suivant. De retour à Temuco, il découvre qu'un nouveau directeur a été placé à la tête de l'INDAP (l'ancien ayant été assigné à résidence) et que la plupart de ses collègues qui militaient dans des partis proches du pouvoir socialiste ont été remplacés et affectés à d'autres postes.

Il retrouve d'ailleurs une douzaine d'entre eux dans le nouveau bureau qui lui est assigné. Étienne Pesle est des leurs. Il lui raconte que suite au coup d'État il a été interpellé par des militaires de la FACH (les forces aériennes du Chili) puis transporté à la caserne de Maquehue à Temuco. Là, il a aperçu M. Gomez, un colonel en retraite de l'armée de l'air qu'ils ont connu en tant que membre du conseil d'administration de la coopérative COPALCA. Pesle en a profité pour lui demander les raisons de son arrestation, et s'il pouvait intervenir en sa faveur. Ce que Gomez a fait, puisqu'il a été libéré.

Pas pour longtemps. Le 19 septembre, trois militaires portant l'uniforme et les insignes de l'armée de l'air se présentent à l'INDAP et demandent à l'ancien prêtre de les suivre sans avancer de motif. Pesle s'exécute. Herrera le voit s'embarquer dans une Chevrolet blanche sur la portière de laquelle il peut lire « *Banco del Estado de Lautaro, Sección Agricola* (Banque de l'État de Lautaro, Section agricole) ». Probablement un véhicule réquisitionné par la junte militaire. « Celui qui commandait était plutôt gros, âgé d'une trentaine d'années, avec une peau hâlée », précise Herrera qui apprendra ensuite que cet individu a reçu une formation de pilote civil à Canete, dans la province d'Arauco.

Eduardo Herrera ne reverra jamais Étienne Pesle. Le peu qu'il sait encore de lui, il le tient du colonel Gomez rencontré par hasard au mois de mai 1974. Celui-ci l'informera en effet qu'une procédure d'*habeas corpus* ayant été introduite au sujet de l'ex-prêtre, il s'attend à être convoqué par un juge de la cour d'appel. « Tu es témoin, j'avais de bonnes relations avec Pesle au conseil d'administration », ajoutera bizarrement l'ancien officier de l'armée de l'air.

À son tour Herrera sera arrêté et incarcéré dans le pénitencier de Temuco, puis condamné à soixante et un jours d'emprisonnement et torturé pour appartenance à un groupe subversif. Trois interpellations plus ou moins longues s'ensuivront pour lui. La troisième fois, en 1979, il quittera définitivement le Chili pour la Suisse.

Pedro Matta, un Chilien également torturé par les hommes de Pinochet, est aujourd'hui détective. Il a engagé une véritable croisade afin que justice soit rendue au nom de tous les disparus de la dictature. Durant l'année 2000, à la demande de Mme Pesle, il a effectué une remarquable enquête, très serrée, sur le cas d'Étienne Pesle, parcourant des centaines de kilomètres à travers le Chili, forçant les réticences des uns et les résistances des autres, à la recherche de la vérité.

Carmen de Candia fait partie de celles et ceux qui ont longtemps refusé de lui ouvrir leur porte. À force d'entêtement, Pedro Matta a réussi à la convaincre d'échanger une prudente conversation téléphonique. Au départ, Pedro ne savait d'elle que le prénom : Carmen. Plusieurs témoins l'ont aidé à trouver son nom. Pour établir le contact, il a dû éplucher dans le détail l'annuaire téléphonique de Temuco et, après plusieurs essais infructueux, il a enfin pu parler avec elle.

« Carmen de Candia, écrit-il dans ses notes, a connu Haydée [*l'épouse d'Étienne Pesle*] à travers une amie commune. À cette époque-là, quelques années après le coup d'État, Haydée vivait dans un appartement à Santiago. Carmen de Candia travaillait pour la Mutual de Seguridad [*Mutuelle de sécurité*] et, dans son souvenir, aurait commencé à travailler au journal *Austral* aux environs de 1976. Ainsi, la date de sa rencontre avec Haydée Pesle devrait être postérieure à 1976. »

Grâce à son travail, raconte Matta, Carmen a pu glaner quantité d'informations censurées, notamment sur ce qui s'était passé sur la base militaire de Maquehue. Dans sa conversation téléphonique avec Matta, elle fait état de nombreux « bruits de couloirs » au journal au sujet des pratiques en vigueur dans cette caserne, mais elle refuse d'en dire plus. « Si la mémoire me revient je vous recontacterai, d'autant que mon demi-frère a disparu et que mon père, alors au parti radical, a été détenu, torturé, et est mort des suites des mauvais traitements qu'on lui avait infligés. »

Infante Orfilia, citée dans le même rapport du détective Matta, est plus précise. D'après cette femme qui travaillait à l'INDAP, aujourd'hui commerçante au marché de Temuco, « plusieurs personnes sont mêlées à la disparition d'Étienne Pesle, dont Bruno H. et Patricio L. », deux hommes d'extrême droite liés aux grands propriétaires terriens et qui se trouveraient actuellement aux États-Unis.

La commerçante parle, sans le nommer, d'un troisième homme qui « aurait tué » l'ancien prêtre. Il était alors pilote civil.

Un autre témoin qui habite encore Temuco, Luis Aguilar, confirme cette piste avec plus de prudence. Selon lui, la mort d'Étienne Pesle trouve son origine dans « des accusations formulées par des propriétaires terriens qui, après le coup d'État, furent intégrés à la FACH (armée de l'air), la plupart étant déjà des pilotes civils ».

Victor Figueroa, propriétaire d'un petit commerce situé sur la Carretera Longitudinal Sur, est plus affirmatif : « Étienne Pesle a été tué par la FACH et son corps a été jeté dans le fleuve Tolten. » Il n'en a certes aucune preuve, mais à l'époque il a su que des cadavres étaient jetés dans les cratères du volcan Villarica ou dans la mer depuis des hélicoptères appartenant à la base aérienne de Maquehue. Ces informations, il les a obtenues, dit-il, « auprès de [*sa*] mère » qui recevait alors fréquemment la visite de son cousin Ricardo, lui-même un pilote civil intégré à la FACH.

« Ricardo, raconte Victor Figueroa au détective Pedro Matta, aurait dit à ma mère que plusieurs fois il avait piloté des hélicoptères dont la mission était de jeter à la mer des cadavres de prisonniers politiques en face de l'île Mocha. Les corps étaient ouverts pour qu'ils ne puissent pas flotter. »

Figueroa dit avoir été témoin de l'arrestation d'Étienne Pesle dans son bureau et avoir pu clairement identifier le chef du groupe des militaires. Il s'agit d'un certain Miguel Manriquez, qu'il connaissait de longue date car c'était un client de la banque où il avait un temps travaillé. La version de Victor Figueroa diffère pourtant assez sensiblement de celle d'Eduardo Herrera. Selon Figueroa, en effet, Étienne Pesle aurait été emmené « sans ménagement par quatre hommes entrés dans son bureau après avoir violemment ouvert la porte à coups de pied ».

Miguel Manriquez possédait une vaste propriété terrienne, la villa San Miguel, qui devait être expropriée par l'État socialiste. « D'ailleurs, précise Figueroa, Étienne Pesle avait participé à ce projet d'expropriation. » Après que ses terres eurent été occupées par des paysans en colère, Manriquez, fou de rage, avait promis de se venger d'eux : « J'ai des armes et des munitions... je vais leur donner une sacrée leçon ! »

Personne ne questionnera plus jamais Miguel Manriquez. En septembre 2000, le richissime Chilien est décédé de mort naturelle. Dans la page nécrologique du journal *Austral* qui rendit compte de sa mort, Matta observe que « parmi les signataires se trouvent : *El Grupo de Aviación nº 3, Oficiales de Reserva de la Fuerza Aera de Chile*

(Groupe d'aviation n° 3, officier de réserve des forces aériennes du Chili) ».

Pour Victor Figueroa, cité dans le rapport d'enquête de Pedro Matta, « c'est parce qu'il était bon qu'ils ont voulu éliminer Étienne Pesle. Les gens croyaient en lui. Il avait de l'influence et était honnête ».

Autre témoignage, celui de Nepomuceno Paillalef, qui était employé d'une laiterie, la COPALCA, créée juste avant le coup d'État de 1973 avec un financement de l'INDAP. Dans cet établissement, il se souvient d'avoir rencontré à plusieurs reprises Étienne Pesle entre le moment où il venait d'être remis en liberté après sa première arrestation et celui où il a définitivement disparu. Pendant ces quelques jours, dans des conditions imprécises, un militaire est arrivé blessé à la laiterie et c'est l'ancien prêtre français qui l'a soigné. « Le lion n'est pas si redoutable qu'on veut le faire croire », a dit ensuite Étienne Pesle à Paillalef. Le lendemain, il était embarqué dans la Cadillac blanche.

Selon Paillalef, l'une des personnes ayant participé à l'interpellation du Français se nomme Emilio Sandoval Poo. Capitaine de réserve de la FACH, il était par ailleurs un puissant homme d'affaires de la région. Et le même témoin d'évoquer le colonel Gomez. Il se rappelle, à la demande angoissée de Mme Pesle, avoir questionné l'officier chilien dans les heures qui ont suivi la disparition d'Étienne Pesle :

– *Upiento* de merde... lui répond Gomez, je ne sais rien !

Le lendemain midi, retournement de situation :

– Ne pose plus de questions... C'est tout ce que je peux te dire ! tonne Gomez en croisant Paillalef.

« J'ai compris, conclut celui-ci, qu'Étienne Pesle était mort et qu'il avait été tué la nuit même de son arrestation et sans doute jeté à la mer. » Dès cet instant, avoue le petit employé de la laiterie : « Je n'ai pas eu le courage de rapporter cette conversation à Haydée Pesle. J'ai cherché à l'éviter et j'ai coupé tous les ponts avec elle. »

Haydée et ses enfants ont fait par la suite l'objet de plusieurs visites policières et militaires musclées, avec perquisitions, brimades et insultes à la clé. En juin 1975, des hommes se présentant comme des policiers l'ont frappée sans explication au visage. Depuis ce jour, Mme Pesle a perdu l'usage de l'oreille droite.

L'ultime espoir de la famille Pesle se nomme Pascual Nahuelpam. C'est le dernier à avoir vu Étienne vivant. À Montréal, où il vit aujourd'hui, il a été entendu par un substitut du procureur général du Canada, Ronald Schachter. Voici leur dialogue :

Le procureur Ronald Schachter (R.S.) : – Pouvez-vous nous donner maintenant votre nationalité ?

Pascual Nahuelpan (P.N.) : – Oui, je suis chilien, citoyen canadien depuis 1978 !

R.S. : – Êtes-vous toujours prêtre ?

P.N. : – Oui.

R.S. : – En 1973, quelle était votre activité professionnelle ?

P.N. : – J'étais vicaire à la paroisse du Perpétuel-Secours de Intemuko.

R.S. : – Étiez-vous impliqué dans des activités politiques quelconques ?

P.N. : – Le travail évangélique est un travail humain où on se préoccupe des besoins essentiels de l'homme tels que manger, s'habiller, avoir de l'éducation, s'instruire, avoir un endroit où loger et, en général, vivre comme un homme, c'est-à-dire comme une créature de Dieu...

R.S. : – Votre organisation était-elle liée, d'une manière ou d'une autre, avec les partis socialiste ou communiste de l'époque ?

P.N. : – Mon travail était lié avec toutes les forces politiques de la gauche et surtout avec le programme politique social du Dr Allende.

R.S. : – Le 19 septembre 1973 est une journée que vous vous rappelez très bien. Pouvez-vous décrire la manière dont les événements se sont déroulés pour vous personnellement ?

P.N. : – J'étais à la paroisse. Vers 4 heures de l'après-midi on frappa très fortement à la porte. Pas la porte d'entrée mais la porte arrière. Ce sont les forces armées qui arrivent [*le prêtre emploie maintenant le présent*]. Ils nous font sortir. C'est moi qu'ils viennent chercher. On me fait monter dans une Jeep de couleur crème foncé. Il y a quatre militaires avec des mitraillettes et ils me conduisent à la base de Maquehue. Il y a aussi deux ou trois autres Jeep avec des soldats armés de mitraillettes. Nous traversons la ville de Temuco. Il y a un flot de circulation. À Maquehue, on me conduit à une tour. J'attends un moment. On me bande les yeux. Alors quelqu'un s'approche de moi, me prend le bras gauche et me dit : « Je suis Pesle, je suis prêtre, français, marié. Je travaille à l'INDAP. »

R.S. : – Quand cet homme vous adresse la parole, c'est combien de temps après votre arrestation ? Une demi-heure, une heure ?

P.N. : – Une heure... une heure et demie.

R.S. : – Et vous avez les yeux couverts...

P.N. : – Oui, c'est pour cela que je ne l'ai pas vu.

R.S. : – O.K. Donc, vous n'avez jamais vu la personne qui vous a dit : « Je suis Pesle » ?

P.N. : – Non.

R.S. : – La personne qui vous a adressé la parole, qui s'est identifiée comme Pesle, savez-vous si c'était une voix jeune ou celle d'une personne âgée ?

P.N. : – La personne n'était pas jeune mais pas vieille non plus. Peut-être comme moi maintenant. Peut-être trente, trente-cinq ans.

R.S. : – Et la voix, le ton de la voix : la personne semblait-elle être blessée, malade ou angoissée ?

P.N. : – Je dirais quelque chose comme de la dépression...

R.S. : – Vous voulez dire angoissée ?

P.N. : – Un peu angoissée, c'est ça. Un peu angoissée.

R.S. : – Et à ce moment-là, vous dites qu'il y a quelqu'un qui vous a séparés...

P.N. : – Une fois qu'il a dit qu'il travaille pour l'INDAP, on nous sépare. Quelqu'un nous sépare. Enfin, pas exactement. Je sens que quelqu'un vient prendre Pesle et l'emmène quelque part.

R.S. : – Vous avez toujours les yeux bandés. Que vous arrive-t-il après ?

P.N. : – Après la tour, ils m'emmènent dans une salle, une grande salle où on m'interroge.

R.S. : – Comment savez-vous que vous étiez dans une grande salle, si vous aviez les yeux couverts ?

P.N. : – Après qu'une personne m'introduit... après, elle m'introduit un appareil dans le nombril, elle me frappe avec quelque chose dans le dos. Je ne peux plus respirer. Ensuite, le soldat m'enlève le bandeau et me montre des photos. Les photos qu'ils avaient prises dans ma pièce... oui, dans ma pièce.

R.S. : – O.K., continuez. On vous montre les photos et qu'arrive-t-il ensuite ?

P.N. : – Le soldat me demande qui sont ces personnes. Ce sont mes amis. Et il montre en particulier une photo et me demande : « Qui est celui là ? » C'est le Dr Eduardo Gonzales Galeno. Je dis qu'il est docteur et que c'est mon ami. Le soldat me demande de répéter. Aujourd'hui, mon ami fait partie des disparus.

R.S. : – Lors de cet interrogatoire avec les photos, vous a-t-on indiqué la raison pour laquelle on vous a arrêté ?

P.N. : – À travers toute la torture, quand je répondais, le soldat me disait toujours que j'étais un prêtre communiste.

R.S. : – Et après ?

P.N. : – Après, on me conduit à une Jeep puis au régiment Tucapel, là où se trouve l'armée de terre. [...] Je suis seul et on me conduit dans une salle où il y a deux ou trois jeunes dans un coin de la salle. Je remarque qu'ils ont les cheveux coupés.

R.S. : – Qu'arrive-t-il à cet endroit ?

P.N. : – C'est la prison. J'y ai passé la nuit.

R.S. : – Le lendemain, qu'arrive-t-il ?

P.N. : – Le jour suivant, le 20 septembre, vers 9 heures et demie, on me conduit dans une salle où il y a beaucoup plus de gens. Plus de civils. Personne ne parle. Environ une heure plus tard, deux soldats viennent me chercher et me conduisent dans une petite pièce où ils me forcent à m'asseoir sur une chaise. Ils m'attachent les pieds et les mains. Ils me mettent immédiatement après un bandeau sur les yeux. Ils appellent quelqu'un pour m'examiner. Il me prend le pouls, ensuite quelque chose au cœur et il dit : « Tout est correct. »

R.S. : – La personne qui vous examine comme ça, de

façon sommaire… Avez-vous remarqué quelque chose de particulier ?

P.N. : – Je dirai qu'elle connaît son métier. Elle connaît le travail.

R.S. : – L'avez-vous entendue parler ?

P.N. : – Non, seulement quand elle a dit : « C'est correct. »

R.S. : – Après, qu'arrive-t-il ?

P.N. : – On me demande des noms […] comme je ne réponds pas aux questions – je ne peux pas dénoncer mes amis – ils me donnent des coups sur les oreilles, sur la tête et au pénis, puis des chocs électriques pendant peut-être quinze à trente minutes. Après ils m'emmènent dans une salle et me font signer un papier en blanc. Il y a deux autres prêtres prisonniers. Wilfredo Alarcon et Anselmo Leoneli. Après deux jours, ils nous conduisent tous les trois à la frontière de l'Argentine…

Pedro Matta a eu de la chance. Il a retrouvé Wilfredo qui, depuis, s'est marié et vit avec sa femme et ses deux enfants dans une belle maison d'un quartier résidentiel de Temuco.

« Il a l'air très heureux, épanoui et il est toujours aussi croyant », écrit le détective dans l'épais document où il consigne les résultats de ses investigations.

Nous sommes le dimanche 5 novembre 2000. Contrairement à Nahuelpan, Wilfredo Alarcon déclare, d'entrée, qu'il n'a jamais rencontré Étienne Pesle.

L'histoire de son arrestation en septembre 1973 ressemble à celle de tous les autres prêtres qui vivaient auprès des Indiens mapuchos : interpellation musclée par des hommes en armes et démarrage en trombe dans un véhicule militaire vers une caserne de la région.

« Heureusement pour lui, note Matta, à un arrêt en face du poste de police de Perquenco, profitant d'un moment d'inattention de ses kidnappeurs, il a réussi à y entrer, se livrant ainsi aux carabiniers. » En faussant ainsi compagnie au groupe paramilitaire qui l'emmenait, le père Alarcon, même s'il n'échappera pas à la torture, a sans doute échappé à la mort.

Le 17 septembre, il est remis aux hommes des forces aériennes puis, après avoir été ligoté avec du fil de fer barbelé, jeté à l'arrière d'une camionnette Chevrolet C10 et transporté jusqu'à la base de Maquehue. Durant le voyage, deux soldats le tiennent constamment en joue avec leurs fusils d'assaut tout en lui assénant des coups de pied sur tout le corps.

Devant le portail de la caserne, on lui bande les yeux avec un tissu jaune et épais qui semble provenir d'une toile de parachute, puis on l'emmène dans un endroit qui semble être le mess des officiers : un grand bâtiment en bois sur deux niveaux où se trouvent déjà d'autres prisonniers. Le prêtre est frappé sur les côtes, les mains et les jambes, forcé de se tenir penché contre un mur sans bouger durant ce tabassage. Il doit mâcher et finalement avaler un morceau de bois que ses tortionnaires lui ont glissé entre les dents. Ses lunettes sont brisées. On l'oblige à avaler un liquide qui lui provoque de violentes douleurs à la tête (« comme un rail de chemin de fer ») et qui l'endort.

Peu après, il est traîné dans les toilettes à demi conscient. On lui enfonce la tête dans la cuvette remplie d'excréments qui l'étouffent. Pendant ces tortures, on lui lit à plusieurs reprises une liste de noms.

– Qui sont-ils ? demandent les soldats... Dis-nous où ils sont !

Wilfredo Alarcon simule alors un évanouissement pour calmer ses bourreaux.

– Il est cuit, souffle l'un des militaires.

Quand il a repris ses esprits, il entend un gradé lui déclarer :

– Vous savez, mon petit père. Vous allez maintenant dormir au chaud et en paix...

À nouveau on le fait monter dans une camionnette, sans même le ligoter, compte tenu de son état. Destination : Nueva Imperial. Là, on le fait descendre en l'obligeant à se tenir debout sur la rive d'un canal d'irrigation aux eaux douteuses. Le père Alarcon se souvient d'avoir reçu deux chocs, l'un à la jambe et l'autre dans la poitrine, puis d'être tombé dans l'eau au moment même où le gradé a lancé :

– Il a eu son compte, le curé !

Wilfredo Alarcon s'apercevra plus tard qu'on l'avait conduit ici pour le tuer. Les deux chocs qu'il a ressentis correspondaient aux deux balles qu'un peloton d'exécution sommaire lui avait tirées dans le dos.

Se débattant dans l'eau du fleuve, il se souvient encore qu'une balle a fusé au-dessus de lui. Sans doute le coup de grâce qui l'a raté, de même que les deux balles précédentes n'avaient touché aucun organe vital.

« Je m'attendais à voir Jésus-Christ, raconte le prêtre à Pedro Matta. Je sentais qu'il était tout proche. Je me suis laissé porter par le courant du canal. J'ai ensuite senti des buissons de mûres sur mon visage. J'ai perdu une de mes chaussures qui est restée dans la vase. »

Il pleut. Le prêtre réussit à sortir de l'eau, se traîne péniblement dans la boue jusqu'à un champ où il passe la nuit, secoué de frissons. Au petit matin, il aperçoit une maison au loin où, ne portant plus qu'une chemise trempée et des caleçons de flanelle, il demande de l'aide avant de s'évanouir.

Il se réveille quelques jours plus tard dans une chambre d'hôpital, une perfusion branchée dans le bras mais encadré à nouveau par des militaires. Il a sans doute été dénoncé par ceux-là même qui l'avaient recueilli.

« Dans cette chambre, seul et isolé, j'ai remarqué une image du Christ accrochée en face de mon lit. Je l'ai regardée longtemps. J'ai trouvé que le Christ n'était pas beau. J'ai alors dit au Christ du mur : “Si tu me gardes en vie, je te referai en plus beau...” »

Plus tard, bien plus tard, quand il a échappé de façon miraculeuse aux militaires grâce à l'aide d'autres prêtres, Wilfredo Alarcon a récupéré des racines, des branches et des troncs d'arbres. Il les a travaillés, fignolés, taillés en Christ. Il en a fait des pièces uniques qu'il offre aux gens qu'il aime et qui le méritent.

Son tortionnaire s'appelait Mario Ramirez. Le général Pinochet lui-même en a fait le maire de la petite ville de Collipulli. Progressivement, l'ancien militaire est devenu alcoolique. En 1988 on l'a retrouvé mort, complètement carbonisé, au volant de sa Jeep qui avait brûlé. Longtemps les gens du coin ont murmuré que, peut-être, ses anciens camarades l'avaient assassiné. « Quand Ramirez se soûlait, ce qui arrivait très souvent, disaient-ils, il ne savait pas tenir sa langue. Et ce qu'il racontait alors pouvait mettre en danger la tranquillité des autres. »

Depuis la disparition d'Étienne Pesle, le 19 septembre, la famille de l'ancien prêtre a tout tenté pour reconstituer le scénario de son élimination par la junte : l'ambassade de France, la Croix-Rouge et même le président Pompidou n'ont rien pu faire pour les aider à comprendre ce qui s'était passé.

– Deuxième partie –

ALPHONSE-RENÉ CHANFREAU, FRANÇAIS TORTURÉ ET DISPARU

– 1 –

La DINA

Les dictateurs ont tous leur police secrète. Pinochet avait appelé la sienne la DINA. « D » pour Direction, « I » pour Investigations, « NA » pour Nationale. Son logo est un poing d'acier.

Pourquoi ce symbole ? Parce que de 1973 à 1978, année où elle sera dissoute – et vite remplacée –, la « *Dirección de investigaciones nacionale* » va broyer irrémédiablement tous ceux qui ont eu ou ont encore l'audace de penser différemment de la junte. La sinistre DINA a sans doute été l'un des appareils répressifs les plus « performants » du monde.

Elle est l'œuvre de Pinochet. Sa créature. Le général lui a donné des pouvoirs illimités ; en contrepartie c'est à lui seul qu'elle rend compte, et à personne d'autre. La DINA détient un « chèque en blanc » signé du dictateur lui permettant de voler, interroger, torturer, assassiner et faire disparaître qui elle veut dans la plus totale impunité.

Elle est également autorisée à infiltrer, fouiller, écouter et surveiller.

C'est une machine d'autant plus redoutable qu'elle sait n'avoir jamais à rendre de comptes devant l'histoire : elle ne garde aucune archive. Ne cherchant pas de preuves, elle ne les conserve donc pas. Elle est tout à la fois la police, l'armée, la justice et le bras du bourreau. L'histoire de la DINA est ainsi ponctuée de séquestrations, exécutions sommaires, attentats, supplices les plus « raffinés » et disparitions. Ses seuls efforts d'« *Investigaciones* », puisque ce terme figure dans son appellation chilienne, sont la fabrication d'armes sophistiquées pour tuer. Individuellement ou massivement. Elle a ainsi créé des laboratoires occultes où était préparé le fameux gaz sarin, l'une des armes favorites du terrorisme. Ses agents n'ont pas de nom et toutes ses casernes sont secrètes. La plus grande partie des véhicules qu'elle utilise appartient à ses victimes, tout comme ses locaux, dont certains sont même d'anciennes boîtes de nuit confisquées par le régime. Lors de ses « perquisitions », la DINA vole jusqu'aux meubles, cuisinières, vêtements, postes de télévision et de radio.

« C'est notre butin de guerre », répondent les agents de la *Dirección* en se tapant sur l'épaule à ceux qui osent encore les questionner.

Le général Pinochet a créé d'autres organes de répression – le SIR (Service d'intelligence régional) et le SIFA (Service d'intelligence des forces aériennes) –, mais la DINA les surpasse tous. Dans la guerre que se livrent ces différentes structures, elle est maîtresse du jeu.

Pour la diriger, le dictateur chilien n'a pas choisi un simple spécialiste du renseignement mais quelqu'un ayant sa confiance absolue. Un inconditionnel, un affidé qui par le passé a su démontrer qu'il n'avait aucun scrupule.

Cet homme, c'est José Manuel Contreras Sepulveda. Aucun lien de parenté ni avec l'écrivain Luis Sepulveda, ni avec le général du même nom qui dirigeait les carabiniers et qui resta fidèle jusqu'au bout à l'ex-président Allende. Le colonel J.M.C.S. – comme on le surnommait souvent, mais on l'appelait communément Manuel Contreras – a dirigé aux premières heures du coup d'État le régiment *Tejas Verdes* (« Tuiles Vertes ») de San Antonio, un petit port de pêche situé sur la côte, non loin de Santiago. Là, il a expérimenté les méthodes d'extermination de détenus qui seront ultérieurement appliquées par la DINA.

C'est à Tejas Verdes que l'on met en œuvre pour la première fois des séquestrations et détentions sans contrôle. Là-bas, Contreras invente la technique dite « du bourreau masqué » pour éviter que les tortionnaires ne soient un jour reconnus par leurs victimes, mais aussi des sévices qui feront ensuite florès comme les viols de filles et de femmes en présence de leurs pères ou maris. Untel avait-il disparu ? Contreras répondait – s'il en avait envie – qu'il avait « fait une fugue ».

La DINA ne pouvait avoir un meilleur chef.

Manuel Contreras a pour second Pedro Espinoza Bravo, lieutenant-colonel d'infanterie. Il a fait ses preuves à la tête de la « Caravane de la mort » au côté du général Arellano Stark, en octobre 1973.

Cette « caravane », c'est le raid sanglant de douze hommes qui n'ont de « soldats » que l'uniforme. Douze barbares menés par Stark et Bravo et qui vont, en un mois, écumer les prisons du Chili à bord de leur hélicoptère de transport de troupes Puma. Ils comptent à leur actif soixante-quinze meurtres, assassinats et enlèvements. Soixante-quinze opposants enfermés dans les prisons du pays que la Caravane de la mort est venue là exécuter ou enlever.

Là où Pinochet soupçonnait de la « mollesse », du relâchement voire un peu d'humanité, là ou le directeur d'une prison ou les militaires locaux n'étaient pas assez zélés, la Caravane de la mort venait mettre bon ordre.

Tous ceux de la Caravane ont ensuite été nommés à des postes de commandement à la DINA. Pedro Espinoza Bravo à la meilleure place : à la droite de Contreras.

Mais quand ces deux individus sont placés à sa tête, la DINA a déjà les mains sales et souillées de sang. « La DINA, c'est l'armée des ombres », aime à répéter Contreras sans rougir, paraphrasant l'expression historique servant à désigner les résistants français de la Seconde Guerre mondiale. En vérité, c'est à la Gestapo que ressemblait la DINA. Alphonse-René Chanfreau en a fait les frais. Lui aussi était français.

– 2 –

« 38, rue de Londres », la maison de la terreur

Étudiant en philosophie et représentant des étudiants au conseil de la faculté de philosophie, responsable régional du MIR (*Movimiento izquierda revolucionaria*, Mouvement de la gauche révolutionnaire) où il est connu sous le surnom d'Emilio, Alphonse-René Chanfreau est arrêté à son domicile à Independencia (nord de Santiago) le 30 juillet 1974 vers 23 h 30... soit près d'un an après le coup d'État du général Pinochet. Il a vingt-trois ans, il est marié avec Erika Hennings Sepeda. Ils ont une petite fille, Natalia, qui est âgée d'à peine deux ans.

Pour mieux comprendre les circonstances de la disparition de René Chanfreau, nous avons eu accès à beaucoup de témoignages et documents, dont plusieurs totalement inédits. Par exemple aux auditions devant la commission de Paul Rettig, dite « Réconciliation et

Vérité », chargée en 1990 d'enquêter sur la dictature. Mais aussi à certains comptes rendus d'auditions des policiers et juges européens chargés aujourd'hui encore d'élucider les disparitions et assassinats de ressortissants étrangers au Chili.

La nuit de l'arrestation d'Alphonse-René Chanfreau, raconte son épouse Erika, « nous étions chez nous, vivant une vie normale de jeunes mariés et assujettis, comme tout le monde, au couvre-feu ». Le couple entend soudain des bruits de bottes et des coups dans l'entrée et contre les fenêtres de leur appartement, le n° 13, situé au rez-de-chaussée. « Il y a des gens devant chez nous », dit Chanfreau avant d'ouvrir sa porte. Erika, qui est restée dans la chambre près du berceau de sa fille, entend la voix d'un homme lui demander :

– Alfonso René Chanfreau ?

Dans les secondes qui suivent, la jeune femme voit surgir quatre ou cinq hommes en civil, armés, qui commencent à fouiller l'appartement de fond en comble. Ils n'ont aucun mandat et ne se recommandent de personne.

– Puis-je m'habiller ? ose Erika.

Alphonse-René entre à son tour dans la pièce, encadré par d'autres hommes. Ils sont une quinzaine au total. L'un d'eux demande au jeune étudiant de sortir de l'appartement avec lui. Il revient peu après avec celui qui est le chef du commando. Il se nomme Gerardo Godoy Garcia. Dit le « Capitaine Manuel », il dirige l'un des plus redoutables Groupes d'intervention de la DINA, le commando « *Tucan* ». Parmi ses hommes figurent deux exécutants zélés que leurs victimes ont surnommés « *Mano Negra* » (Main noire) pour l'un – car il portait des gants sombres durant les séances de torture – et « *Muñeca del Diablo* » (Poupée du Diable) pour l'autre, en raison de sa sauvagerie.

Capitaine Manuel vient de reconnaître formellement Alphonse-René Chanfreau.

– Oui, c'est bien Emilio ! indique-t-il.

Que s'est-il passé en dehors de l'appartement ? Sans doute y avait-il là quelqu'un – militant du MIR, étudiant ou ami passé sous le joug des bourreaux – pour identifier formellement le jeune leader révolutionnaire appelé « Emilio » dans la clandestinité.

– Fouillez tout, même le matelas ! hurle Manuel.

« Nous n'avons pas subi de brutalités, poursuit Erika, mais nous avons été insultés gratuitement par tous ces hommes, et notamment par un certain Osvaldo Romo Mena. »

Romo est une brute. Son surnom : « *El Guatón Romo* », autrement dit Romo le Ventru.

Les militaires ne dénichent rien d'intéressant dans la maison mais brisent tout sur leur passage, balayant les étagères du canon de leurs mitraillettes.

– Que voulez-vous, que cherchez-vous ? interroge Erika en s'adressant au Ventru.

– *Emilio es un carajo* (ton mari est un salaud) ! lui répond Romo.

Les agents de la DINA précisent à Chanfreau qu'il se trouve « en état d'arrestation » et qu'il peut « emporter une couverture ». Sans plus de commentaires.

Alphonse-René demande la permission que sa femme et sa fille soient emmenées chez ses beaux-parents. Le commando accepte et conduit la mère et l'enfant sur place à bord d'une Chevrolet C10, véhicule habituel des troupes de la DINA.

Dans une seconde Chevrolet, Chanfreau part pour une destination inconnue.

Dès l'aube, en raison du couvre-feu, la sœur d'Alphonse-René, Denise – qui habite elle aussi à Santiago –, prévient l'ambassade de France. Toute la famille Chanfreau est en effet de nationalité franco-chilienne. De leur côté, ses parents conseillent à Erika de demander l'asile politique pour fuir son pays.

« Moi, je ne voulais pas... je voulais rester près de mon époux. Je pensais vite le revoir et que nous serions tranquilles. »

Le lendemain, vers 8 heures du matin, la DINA vient chercher Erika chez ses parents. Deux hommes en civil lui demandent de les suivre afin que « son mari parle ». Dans la voiture qui l'emporte, la jeune femme est assise entre deux autres hommes armés de mitraillettes.

– Ton mari ne s'est pas bien comporté durant son interrogatoire. Il ne veut pas collaborer... Il faut qu'il parle ! lui explique l'un d'eux.

Erika comprend ce qu'on attend d'elle : qu'elle fasse pression sur René. Mais elle ignore encore où elle va. La voiture tourne dans la rue Independencia puis, en franchissant le pont de la rivière Mapocho, l'un des hommes l'oblige à se baisser et lui met un bandeau les yeux en indiquant :

– C'est pour ta sécurité et pour la nôtre !

Juste après, on lui enfile des lunettes noires et on l'oblige à s'appuyer sur l'épaule d'un militaire afin que personne ne remarque quoi que ce soit. Erika sent le véhicule tourner plusieurs fois avant de s'arrêter enfin.

Les militaires font descendre la jeune femme. Par-dessous son bandeau qui glisse, elle aperçoit une grande porte en bois, un sol à carreaux blancs et noirs puis un couloir et les pieds d'une table.

Une femme lui demande ses nom, prénoms, et si elle a des effets personnels.

Erika est alors introduite dans une grande salle où elle réussit encore à entrevoir, assises sur des chaises, une cinquantaine de personnes aux yeux bandés, tout comme elle, et recroquevillées dans des couvertures. On la fait asseoir au milieu d'elles.

– Nous sommes rue de Londres. Tu es dans une maison de torture de la DINA, lui explique l'une des détenues, Maria Ines Alvarado.

Le « 38 *calle* (rue) Londres », comme on surnommera plus tard ce centre secret de la DINA spécialisé dans les interrogatoires musclés, est un immeuble confisqué au parti socialiste par les putschistes. Ironie du sort, beaucoup de ceux qui y sont interrogés connaissent bien l'endroit pour avoir été d'anciens militants socialistes.

Osvaldo Romo vient chercher Erika. En l'accompagnant dans un escalier en colimaçon, il lui souffle à l'oreille :

– Tu sais, je suis très psychologue dans mes interrogatoires et tu dois collaborer. Alfonso, lui, ne veut pas, et en plus il s'est mal comporté avec nous.

Ils arrivent au premier étage. Elle distingue à travers son bandeau une immense salle et son mari étendu nu sur un lit surélevé. Il est attaché, jambes et bras écartés. Au-dessus de lui, une forte lumière. Erika l'entend gémir. Près du lit, elle remarque un générateur d'électricité artisanal et, au plafond, des potences.

Erika est arrivée en pleine séance de torture de son

mari. Les « opérations » sont menées par Miguel Krasnoff Martchenko, alias « Capitaine Miguel » :

– Quel est ton nom ? hurle Krasnoff à Erika.

– Laissez-la tranquille, elle n'a rien à voir avec tout ça ! réagit Alphonse-René Chanfreau sur son lit de souffrances.

– Alfonso, ne t'inquiète pas, je vais bien, le rassure Erika.

Cette dernière phrase de la jeune Chilienne rend Osvaldo Romo fou de rage. Il la frappe à plusieurs reprises avant qu'elle soit reconduite dans une autre pièce où, à son tour, elle va subir d'atroces tortures.

Erika voit des hommes s'affairer autour d'un lit. On lui demande de se déshabiller. Elle refuse. On lui arrache alors ses vêtements tout en l'insultant puis on l'attache sur le sommier métallique, jambes et bras écartés. Elle sent des mains sur son corps. Elle crie, elle pleure. Rien ne les arrête. « J'ai beaucoup crié, ce qui était certainement le but recherché, car mon mari pouvait m'entendre et donc parler. »

Le Ventru l'aide ensuite à se rhabiller et la pousse dans une autre salle. Alfonso a été conduit là, lui aussi. Il est debout, les yeux bandés et les mains attachées devant lui. On les laisse quelques instants sous la surveillance d'un garde. Le jeune Franco-Chilien demande à sa femme si elle a subi des violences. Ne voulant pas l'inquiéter, elle lui répond par la négative. Puis tous deux sont ramenés dans la grande pièce commune où on les fait s'asseoir sur des chaises.

Erika et Alfonso vont rester là jusqu'au 13 août. Soit quatorze journées et autant de nuits de peur et d'angoisse ponctuées d'interrogatoires et de séances de torture qu'Erika décrira par la suite. À plusieurs reprises, en présence de son mari, on l'a obligée à se déshabiller puis on l'a attachée sur le lit. À la vue des attouchements et des tortures électriques qu'elle doit subir, Alfonso supplie qu'on laisse son épouse. Mais chaque séance dure une bonne demi-heure. Une éternité d'horreurs.

Lui n'est pas épargné non plus. Quand il retrouve sa femme, il ne parle jamais des supplices qu'on lui a infligés et celle-ci ne peut juger par elle-même de son état, ses yeux restant toujours bandés. Cependant ses gémissements le trahissent, et parfois même il est incapable d'absorber le peu de nourriture qu'on leur délivre.

Chaque matin, les hommes de la DINA font irruption dans la salle commune pour procéder à l'appel nominatif des détenus. C'est ainsi que certains ont su que des connaissances ou des amis partageaient leur sort. Par la suite, pour éviter cet inconvénient, des numéros seront été attribués à chacun. Erika portera le 25 et Alfonso le 24.

Après deux semaines de ce calvaire, le 13 août 1974 le jeune leader étudiant quitte la villa du 38, rue de Londres pour être transféré avec six codétenus dans un autre repaire secret de la DINA. Erika n'a jamais revu son mari depuis ce jour.

Trois jours plus tard, le 16 août, elle est transférée à la maison d'arrêt *Quatro Alamos* (Quatre Peupliers) de Santiago, prison qui sert de lieu de transit entre la *calle* Londres et *Tres Alamos* (Trois Peupliers). Elle y reste presque trois mois puis, le 7 novembre 1974, elle est expulsée vers la France avec la petite Natalia. Depuis lors, elle n'a de cesse qu'elle ne sache ce qu'est devenu son mari.

*
**

Au travers des nombreux témoignages de prisonniers qui ont été recueillis par la suite, il est aujourd'hui possible de retracer le parcours et les interminables souffrances endurés par le jeune révolutionnaire.

Esteban Van Yurick, un ancien camarade d'université d'Alphonse-René Chanfreau alias Emilio, a été arrêté le 12 juillet 1974 dans la maison de ses parents par la DINA. Mis en garde par les arrestations récentes de son frère et de son beau-frère, il avait réussi à se cacher mais les hommes de Contreras, dont le sinistre Romo, le découvrent et l'embarquent *calle* Londres. Il est aussitôt conduit dans la salle de torture. « On m'a appliqué du courant de différents voltages sur différentes parties du corps : parties génitales, oreilles, nez, paupières. Ensuite, ils m'ont laissé dans un état physique déplorable dans un couloir, couché, en attente de nouvelles tortures. »

Certains interrogatoires sont individuels tandis que d'autres se déroulent en groupe. Parfois, Esteban Van Yurick est questionné en même temps que son frère Edwin et sa belle-sœur Barbara. Lesquels font également partie de la longue liste des disparus.

« Une fois, ils m'ont mis dans une pièce – dans cette maison, il y avait plusieurs chambres – où j'ai trouvé Alfonso (Alphonse-René Chanfreau) », explique Esteban Van Yurick.

À plusieurs reprises, il tente de lui parler malgré l'interdiction faite aux prisonniers de communiquer entre eux. « Un jour, Alfonso m'a dit qu'il avait peur que Marcia Alejandra Vega, qui était une autre détenue comme nous et qui avait été très brutalement torturée, le compromette parce qu'elle le connaissait bien. Nous avons donc tenté d'approcher Alejandra qui nous a dit qu'elle ne supportait plus les tortures. Ensuite, nous n'avons plus eu de nouvelles d'elle... »

Esteban raconte que, pour se repérer les yeux bandés, il comptait le nombre de ses pas ainsi que celui des marches d'escalier. « Pour manger, ils nous donnaient simplement de la chuchoca, du pain ou de l'eau, se souvient-il. On dormait quand on pouvait, car on entendait toujours des cris et les gardes, à toute heure du jour et de la nuit, venaient prendre quelqu'un pour l'interroger en l'appelant par son numéro, sauf Alfonso qu'ils appelaient par son prénom. [...] Nous ne savions pas pourquoi nous étions là. Nous ne savions pas combien de temps nous allions y rester. Les gardes avaient tous des surnoms : Capitaine Max, Mano Negra qui se flattait de sa brutalité, « *Cucharita* » (Petite Cuillère) ou El Lolo. Je me souviens particulièrement de Miguel Krasnoff, un type qui avait la réputation d'être une brute [...]. Actuellement [*la déposition date de 1990*], il est colonel de l'armée à Temuco. Un autre officier, Marcelo Moren Brito, dirigeait souvent les tortures et tuait avec ses mains. [...] Dans cette atmosphère, j'étais malade des nerfs, détruit physiquement. Je n'ai plus rien su du sort d'Alfonso Chanfreau. Moi, ils m'ont emmené à Quatro Alamos. »

Marcia Alejandra Vega, qui était surnommée « la Maigre », a elle aussi raconté son arrestation et les supplices qu'elle a endurés à la « Villa 38 ».

« Une personne s'est approchée de moi et a donné un ordre pour qu'on retire mes menottes. J'ai monté un escalier. Ils m'ont mise dans une grande salle et m'ont fait asseoir à un bureau. Quelqu'un m'a dit :

– Te souviens-tu de moi, "maigre" Alejandra ? Je suis Osvaldo Romo et je vais t'interroger. Tu sais, je connais beaucoup de choses sur toi.

» J'ai monté des marches sans savoir où j'allais, j'en ai descendu d'autres et me suis retrouvée dans une petite pièce où il y avait beaucoup d'hommes qui ont commencé à m'insulter et à me retirer mes vêtements. Ils m'ont mise sur un "gril", enfin quelque chose de métallique [*il s'agit d'un sommier métallique*] où ils m'ont attachée. Ils riaient de moi parce que j'étais maigre. On m'a questionnée sans arrêt sur mes compagnons du MIR. L'un des bourreaux me tripotait les seins en disant : "Oh, les charpies que tu as !" Ils étaient six ou sept et ils me faisaient tous quelque chose. Ils m'ont appliqué l'électricité dans le vagin, sur les seins, sur les tempes, dans les oreilles, sur la langue. Ils ne m'ont pas violée mais ils ont menacé de le faire si je ne parlais pas. Quelquefois, la doctoresse Barcelo m'a consolée. Auprès d'elle, je me sentais protégée. Lors de la dernière torture, je savais ce qui m'attendait. J'ai senti le froid métal que l'on m'introduisait dans l'anus. Je suppose que c'était des revolvers. J'avais les yeux bandés, je ne pouvais les voir mais je les sentais. Nous n'étions jamais autorisés à nous laver. Pour cette raison j'ai eu une infection de l'utérus, des ovaires et de la vessie, avec des douleurs atroces. Je me souviens d'avoir parlé avec Alfonso Chanfreau. [...] Il m'a demandé d'être tranquille, m'a dit que tout allait se terminer. Une fois, nous avons dormi l'un à côté de l'autre. Il m'a pris la main et m'a encore consolée. À "Londres", je suis passée par une crise de nerfs importante car j'avais très peur, parce que ma maman avait des amis au MIR et je me demandais si je n'allais pas la dénoncer à cause de ce cauchemar de torture. Je voulais en sortir... »

Eugenio Gomez Araneda, lui, se rappelle le trajet qu'il a parcouru entre son domicile et la « Villa 38 », avec plusieurs prisonniers.

« Dans la voiture, nos ravisseurs nous disaient :

» – Il vaut mieux que vous parliez, les enfants, parce

que nous allons vous appliquer le courant et vous sortirez tous coupés.

» Il n'y avait là que des jeunes. Moi, j'avais vingt-trois ans. En arrivant au point prévu par nos ravisseurs, j'ai pu observer entre les bandes que le sol était de carreaux blancs et noirs, la rue pavée de pierres. J'ai pu vérifier que nous étions dans la *calle* Londres. Je connaissais bien cette rue car c'est là que se trouvait auparavant le siège du parti socialiste de la huitième commune. Une fois dans le hall principal de cette maison, on nous a mis en rang, mains sur la nuque. Luz Arce (une militante du MIR torturée et qui a décidé de travailler pour le compte de la DINA) m'a dit :

» – Coopère, mon gars, car nous sommes tous perdus. Il n'y a plus rien à faire. Si tu ne coopères pas, ils vont te tuer !

» On m'a emmené dans la salle de torture, on m'a obligé à me dévêtir. Comme je n'allais pas assez vite, ils m'ont insulté et giflé. Une fois nu, ils m'ont mis sur un sommier de rubans, sans matelas, dans la position du crucifié. Un homme m'a attaché les poignets, un autre les chevilles, un autre les cuisses, et ils ont commencé à m'interroger. J'ai refusé de parler. Ils m'ont insulté. J'ai dit que j'étais un simple sympathisant du parti socialiste. À ce moment-là, j'ai entendu Luz Arce dire que je mentais, que j'étais membre du comité central. Puis ont suivi des insultes.

» – Parle, marxiste de merde !

» Avant de me torturer, ils m'ont indiqué que si je voulais parler, il suffisait de bouger les doigts de la main (il y avait une musique tonitruante). On a posé des électrodes sur mes parties génitales, une telle quantité que je me suis évanoui. Ils m'ont ensuite tiré dans le couloir, m'ont jeté de l'eau sur le visage pour me réveiller et ont recommencé à me torturer. Je me souviens d'avoir vu beaucoup de détenus dans le même état. Au bout d'un moment, mon corps n'a plus résisté. J'ai perdu le contrôle de mes sphincters. Je me suis sali. J'ai uriné et j'ai chié sur le sommier. Cela a rendu mes bourreaux furieux et l'un d'eux a tonné :

» – Ah, tu as chié ! Maintenant tu vas manger ta merde...

» Ils m'ont obligé à coups de pied et de crosse à y mettre le visage. Moi, je ne pouvais pas manger. Ils m'ont obligé à manger mon caca. J'ai eu des vomissements. Ils ont continué à me frapper et m'ont obligé à nettoyer avec ma figure toute cette saleté. Je ne savais plus que faire. À cet instant, j'ai pensé à ma famille et décidé que, pour eux, je ne me laisserais pas tuer. Je me sentais très faible. Ils voulaient manifestement me briser. Ils m'ont tiré par les cheveux, donné des coups de pied. N'en pouvant plus, je suis tombé à côté du sommier de rubans. Je les vois encore me jeter des papiers et des chiffons pour que je nettoie. J'ai fait ce que j'ai pu, sinon ils voulaient encore me mettre la langue dans le caca. Lorsque ce fut propre, ils m'ont remis sur le petit lit pour me torturer. Du sang coulait de mon nez, j'avais très soif... Cela était sans doute dû à l'effet du courant. Mes jambes tremblaient et j'ai senti le courant si fort que j'ai eu l'impression que mes testicules brûlaient. J'ai hurlé de douleur et j'ai donné des noms de compagnons morts. J'ai essayé de m'habiller mais je n'ai pas pu. La douleur produite par le frottement du linge sur ma peau était insupportable. J'avais les aisselles brûlées. La bouche... je ne pouvais même pas effleurer ma langue. Tous les prisonniers étaient dans le même état que moi. Nous devions marcher les jambes écartées à cause du frottement du linge. D'autres ont été brûlés avec des cigarettes, d'autres encore marchaient bardés de bandes parce qu'on leur avait brisé une partie des os. Beaucoup étaient tout simplement tués. Entre nous, c'était toujours les mêmes conversations : il fallait survivre pour nos idéaux, nos familles, nos enfants. Il y avait même un détenu, Santiago Ruz Prado, qui chantait après avoir été torturé. Il chantait *La Marseillaise* en français après avoir été torturé et il nous donnait du courage. Les gardes, bien entendu, ne comprenaient rien. J'ai toujours su qu'Alfonso Chanfreau avait été le plus torturé parce qu'il était l'un des plus importants dirigeants du MIR. Chaque fois qu'il revenait de la torture, il avait l'air d'un mort. Il avait perdu énormément de poids. »

Eugenio a gardé en mémoire les noms de code qu'utilisaient cyniquement les tortionnaires quand les détenus leur demandaient des informations sur leur propre sort ou sur celui des torturés qui avaient quitté la « Villa 38 » : Condamné à « *puerto montt* » signifiait être exécuté dans un champ ouvert, condamné à « *punta arenas* » (pointe de sable) équivalait à être fusillé sur un pont ou la berge d'une rivière pour être ensuite jeté dans le courant. Enfin, condamné à « *la moneda* » (monnaie) voulait dire être jeté dans la mer, vivant ou mort, depuis un hélicoptère ou un avion des forces aériennes. Beaucoup de détenus disparus ont eu pour destination le port de San Antonio et plus précisément un lieu appelé Rocas de Santo Domingo, une ville balnéaire où existait un complexe touristique populaire occupé par la DINA (qui ferma cet endroit plus tard). Le transport jusqu'à Rocas de Santo Domingo était effectué dans des véhicules maquillés en camions frigorifiques et sur lesquels étaient peints des noms de pêcheries. Les détenus étaient enfermés à l'arrière et constamment surveillés par des gardes armés. Arrivés à destination, les prisonniers étaient embarqués en hélicoptère et jetés au large.

Grâce à son père et à son beau-père francs-maçons, Eugenio Gomez Araneda a bénéficié d'une remise en liberté. Selon lui, les loges avaient réussi à obtenir des plus hautes autorités putschistes la clémence pour une poignée de détenus. Le nom de Chanfreau figurait sur cette liste mais, au dernier moment, Osvaldo Romo a refusé de libérer le responsable régional du MIR.

*
**

Plus tard, bien plus tard, en 1990, alors que la justice chilienne tente de faire enfin la lumière sur le sort de ses disparus, on montre dans un prétoire le plan de la « Villa 38 » à Erika Chanfreau-Hennings. Soudain, les terribles souvenirs lui reviennent. Elle peut décrire pièce par pièce, marche par marche, dans le moindre détail, cet endroit que l'on surnommait aussi « la maison de la terreur ».

« Je la reconnais jusqu'au troisième étage », explique-t-elle devant le tribunal. Quelques jours auparavant, la cour s'est rendue au grand complet au 38, rue de Londres, devenu un respectable institut où trône un portrait magistral ainsi qu'un buste en bronze du fondateur de la patrie du Chili, Bernardo O'Higgins.

« L'entrée de l'immeuble n'a pas changé, se remémore Erika. La même grande porte de bois, le même couloir avec ses carreaux blancs et noirs, mais il n'y a plus la table où ils nous demandaient des renseignements et nos effets personnels. » Un peu plus loin, au bout du couloir, elle reconnaît l'égout qu'ils appelaient le « *hoyo* » (fosse), où les tortionnaires de la DINA enfermaient les détenus punis après avoir claqué sur eux le lourd couvercle.

Au premier étage, elle éprouve un choc en réalisant que c'est là qu'on pratiquait la torture du « téléphone ». Le prisonnier posait ses deux mains sur ses oreilles et les bourreaux frappaient sans relâche sur chaque main jusqu'à ce que la victime perde l'équilibre, s'évanouisse ou subisse une terrible décompression.

Erika arrive au deuxième étage. « Je me rappelle bien cette salle où mon mari et moi avons enduré les pires souffrances. J'étais torturée sur le lit et Alfonso pendu à un crochet voyait tout. Ce fut l'un des sévices les plus terribles précisément parce que mon mari me regardait. Lorsque je criais de douleur, ils me mettaient des espèces de cadres dans la bouche. Outre le lit qu'on appelait le "gril" ou la "*parilla*" [*la rôtissoire*], je me souviens d'un magnétophone, d'un amplificateur et de tous ces crochets pour pendre les gens. Malgré tout, je me rappelle que nous entendions les cloches de l'église San Francisco toute proche.

» Toujours au second étage, je me remémore la salle d'infirmerie où l'on voyait des détenus malades avec des fractures et des bandages partout. Parfois les bourreaux allaient beaucoup trop loin... À quelques pas, il y avait la fameuse salle des chaises où l'on nous faisait tous asseoir. La nuit, ils les enlevaient et jetaient des matelas par terre. Une fois, je suis restée toute une nuit à côté d'Alfonso. Nous avons longuement parlé. Il m'a raconté qu'on le sortait souvent de la "Villa 38" pour l'emmener dans un autre lieu où il subissait des tortures encore plus atroces.

» Les pièces de l'entresol étaient pour leur part basses, au ras de nos têtes. Là, ils retranscrivaient à la machine à écrire les propos qu'ils nous avaient arrachés.

» Dans la cour, ils nous autorisaient parfois à prendre de l'eau. Un jour, Marcia Merino, une de mes compagnes, m'a offert sa brosse à dents. Je reconnais maintenant une chaudière qui était dans cette cour et on m'a raconté qu'ils avaient tué là une personne. Dans cette cour, mes bourreaux m'ont emmenée en me pressant de dire au revoir à mon mari car il partait. Ils n'ont pas voulu me dire où. Ce fut la dernière fois que je parlai à Alfonso. Ils nous ont fait asseoir sur des chaises l'un à côté de l'autre. Nous avons parlé et je me souviens qu'Alfonso m'a dit qu'avec d'autres détenus ils attendaient un camion qui devait les conduire quelque part. Il ne connaissait pas cet endroit mais il avait l'espoir qu'il serait meilleur que "Londres" et que, là-bas, il serait bien.

» – Prends soin de toi, m'a-t-il dit. Nous serons peut-être bientôt libres. À mon retour, je t'apprendrai à parler français. Donne quatre-vingt-dix mille baisers à notre fille Natalia de ma part. Je t'aime. Attends-moi. »

*
**

C'est le 12 septembre 1990 à 11 heures que le tribunal chilien s'est ainsi transporté *calle* Londres. Outre Erika se trouvent là Eugenio Gomez Araneda et Miguel Angel Rebolledo Gonzalez, détenus en même temps qu'Alphonse-René Chanfreau. Ils vont inspecter l'endroit de fond en comble.

Sur un mur, les anciennes victimes ont un souvenir précis de l'amplificateur : « Par moments, ils mettaient de la musique très fort pour que l'on n'entende pas les cris des suppliciés depuis l'extérieur », se rappellent-ils. « Les tortures sur la *parilla* duraient deux à trois heures, précise pour sa part Miguel Angel Rebolledo Gonzalez. La pièce était toujours dans la pénombre. »

Ailleurs, des toilettes. Aucun des trois n'a oublié cet endroit : « La plupart du temps, il était bouché. Il y avait une forte odeur de putréfaction. » « Lorsque les femmes étaient autorisées à s'y rendre, les gardes insistaient pour nous accompagner », ajoute Erika.

Dans une autre pièce, Erika, Eugenio et Miguel revoient les gardes manger du ragoût devant eux et laisser les os sur la cheminée. « Nous nous sommes précipités sur leurs restes, et nous nous sommes passé les os pour les lécher tour à tour. Les gardes nous ont surpris. Nous avons tous été punis : ils nous ont frappés avec des cuillères sur les mains... des cuillères gelées par le froid de l'hiver. Nous avions d'ailleurs très froid car certains bourreaux nous interdisaient d'utiliser nos couvertures. Un autre jour, nous avons ramassé les pelures d'orange des gardiens que nous nous sommes partagées et que nous avons mangées en cachette. À cause de la fatigue, de la faim et du froid, nous avions sommeil mais ils nous réveillaient en nous frappant. De toute façon, il était difficile de trouver le sommeil entre les plaintes et les cris de douleur des détenus torturés. L'un des supplices psychologiques consistait aussi à nous empêcher de dormir. »

Et ce détail encore, lâché par Eugenio : « Les détenus, c'était naturel, essayaient parfois de soulever leur bandeau. Quand nous étions surpris ainsi, nous étions aussitôt conduits dans la fosse. »

À 11 h 45, ce 12 septembre 1990, suivis par les magistrats chiliens médusés, Erika, Miguel et Eugenio se figent soudain. Les cloches de l'église San Francisco viennent de se mettre à sonner. Ce qu'elles évoquent pour eux est absolument indicible.

– 3 –

Erika et Alphonse

« Je t'aime. Attends-moi... » Ces derniers mots d'Alphonse-René Chanfreau à Erika sont la plus belle preuve de leur amour. Ils se sont connus en mai 1968 durant le mouvement des étudiants chiliens. Ils ont alors dix-sept ans et sont les principaux animateurs de cette révolte estudiantine. Dans une interview donnée en octobre 1992 au journal chilien *El Siglo*, Erika a ainsi raconté leur première rencontre : « Dès que j'ai vu Alfonso au lycée Gabriela-Mistral, je me suis sentie attirée par lui. Il avait une forte personnalité. Toutes les caractéristiques d'un leader mais, sur le plan personnel, il était assez timide et réservé. »

Quelques heures plus tard, comme il lui semble que « le courant est passé entre elle et lui » elle lui téléphone et lui propose de le revoir.

À l'époque, Erika participe à toutes les activités que les jeunesses communistes organisent dans son lycée. Son enfance a été bercée par les séjours chez sa grand-mère maternelle, propriétaire d'une chapellerie où elle passait des heures à jouer derrière le comptoir en essayant les chapeaux les plus rares et les plus beaux et en se regardant dans les glaces de la boutique : « Ma grand-mère était fantastique. Elle était poétesse et communiste. »

La relation que nouent Erika et Alphonse-René est d'abord hésitante ; elle s'affirme au fil des mois. Pendant deux ans et demi, la jeune femme partage une maison avec d'autres étudiants. Alfonso lui écrit tous les jours des lettres d'amour qu'elle a conservées. Comme elle il militait au P.C., puis il a quitté celui-ci pour le MIR en 1968. Trois ans plus tard, Erika suit le même itinéraire politique.

Ils décident de se marier quand la jeune femme tombe enceinte de Natalia. « Alfonso était très content et il a aussitôt décidé d'aller parler à mon père. » La cérémonie a lieu le 16 octobre 1972, tandis qu'une dure grève des camionneurs a contraint le gouvernement de Salvador Allende à imposer un couvre-feu temporaire. Plus question de s'offrir quelques jours au bord de la mer : « Nous avons passé notre nuit de noces dans l'appartement d'une belle-sœur dans les environs de San Borja. Le lendemain, le MIR a appelé mon mari pour le "consigner" en raison des événements. Je suis retournée chez mes parents. »

Alfonso est alors membre du comité central du MIR. Cela impose des contraintes qui vont perturber la vie du couple. La sœur d'Erika va les aider en leur donnant un appartement dans le quartier d'Independencia.

Puis éclate le coup d'État de Pinochet. La vie militante d'Alfonso devient de plus en plus accaparante et dangereuse. « Je l'aidais dans ses tâches au parti, mais je ne réalisais pas bien le danger dans lequel nous vivions. Lui, par contre, il prenait beaucoup plus au sérieux la répression. Tous les matins, il se réveillait en sueur et me disait :

» – Je suis vivant !

» Nous n'avons jamais songé à partir ou à demander l'asile politique. Mon père, qui avait alors assez de ressources, nous a proposé de nous financer les billets pour nous rendre en France, mais Alfonso, qui avait la nationalité française et n'aurait pas eu de problèmes de séjour, n'a pas voulu. J'ai été d'accord avec lui. »

Le 30 juillet 1974, date de l'arrestation de René, Erika va chercher Natalia au jardin d'enfants où elle l'a inscrite depuis plus d'un an sous le faux nom de « Valenzuela » pour des raisons de sécurité. Alfonso les attend à la maison et le couple décide de gagner le centre ville pour voir *La Dernière Valse*, un film sur la vie de Richard Strauss. Natalia est restée en garde chez les parents d'Erika.

Au retour du cinéma, alors qu'elle s'est rendue seule chez ses parents pour aller chercher Natalia, Erika remarque l'étrange manège d'une voiture à bord de laquelle deux hommes semblent la suivre. Elle n'y prête pas plus d'attention, jusqu'à ce que la DINA frappe à sa porte peu après.

« J'ai été amoureuse plusieurs fois depuis la disparition d'Alphonse-René, a confié Erika au journaliste d'*El Siglo*, mais je n'ai jamais pu projeter une relation de couple pour l'avenir. »

Pedro Matta, le détective, était un ami d'enfance d'Alphonse-René Chanfreau qu'il appelait familièrement « Poncho ». Leurs familles possédaient toutes deux une maison sur la côte, dans la station balnéaire huppée de Mirasol. Depuis l'âge de huit ans, chaque été, les deux garçons ont gambadé ensemble sur la plage. À l'adolescence, à Santiago, ils continuent de se voir régulièrement, tantôt chez l'un, tantôt chez l'autre. Puis ils entrent à l'université en même temps. Alfonso en philosophie, Pedro en droit. Leurs facultés respectives étant situées aux deux extrémités de la ville, les deux amis commencent à se voir de moins en moins.

Autre divergence : Pedro est dirigeant de la jeunesse socialiste tandis que « Poncho » s'est engagé plus avant dans le combat politique en prenant d'importantes responsabilités au sein du MIR. Mais ils se retrouvent côte à côte dans la rue, durant les événements de septembre 1973, pour manifester leur soutien au gouvernement menacé de Salvador Allende.

Pour Pedro Matta, le coup d'État du 11 septembre 1973 résulte de problèmes à la fois intérieurs et extérieurs au Chili. D'une part les puissances économiques de son pays ont pactisé avec l'extrême droite et les militaires, d'autre part le gouvernement américain a tout mis en œuvre – depuis le début – pour contrecarrer et même abattre le régime d'Allende.

La veille au soir du coup d'État, Matta assiste à une réunion des jeunesses socialistes à Santiago. Il y règne une vive tension. Le lendemain matin, à la radio, toutes les ondes diffusent des morceaux de musique ponctués de communiqués militaires annonçant la prise du pouvoir par la junte. « Il est tombé, ton président ! » se réjouit son père dont les idées politiques sont plutôt conservatrices.

Pedro sort de chez ses parents pour rejoindre en toute hâte le centre de la ville, distant de huit kilomètres. Les hélicoptères de l'armée survolent Santiago. Partout des troupes sillonnent les rues, on entend des coups de feu et, sur les balcons des immeubles cossus, les habitants sabrent le champagne sous le drapeau chilien.

La route qui mène au palais de la Moneda est bloquée par les militaires. Pedro se replie chez un ami qui vient d'enregistrer le dernier discours du président Allende. Les deux garçons restent là pendant deux jours en continuant, comme deux reporters, à consigner sur leur magnétophone le bruit des affrontements.

Une féroce répression s'étant abattue, dans les universités, sur les professeurs et les étudiants, Pedro Matta entre dans la clandestinité durant plusieurs mois. C'est là qu'il apprend qu'Alphonse-René Chanfreau, celui qu'il appelait « Poncho », a été arrêté par la DINA.

Pedro est à son tour arrêté, le 17 mai 1975, et aussitôt conduit à la caserne Terranova, également appelée « villa Grimaldi ». C'est l'un des plus importants centres de détention et de torture de la DINA. Trois mille détenus y ont séjourné. Deux cent quarante n'en sont jamais revenus.

– 4 –

Terranova, ou la « villa Grimaldi »

« L'oubli est plein de mémoire. » Gravés sur fond blanc, ces cinq mots s'adressent à tous ceux qui viennent en pèlerinage à la villa Grimaldi, dont il ne subsiste que quelques ruines. Seule la haute tour tient encore debout derrière des murs effondrés ; c'est ici qu'étaient suspendus par les pieds les détenus à l'agonie.

Autre vestige, la lourde et sombre porte métallique qui dissimulait au monde extérieur les souffrances et la mort est désormais cadenassée. À côté, une stèle : « Cette porte restera fermée pour toujours. » La chaîne a été symboliquement posée par des enfants de détenus morts ici.

Parfois, le dimanche, entre les jeux insouciants des gosses sur les pelouses verdoyantes entourant désormais la villa Grimaldi, des survivants se rassemblent pour témoigner de l'enfer qu'a été cet endroit.

Catalina Mesones, trente-cinq ans, fait partie de ces

pèlerins. Elle vient ici pour prier. « Les militaires ont essayé de tout effacer avant la fin de la dictature en détruisant la villa Grimaldi pour qu'il n'y ait plus aucune preuve de leur crime, dit-elle, mais l'esprit des détenus qui y ont été torturés et exécutés est toujours là. »

En ce jour anniversaire de la Déclaration universelle des droits de l'homme, la manifestation revêt une importance particulière. Trois survivants, des sanglots dans la voix, témoignent. L'un d'eux avait quatre ans quand il a été interné ici avec ses parents. Ses bourreaux voulaient ainsi faire pression sur son père et sa mère.

La villa Grimaldi s'appelle aujourd'hui le « Parc de la Paix ».

Il y a longtemps, bien avant de devenir le plus grand centre d'interrogatoires de la DINA, la villa Grimaldi-Terranova, située au pied de la cordillère des Andes, était un night-club avec piscine et parc paysager de plusieurs hectares caché derrière de hauts murs. Après sa prise du pouvoir, la junte en a quelque temps fait cadeau au frère d'un ambassadeur européen, puis a récupéré l'endroit pour y installer sa Brigade d'intelligence métropolitaine (BIM), une unité de la DINA. La villa passa ensuite sous le contrôle direct de la DINA après que son chef, Manuel Contreras, eut décidé de remanier en profondeur les services et de donner les pleins pouvoirs à la Direction de l'intelligence nationale.

De par sa situation géographique à 20 km de Santiago, donc à l'abri des regards, la villa Grimaldi a été le point de passage forcé de la quasi-totalité des prisonniers qui furent torturés entre 1973 et 1978.

Alphonse-René Chanfreau fait partie de ceux qui y ont été conduits à plusieurs reprises durant leur détention. À chaque fois qu'Alfonso disparaissait de la rue de Londres, c'était pour subir ici quelques heures de tortures plus poussées. Voilà pourquoi le jeune révolutionnaire passait des nuits entières à gémir lorsqu'on le ramenait le soir au « 38 ».

Si Alfonso parlait à Erika de ses transferts à la villa Grimaldi, jamais en revanche il ne lui a décrit ce qu'il y endurait. « Mon mari me racontait qu'ils l'emmenaient là-bas de nuit et je le voyais revenir à l'aube presque mort. [...] Il se plaignait beaucoup. Un jour, il m'a dit qu'il avait été torturé en présence de Luz Arce Sandoval et de la doctoresse Barcelo. Ce jour-là, alors qu'il venait d'arriver de Grimaldi à la *calle* Londres avec Marcia Merino, une compagne d'infortune, sans savoir que j'étais là, lui demanda :

» – Ils t'ont passé la camionnette ?

» Alfonso la fit taire mais je fus terrifiée car je savais que cette torture consistait à faire rouler une camionnette sur les membres ou sur le corps des suppliciés et que, quelquefois, les roues étaient remplies de ciment et de pierres. »

Le 12 août 1974, veille de sa disparition, c'est bien ce qui est arrivé à Alphonse-René Chanfreau. Luz Arce Sandoval le confirme. Au retour de la villa Grimaldi, dans le véhicule les reconduisant à Santiago, elle se souvient « d'une personne avec les mains et les jambes ouvertes [*fracturées*] jetée au fond du véhicule... presque morte, au moins dans son aspect ; c'était Alfonso qui avait été torturé ». Un instant auparavant, elle a entendu ce dialogue entre deux militaires de la DINA.

– Qui emmenez-vous là ?

– C'est Alfonso Chanfreau. On lui a passé la camionnette !

« Passer la camionnette »... Un épouvantable supplice

que se rappelle avec précision Miguel Angel Rebolledo, une autre victime du régime Pinochet : « Cette pratique de faire rouler une camionnette sur les prisonniers était relativement courante. Je pense qu'elle avait pour but de semer la terreur et de montrer aux autres détenus de quoi “ils” étaient capables. »

À la villa Grimaldi, l'ancien parking avait été spécialement réaménagé pour cela. Les détenus étaient attachés et étendus sur le sol.

Beaucoup d'autres prisonniers qui en ont réchappé ont témoigné de ce « raffinement de la torture » poussé à l'extrême dans ce « centre scientifique ».

Le 21 octobre 1997, à la barre d'un tribunal chilien, Armijo Diaz Nelida, soixante et un ans, relate ce qu'elle a elle-même vécu à la villa Grimaldi. Elle était à l'époque la présidente du Syndicat des journalistes de Santiago. « Durant les trois mois où j'ai été détenue, j'ai subi des séances de décharges électriques de trois à quatre heures suivies d'une pause d'une ou deux heures. Nous étions attachés sur un gril. Le troisième jour, un karatéka m'a frappée, fracturé quatre côtes, déchiré le tympan. J'avais des hémorragies internes et externes... J'ai quasiment agonisé pendant trois journées. Ensuite, on m'a encore torturée en me suspendant au plafond et en m'envoyant à nouveau des décharges électriques. Cela a duré un jour et demi, moi toujours suspendue. Ensuite j'ai reçu des piqûres de drogues, du penthotal et du curare. J'ai perdu quinze kilos à Grimaldi. Des médecins m'auscultaient le cœur pour voir si je résistais à l'électricité. J'ai fait deux arrêts cardiaques. Le plus longtemps que j'ai pu dormir pendant tout ce temps, ce fut une seule nuit. Nous n'avions le droit ni de nous baigner, ni de nous laver les cheveux... pas plus que d'avoir des protections hygiéniques. Ils essayaient de nous faire revenir à un état animal. Je me souviens particulièrement de la "Tour" : j'étais dans une cellule sans porte, un trou de 60 cm sur 80 cm. Je devais ramper pour entrer et sortir. Les quatorze personnes que j'ai aperçues là, à travers mon bandeau, sont actuellement disparues. Car j'ai toujours eu les yeux bandés, les pieds enchaînés et des menottes aux poignets, que l'on m'enlevait uniquement pour manger. J'ai assisté à un assassinat, celui de Cedomil Lausic, vingt et un ans, qu'ils ont tué à coups de chaînes. Les gardes m'ont emmenée avec deux autres prisonniers pour assister à son agonie qui a duré trois jours. Je me souviens aussi d'Isidro Arias, un violoncelliste de la Philharmonique qui a été assassiné d'une balle dans la tête à la porte de sa cellule. Bien que j'eusse les yeux bandés, j'ai pu voir que les chefs appartenaient à l'armée. Il y avait là le colonel Marcelo Moren Brito [*le chef de la BIM, la Brigade d'intelligence métropolitaine*] et Miguel Krasnoff qui était capitaine, ainsi que des lieutenants des carabiniers et du personnel sous-officier de toutes les branches militaires et de la police en civil que l'on appelait là-bas d'investigation. »

La journaliste a échappé par hasard à une mort certaine. Elle se trouvait dans une file de détenus prêts à monter dans une camionnette quand un sous-officier qui la connaissait de longue date l'a fait sortir du rang et isolée dans une pièce. Les autres détenus emmenés ce jour-là ont tous disparu. Voyant qu'elle était restée là, Krasnoff l'a frappée à coups de poing en hurlant :

– Qui t'a fait sortir du rang ?

– Je ne sais pas, j'ai les yeux bandés, répond Armijo.

Elle sera ensuite transférée dans la prison pour femmes

de Tres Alamos. Elle y restera encore deux années, subissant à intervalles réguliers des séances de torture.

Alejandro Pedro Matta Lemoine, cinquante-deux ans, a connu à la fois la rue de Londres et la villa Grimaldi. Il a confirmé que la « *parilla* » était la méthode de torture préférée de la DINA. Avec quelques variantes, dont la « *parilla* inversée ». Celle-ci consistait à attacher le supplicié sur le sommier métallique, puis à retourner ce dernier. La victime se retrouvait alors suspendue dans le vide. Dans la « *parilla* double », il s'agissait de superposer deux lits dont l'un retourné, plaçant ainsi face à face deux personnes ayant un lien familial ou affectif. À la torture physique de l'un s'ajoutait la torture psychologique de l'autre, celui sur lequel le bourreau voulait faire pression.

*
**

Pedro Matta est également passé par les prisons de Tres et Quatro Alamos. Il en a été libéré à la fin juin 1976, après que les États-Unis eurent réussi à obtenir l'asile politique pour un groupe de prisonniers dont il faisait partie.

Début juillet 1976, il débarque à New York où il est embauché dans une bijouterie puis dans la confection. Il est ensuite assembleur dans une usine de camions de San Francisco. Licencié en 1980, il met à profit les connaissances en droit acquises à l'université de Santiago pour devenir le traducteur d'un avocat ayant pour clients des réfugiés du Salvador. Après quoi, toujours grâce à son expérience de juriste, il trouve un emploi de détective dans un cabinet réputé, Krout & Schneider, où il reste jusqu'en 1984. Considéré comme l'un des meilleurs enquêteurs de la région, il obtient une licence qui lui permet de s'installer à son compte en 1985, toujours à San Francisco. Il y travaille jusqu'en 1991, année où il retourne pour la première fois au Chili – à la demande de la famille Chanfreau – pour témoigner dans le cadre d'un procès qui vient de s'ouvrir à Santiago.

Pedro Matta se trouve alors confronté à un dilemme : doit-il retourner aux États-Unis, où il vit dans l'aisance, ou rester au Chili pour essayer d'aider tous ceux qui cherchent inlassablement la vérité sur le sort de leurs disparus ? Il opte pour la seconde solution.

Un véritable labeur de fourmi commence alors pour lui. Il constitue d'abord de petites fiches sur les agents de la DINA, puis il étoffe ses dossiers qui constituent aujourd'hui la base des mandats d'arrêt délivrés par les juges français, espagnols, belges, italiens et américains instruisant les disparitions. Des magistrats aiguillonnés par les organisations humanitaires et des droits de l'homme que Pedro Matta a largement alimentées, depuis, en documents de toute sorte.

Ainsi va Pedro Matta. Sur la disparition d'Étienne Pesle, par exemple, il a effectué tout à la fois une enquête de journaliste, en s'attachant à l'aspect humain du dossier, et de policier en apportant des preuves solides et étayées aux parties civiles intéressées.

Sur la villa Grimaldi, sa propre prison, il a cherché durant quatre ans, de 1994 à 1998, à comprendre pourquoi elle était devenue le centre névralgique de la DINA.

Pedro est un artisan éclairé et talentueux. Aucun détail ne lui échappe. Tout est scrupuleusement noté à la main en petites lettres capitales, d'une écriture appliquée, régulière et besogneuse, dans des cahiers à spirale représentant plusieurs centaines de pages. Jour après jour, il a consigné là les identités de toutes les personnes passées à Terranova avec, à chaque fois, une foule de renseignements les concernant. Le premier cahier renferme des noms. À chacun sa couleur, avec la signification qui va de pair : rouge pour les personnes tuées, bleu pour les survivants qui sont aussi des témoins potentiels, vert pour celles et ceux qui ont un lien avec les précédentes et ne sont pas passées par les centres de torture. Il a rajouté des noms au crayon à papier quand, dit-il, « il n'y a aucune certitude quant à leur passage à Terranova ».

Le second cahier est une somme de renseignements sur trois autres centres de détention dont la villa du 38, rue de Londres.

Ce n'est pas tout. Pedro Matta a reconstitué tous les organigrammes de la DINA – malgré la complexité de son organisation – avec mention de ses responsables aux différentes périodes de son histoire. Il a également dressé un plan détaillé du « Quartel Terranova », où se trouvait la villa Grimaldi. Du bout du doigt, le visiteur peut suivre le chemin de croix de tous ceux qui sont passés ici. Quatre pages de légendes accompagnent ce dessin. En quittant les lieux, les hommes de Pinochet avait presque tout rasé avec leurs bulldozers... Alejandro Pedro Matta Lemoine, lui, a tout reconstruit sur le papier, point par point. En voici quelques-uns...

Au point n° 1 se trouve la porte d'entrée principale « par laquelle, écrit le détective, passaient les Chevrolet de la DINA transportant leur charge de personnes arrêtées destinées à être torturées et éventuellement à disparaître ».

Point n° 10 : « Parc de stationnement des véhicules utilisés à l'occasion pour les faire passer sur les jambes des prisonniers en les leur fracturant alors qu'ils avaient les yeux bandés et étaient ligotés. »

Point n° 11 : « Le gril » (salle de torture). « Le prisonnier nu et ligoté sur un cadre métallique est soumis à la torture par des décharges électriques d'intensité et de durée variables. »

Point n° 12 : Les « maisons du Chili ». « Neuf cellules cloisonnées, en bois, d'approximativement 1,10 m de large sur 2 m de haut, contenant chacune deux couchettes superposées couvertes d'une paillasse, sans lumière ni ventilation. Là étaient placés les détenus soumis aux tortures les plus intenses. »

Point n° 14 : La « *casa* Corvi » (maison Corvi) : Huit cellules d'isolation « de la taille d'une cabine téléphonique. À certaines occasions, on y plaçait jusqu'à cinq détenus se relayant pour rester dans la position la moins inconfortable. Le séjour au placard, poursuit Matta, pouvait durer plusieurs jours. La ventilation consistait en un trou d'une vingtaine de millimètres par lequel on pouvait passer un doigt à la hauteur de la tête du détenu. »

Point n° 23 : « Ancienne étable. Lieu utilisé pour les pendaisons. Le détenu était nu, entravé, ligoté et pendu par les mains, ou par les pieds la tête en bas. »

Point n° 27 : « La Tour ». Pedro Matta explique qu'il s'agit d'un ancien château d'eau reconverti en quatre niveaux : au premier la salle de torture, au deuxième des cellules qui sont appelées « les caissons » en raison de leur très petite taille, au troisième niveau d'autres cellules, au quatrième le poste de garde. Les détenus devaient entrer à quatre pattes dans ces geôles où ils demeuraient à trois ou quatre pendant des jours voire des semaines. « La majorité des disparus de Terranova ont séjourné dans la Tour. »

Au point n° 21 se trouve la piscine. Pedro Matta ne dit pas que, dans ses eaux, les détenus au bord de l'asphyxie étaient également terrorisés et suppliciés, comme cela a été formulé ailleurs.

Le Sherlock Holmes chilien égrène ensuite une litanie de noms.

– Edwin Van Yurick Altamirano (militant du MIR) : « Une camionnette lui est passée sur les jambes, pieds fracturés, gangrène et amputation d'un pied. »

– Maria Teresa Urrutia (MIR) : « Arrêtée le 9 à Yucatan, emmenée le même jour à Terranova. Interrogée par Pedro Espiosa. On fait passer un véhicule sur ses jambes. »

– Maria Cristina Opazo (employée de maison) : « Arrêtée par la DINA et emmenée à Terranova. Interrogée au côté de son fils. »

– Rosa Amelia Camacho (professeur de mathématiques) : « Arrêtée en compagnie de quatre autres personnes qui sont accusées d'avoir chanté *L'Internationale* aux obsèques d'un élève militant. »

– Sergio Alfredo Perez (MIR) : « Blessé par balles à une jambe. Emmené agonisant à Terranova (fosse-cave...). »

– Lumi Videla Moya (MIR) : « Mort sous la torture. Dans la matinée du 4, son cadavre est jeté à l'intérieur de l'ambassade d'Italie. »

– Fatima Armida Mohor (MIR) : « Arrêtée le 29 novembre, forcée à écrire une lettre à son compagnon du MIR au Pérou. »

– Alejandra Hollapfel Picarte (MIR), dite « la lapine ». « Arrêtée le 20 novembre. Violée et torturée par le lieutenant Pablo. »

– Carlos Teran de La Jara (dessinateur maquettiste, MIR) : « Colonne vertébrale brisée, vomit le sang. »

– Guillermo Beausir Alonzo : « Le 7 janvier, emmené dans la Tour parce qu'il ne collabore pas. »

– Elena Brito Vasquez (aide infirmière) : « Enceinte de sept mois. Vingt et un ans. Torturée et violée. »

– Emilio Iribarren (MIR), surnommé « Joël » : « Emmené à la Tour. Retourné, se transformera en agent et interrogateur [*de la* DINA]. Reste à Terranova. » Pour faire pression sur Emilio, les hommes de la DINA séquestrent son bébé malade à la villa Grimaldi en exerçant un chantage aux médicaments.

– Enrique Contreras Hernandez (MIR, où son nom de code était « Muñeco ») : « Pendu dans la Tour. Clavicule gauche fracturée pendant les tortures. »

– Emilio Chavez Burgos : « Arrêté par les carabiniers pour avoir possédé un ceinturon vert dans sa voiture. »

– Maria Cristina Lagos (journaliste) : « Emmenée à la Tour [*le 24 janvier 1975*] où se trouvent douze détenus. Penthotal et curare. »

– Eulogio Monsalve, du MIR, où il est surnommé « Victor Hugo » : « Mort d'une rafale de mitraillette tirée par El Troglo » (le Troglodyte, surnom d'un bourreau).

– Adolfo Mancilla Ramirez (parti socialiste, où il est chargé de l'organisation) : « Tuberculeux. Emmené à la Tour. Passage de la camionnette sur les jambes. » Opéré « à Terranova, pied brisé ». Son ami Videla « le soutient pendant que le médecin ampute les tissus gangrenés ».

– Luis Guillermo Nunez : « Ex-directeur du musée des Arts contemporains. Arrêté par la DINA pour avoir organisé une exposition. »

Le détective Pedro Matta – qui fut lui-même le détenu n° 209 – redonne à chacun des anciens prisonniers, tous répertoriés par un numéro, sa propre identité. Au travers de cette longue liste aux formules volontairement lapidaires et sèches, on réalise combien la résistance des mouvements de gauche s'est organisée après le coup d'État du 11 septembre 1973. Matta fait ainsi référence à la disparition d'un militaire de haut rang qui « meurt dans des circonstances étranges au cours d'un accident d'avion ». De manière allusive, on comprend également que les militaires arrêtaient des militants activistes entrés en résistance et commettant des attentats visant la junte militaire d'Augusto Pinochet Ugarte.

Au Chili, la torture a payé. Luz Arce Sandoval, ancienne militante socialiste, a été arrêtée et torturée. Elle est devenue un agent de la DINA.

– 5 –

Luz Arce, « la Maigre »

Pour tous, Luz Arce Sandoval était « *la Flaca* ». C'est-à-dire « la Maigre ».

Fille d'un couple de gens modestes – père fonctionnaire et mère femme au foyer –, elle est née le 31 mars 1948 dans le quartier Independencia de Santiago. Longue chevelure couleur blé, délicatement coquette, elle a toujours exercé une attraction presque magique sur son entourage.

Très vite, elle s'engage en politique alors qu'elle effectue ses études à l'université de Santiago et qu'elle est déjà une athlète reconnue : elle a été championne d'Amérique du Sud en athlétisme, au 800 mètres.

Le 28 juin 1973, lors d'une tentative avortée de coup d'État fomentée par un groupe de généraux et stoppée par le général Carlos Prats, Luz Arce milite à la huitième commune du parti socialiste qui a ses locaux dans ce qui deviendra la Villa 38 (le 38, rue de Londres). Elle se fait évidemment remarquer pour sa beauté, mais aussi et surtout pour ses qualités : intelligence, sens de l'organisation et charisme. Pourtant, plus tard, certains laisseront entendre qu'elle « infiltrait » déjà les rangs des partisans d'Allende avant le coup d'État de septembre 1973.

Échaudés par le putsch raté de 1973, les socialistes créent les G.E.A. (Groupes spéciaux d'appui), une structure capable de déclencher un « plan d'urgence » si les militaires viennent à récidiver. Luz Arce Sandoval en est l'une des principales animatrices, ainsi que du GAP (*Grupo de amigos personales del presidente Allende*), ce Groupe des amis personnels du président Allende qui assure la sécurité rapprochée de ce dernier.

Titulaire d'une licence d'arts plastiques et de peinture ainsi que d'un diplôme lui permettant d'enseigner la gymnastique, Luz travaille à plein temps pour le parti qui la rémunère. Bien que mère d'un enfant en bas âge, elle vit séparée de son mari.

Le matin du 11 septembre, à 5 heures, le plan d'urgence a été déclenché. Faute de transports en communs, Luz Arce se rend à pied au siège du comité central du P.S. Là, elle apprend que son supérieur direct s'est réfugié à l'ambassade d'Argentine. Ne sachant que faire, elle téléphone à son ancien chef, Jaime Ojeda, qui participe à la défense de la Moneda. Jaime lui conseille de quitter le local du P.S. et d'entrer dans la clandestinité pour reconstruire le parti. Surtout ne pas tenter de rejoindre le palais présidentiel, elle se ferait tirer dessus.

Après le coup d'État, comme on le lui a demandé, elle travaille donc à la reconstruction du P.S. Ils sont une poignée au départ, puis de plus en plus nombreux au fil des mois. Sa première mission est de protéger l'un des dirigeants socialistes, Gustavo Ruz Zanartu, et de lui trouver une cache. Elle doit aussi participer à la création d'un système de communication interne et collecter les armes cachées ici ou là afin qu'elles échappent aux perquisitions.

Le 12 mars 1974, elle a un rendez-vous secret avec Ruz Zanartu. Il n'est pas là. Luz Arce réussit à joindre un militant qui lui communique le numéro confidentiel et spécial de Gustavo, à n'utiliser qu'en cas d'urgence absolue.

Le 17 mars, à ce numéro, on lui donne un point de chute pour 16 heures dans une brasserie de Santiago. Au moment où elle arrive sur place, de tous côtés surgissent des hommes de la DINA. Le piège se referme sur Luz Arce, qui est aussitôt poussée de force dans une voiture banalisée et emmenée au 5e commissariat de police. Là, on lui bande les yeux puis on la conduit au 38, rue de Londres. « J'ai par la suite reconnu le carrelage caractéristique noir et blanc du siège de mon parti, racontera-t-elle plus tard devant Roger Le Loire, ce magistrat français qui a mis tout son talent et toute son opiniâtreté au service des familles de disparus. Lors de mon arrestation, j'avais une fausse carte d'identité au nom d'Isabel del Carmen Romero Contreras. Tout était faux, bien sûr, même mon domicile. Mon but était alors d'attendre, d'attendre encore trois jours avant de révéler ma véritable identité, car j'avais chez moi un certain nombre d'armes compromettantes. Mon frère ou quelqu'un de ma famille, telles étaient mes consignes, était chargé de s'en débarrasser si je ne réapparaissais pas. »

Rue de Londres, l'ancienne responsable socialiste est immédiatement dénudée, violée et suppliciée. Elle connaîtra par la suite l'horrible « *parilla* ». Ses bourreaux veulent savoir qui elle est vraiment et obtenir d'elle des renseignements sur un dirigeant du MIR, Miguel Henriquez. Pourtant, elle ne connaît pas ce dernier. Le mercredi suivant son arrestation, elle craque sous les tortures.

La DINA perquisitionne chez elle et ne trouve rien : les armes ont disparu.

Elle est provisoirement transférée au camp de Tejas Verdes que Manuel Contreras, le chef de la DINA, dirige alors. Là, on la conduit au sous-sol et on lui tire une balle dans le pied. Certains veulent l'abandonner à son sort, d'autres décident de la faire soigner. Luz Arce est finalement transportée à l'hôpital militaire de Santiago, où elle est opérée. Grâce à un médecin qui a reconnu en elle l'ex-championne du 800 mètres, elle peut rester à l'hôpital jusqu'au 10 juillet 1974.

Puis, toujours sous la pression du corps médical, elle obtient la permission de prolonger sa convalescence chez elle une dizaine de jours, les militaires la menaçant des pires représailles si elle prend la fuite. Moments de repos, moments de grâce. Elle reçoit même la visite d'amis et de militants du MIR sans être inquiétée. À l'expiration du délai, la DINA l'interpelle à nouveau et la conduit villa Grimaldi.

La jolie Chilienne retrouve là un militaire qui, quelque temps auparavant, avait accepté de transmettre un message rassurant à sa mère. Apprenant cela, la junte placera immédiatement le soldat aux arrêts et l'internera avec les détenus politiques.

Pour Luz Arce, le cauchemar recommence. Son petit frère est torturé devant elle. Ses bourreaux lui font même croire qu'ils tiennent son propre fils. Psychologiquement brisée, le 12 août 1974 elle commence à donner des renseignements aux hommes chargés de l'interroger. Pour gagner du temps, elle les aide d'abord à élaborer une sorte de lexique de la terminologie marxiste. Puis, peu à peu, plusieurs événements la convainquent de glisser avec armes et bagages dans le camp de la DINA.

D'abord, les têtes de son parti tombent les unes après

les autres. Maria Alicia Uribe Gomez, alias « Carola », fait partie des rafles. Et à la surprise générale, Carola collabore rapidement. Ensuite, une autre figure estudiantine, Marcia Alejandra Merino Vega, passe également à l'ennemi.

Villa Grimaldi, la rumeur enfle. Plusieurs détenus se disent persuadés que Luz Arce est devenue elle aussi « une donneuse ». On raconte que, la nuit tombée, elle part identifier des militants interpellés, tel Alphonse-René Chanfreau au soir du 30 juillet 1974, qui fut sans doute « donné » par un ancien camarade.

De fait, à la DINA, Luz Arce s'occupe désormais de tâches administratives qui sont de plus en plus nombreuses et prenantes au fur et à mesure de l'importance que prend la villa Grimaldi. Le nombre des officiers travaillant là est multiplié par deux. Parmi eux, le major Rolf Wenderoth tombe amoureux de la jeune femme, la prend pour secrétaire et l'emmène régulièrement rendre visite à son fils. Mais, quand son protecteur est absent, les gardes en profitent pour abuser d'elle à nouveau.

Le 7 mai 1975 est une date clé, à jamais inscrite dans sa mémoire. Ce jour-là, l'ex-championne est reçue par Manuel Contreras, l'autorité suprême de la DINA. Il a une grande nouvelle à lui annoncer : il lui propose de devenir fonctionnaire civil de l'organisation et d'être rémunérée à ce titre. Et comme Luz Arce lui demande si elle a le choix, il répond textuellement : « C'est oui ou oui ! »

« Victor Hugo » Miranda, arrêté en octobre 1975 par la DINA, se rappelle avoir vu Luz Arce converser avec ses tortionnaires dans un bureau de la villa Grimaldi. « Elle agissait comme une fonctionnaire de plus. Elle n'était plus dans la condition d'une détenue. Elle était très bien habillée. Je dirais que c'était une femme abattue vivant une sorte de schizophrénie, hésitant sans cesse entre la victime et le bourreau. » Erika Chanfreau se souvient pourtant que Luz Arce, « malgré sa cassure, a eu envers mon mari et moi une attitude plutôt humaniste en essayant de m'aider ».

Petit à petit, Luz Arce franchit plusieurs échelons dans la hiérarchie. À quelques reprises elle tente bien de quitter la DINA, mais chaque fois on la menace de mort. À moins qu'elle n'épouse un militaire, il n'est pas question pour elle de partir.

En 1978, la DINA disparaît officiellement pour faire place à la C.N.I., la Centrale nationale d'information. La répression s'adoucit légèrement. Deux ans après, en 1980, Luz Arce est enfin autorisée à démissionner.

*
**

Des années plus tard, interrogée sur le rôle exact que jouait le général Pinochet à l'égard de la DINA, Luz Arce dit n'avoir jamais vu le dictateur donner des ordres directs à Contreras. Mais de toute évidence, selon elle, le chef de la junte était pour le moins bien informé. Dès le mois de mars 1976, alors qu'elle travaillait au quartier général de la DINA, chaque matin à 5 heures un rapport était dactylographié et transmis à Contreras qui le livrait à Pinochet deux heures plus tard. Contreras devait en effet attendre que le général ait fini de faire sa gymnastique, puis il prenait le petit déjeuner en sa compagnie. C'est ainsi que le chef de la DINA avait obtenu qu'auprès de la junte son service prenne le pas sur les services secrets de l'armée de l'air, pourtant bien informés sur l'opposition.

Si Augusto Pinochet n'a jamais été vu dans les locaux de la DINA, Luz Arce tient d'une ancienne prisonnière que sa fille a visité la villa Grimaldi en 1976. Et non seulement Contreras entretenait les meilleures relations avec la femme de Pinochet, mais il « a toujours été clair là-dessus : la DINA dépendait de Pinochet et de lui seul. Pas de la junte ».

*
**

Comment une militante aussi ardente, résistante de la première heure dans la clandestinité, allant jusqu'à cacher des armes chez elle et rencontrer au péril de sa vie les dirigeants socialistes les plus activement recherchés par les militaires, a-t-elle pu un jour basculer et se transformer en Mata Hari ?

Les témoignages indirects à ce sujet sont assez contradictoires, à l'image du personnage de Luz Arce Sandoval. Les uns disent que l'avenir étant incertain et le passé chargé d'idéalisme, elle s'est lancée dans « une espèce d'aventure ». « C'est une femme très intelligente, remarque un homme qui a longuement parlé avec elle vingt ans après, qui décrit tout ce qu'elle vit sous une forme objective et froide. Par exemple, lorsqu'elle parle de sa blessure au pied par un tir de la DINA – qui la fait encore clopiner –, elle le fait en termes médicaux. C'est une façon de réprimer ses émotions. »

D'autres proches affirment qu'elle a « assumé sa nouvelle activité à la DINA comme un métier de plus ». Certains estiment également qu'« elle ne se sentait pas comme faisant partie de quoi que ce soit. Ni socialiste, ni de la DINA ».

À partir de 1990 en tout cas, notamment avec l'aide de psychiatres, Luz Arce a entrepris un long travail de repentir en écrivant un livre et en se réfugiant auprès de religieux. Plusieurs témoins l'ont vue passer des heures entières en bibliothèque ou, une bible à la main, en train de prier. Ce qui n'a pas manqué de surprendre tous ceux qui se souvenaient d'elle comme d'une laïque convaincue.

Un religieux la décrit ainsi : « Elle est délicate et donne l'impression d'être très douce. Derrière ce caractère, il est possible de deviner une personnalité intérieure très forte. Lorsqu'elle doit prendre une décision, elle assume entièrement. C'est une femme très sensible devant la douleur, devant les nécessiteux, devant l'homme en général. C'est aujourd'hui sa grande obsession. Une préoccupation qu'elle partage avec Jésus-Christ. »

Foi en Dieu aidant, Luz Arce n'a de cesse aujourd'hui de dénoncer le régime pour lequel elle a un temps travaillé. Malgré les menaces de tous ceux qui ont des raisons de lui en vouloir et un grave problème de santé, l'ex-Mata Hari du Chili n'en finit plus de témoigner et témoigner encore. Elle en est à près de trois cent cinquante dépositions...

Tous ceux qui cherchent aujourd'hui à connaître la vérité sur les années noires du Chili reconnaissent son apport capital dans ce domaine, et le détective Pedro Matta en premier. Grâce à ses précisions, on peut mieux comprendre le cheminement intellectuel des tortionnaires de la sinistre DINA, par exemple le déjà nommé Osvaldo Romo, *El Guatón* Romo... Romo le Ventru.

– 6 –

Romo le tortionnaire

Viols, tortures, assassinats, coups, pressions psychologiques, insultes. Osvaldo Romo, c'est tout cela à la fois. Romo est une brute, l'un des ces hommes incontrôlés et incontrôlables façonnés par la DINA, livré à lui-même dans la plus totale impunité.

Des hommes à tout faire comme lui, le bras armé de la junte militaire en a fabriqué beaucoup.

Romo fait partie de l'une des quatre « brigades d'élite » de la DINA, ceux sur qui l'on peut compter en toute occasion et qui ont des noms prédestinés : le groupe *Halcon* (Faucon) de Miguel Krasnoff, le groupe *Tucan* (Toucan) de Gerardo Godoy Garcia, le groupe *Vampiro* (Vampire) de Fernando Lauriani, et enfin le groupe *Aguila* (Aigle), dirigé par Ricardo Laureani, dont dépend Romo.

Tous ont des surnoms : Romo est « *El Guatón* » (le Ventru), Krasnoff est « Capitaine Miguel ». Il y a aussi « *Mano Negra* » (Main noire), « *Muñeca del Diablo* »

(Poupée du Diable), « *Dirty* Harry » en référence à l'inspecteur du même nom joué par l'acteur américain Clint Eastwood, « *Cachete Grande* » (Grande Claque), « *El Oso* » (l'Ours), « *Caballo* » (Cheval), « Fritz » ainsi que, tout simplement, « *Los Gatones* » (les Matous) ou « Columbo ».

Chacun a sa spécialité. « Mano Negra » a hérité de ce surnom, on l'a vu, en raison de la manie qu'il avait de torturer avec des gants sombres, « Muñeca del Diablo » en raison de sa physionomie et de son extrême brutalité.

L'anonymat des bourreaux était une règle systématique. Godoy, par exemple, avait plusieurs pseudos dont « Capitaine Marcos » ou « Capitaine Manuel ».

Romo était « le Ventru » en raison de son embonpoint. Mais d'autres traits caractéristiques, chez lui, ont également marqué ceux qui sont passés entre ses mains : une bouche fine, un large nez et des yeux que personne n'oubliera jamais.

Au décès de sa mère, Osvaldo Romo Mena a été élevé par sa tante. Son père lui donne tout ce dont il a besoin et il aime alors beaucoup lire. Il va souvent à la bibliothèque et a soif d'apprendre. « Il était très intelligent, se souvient sa cousine germaine Laura. Il avait beaucoup de connaissances sur tout. »

Romo travaille d'abord comme tisserand. À son poste, comme il reçoit beaucoup de visites, un jour Laura lui demande de se faire propre pour recevoir les gens.

– Pourquoi devrais-je me laver ? Qu'on voie que je travaille ! lui rétorque Romo.

À en croire ses proches, Romo devient vite un personnage trouble et complexe. Il se fâche rapidement avec toute sa famille et, lors des obsèques de l'un de ses oncles, c'est le seul qui refuse de participer aux frais alors que, dans la foulée, il profite de l'aura de ce parent décédé pour asseoir ses ambitions.

Bizarrement, il prend parti pour Salvador Allende, se voit en révolutionnaire et veut entrer au MIR qui ne l'acceptera jamais dans ses rangs. Il se marie avec Paquel Gonzales Chandia. Ils ont une petite fille qu'il tient à appeler Tania, comme la compagne de Che Guevara qu'il dit idolâtrer, puis avec les siens il s'exile au Brésil où, tout en affirmant son soutien au gouvernement d'Unité populaire, il collabore avec des activistes de gauche parfois à la limite de la clandestinité.

Comment expliquer alors qu'en août 1970, Romo, qui se fait alors appeler « Commandant Raul », soit pris à la tête d'une manifestation antigouvernementale dans la banlieue nord-est de Santiago, une manifestation qui fit un mort ? Nul ne le sait au juste. Quoi qu'il en soit, celui qui se voulait un révolutionnaire est devenu un tortionnaire.

Erika Chanfreau se souvient de lui à la Villa 38. « C'est étrange mais Romo ne m'a jamais lâchée. Je ne sais pas si on lui avait demandé de s'occuper de moi ou si j'ai provoqué quelque chose chez lui, mais tous les jours et toutes les nuits il venait s'asseoir à mes côtés. Romo était une sorte de schizophrène, parfois très mauvais, parfois bon, m'indiquant comment je devais me comporter et me faisant croire que je devais agir comme il me le disait. Lorsqu'ils m'attachaient pour me torturer devant mon mari Alfonso pour faire pression sur lui, Osvaldo Romo était celui qui me détachait. Il me tendait les mains et je les lui prenais. »

Erika se remémore encore cette scène : « J'avais gardé au poignet un élastique pour faire un chignon à Natalia [*sa fille*]. Il m'a dit de le retirer parce que ça pourrait me faire du mal. Il a également insisté pour que je persuade Alfonso de collaborer et dit qu'ainsi nous pourrions être remis en liberté. »

Cette façon d'agir illustre bien l'horrible paradoxe du personnage.

Ce qui est avéré en tout cas, et ne relève pas du paradoxe, c'est la disparition d'Alphonse-René Chanfreau qui a été vu pour la dernière fois par un compagnon de détention, Humberto Menanteaux, un jour du mois de mai 1975 au centre de détention de la Colonia Dignidad.

– Troisième partie –

LA COLONIA DIGNIDAD

– 1 –

Ce terrible M. Schaefer

Quand il pose ses valises à Santiago du Chili, un jour de 1961, accompagné d'une dizaine de gamins aux yeux rougis par le sommeil, personne ne prête vraiment attention à Paul Schaefer. L'homme qui vient de fouler le sol chilien n'a d'ailleurs qu'un souci : passer le plus inaperçu possible.

Car Schaefer est en fuite. L'avant-veille, de nuit il a quitté l'Allemagne pour le Luxembourg et, de là, il s'est embarqué dans un avion à destination de l'Amérique du Sud. Éducateur dans une institution pour orphelins et jeunes déracinés dans la région de Bonn, gérée par l'Église baptiste, il est accusé par le père de l'un de ses pensionnaires d'avoir fait subir des sévices sexuels à son fils. Après avoir soutiré aux familles des enfants dont il s'occupe des attestations affirmant qu'ils quittent volontairement l'Allemagne, M. Paul a organisé son exil et celui d'une dizaine de jeunes pensionnaires.

Même s'il est parti à la hâte, Schaefer a mûri son plan.

Et le choix du Chili n'est pas anodin. Ici, cet ancien caporal de la Wehrmacht vivra suffisamment loin de l'Europe pour ne pas être importuné par ceux qui font encore des recherches sur les crimes perpétrés par le nazisme.

Paul Schaefer est un chrétien très croyant doublé d'un prêcheur charismatique. Et cet ex-bateleur de foire a trouvé un public facile dans l'Allemagne désolée de l'immédiat après-guerre. Lui et deux de ses amis, Hugo Baar et Hermann Schmidt, ont fondé là-bas une communauté biblique dont les membres leur doivent une subordination sans limites ni conditions. Une communauté où a été rétablie la dîme biblique et imposée la rupture avec la famille pour obéir davantage à Dieu qu'au monde, où des illuminés pratiquent un étrange exorcisme (le « *Gruppenbuch* » – une sorte de chef religieux – procède à des confessions collectives) et où les sanctions sont appliquées sous forme de coups allant jusqu'au passage à tabac.

En Allemagne, malgré l'exil de l'ancien soldat de Hitler, cette communauté va continuer de vivre à travers une poignée d'irréductibles qui construiront en 1965 un bâtiment à Siegburg, près de Bonn, et se transformeront en secte sous le nom de « Private Sociale Mission » (Mission sociale privée).

Pendant ce temps, au Chili, leur fondateur en fuite va créer une nouvelle communauté qu'il dirigera avec la même fermeté maladive que la première. Pour édifier ce qu'il imagine déjà comme un empire, il choisit la fermette délabrée d'*El Lavadero* (le Lavoir), près des *Termas de Catillo* (les Thermes de Catillo). Isolée aux confins de la frontière avec l'Argentine, cette région andine est située à 350 km au sud de Santiago. La ville la plus proche s'appelle Parral.

Le 2 octobre 1961, le Décret suprême n° 3949 accorde une existence juridique officielle à la *Sociedad benefactora y educacional dignidad* (Société de bienfaisance et d'éducation dignité) qui s'appellera vite la *Colonia Dignidad* (Colonie de la Dignité). Selon ses statuts, la Colonie compte parmi ses activités l'assistance aux enfants invalides et aux orphelins.

Le travail commence. Très rapidement, l'ordre et la discipline propres à une certaine mentalité allemande permettent à la petite société de prospérer et de s'agrandir. Ici, on travaille au service de Dieu et on parle le moins possible. Le langage des hommes est remplacé par de la musique classique.

Cinq ans plus tard, en 1966, une sale affaire vient pourtant troubler la « paix » de la Colonie. Le jeune Wolfgang Müller s'enfuit d'El Lavadero. Il dénonce les étranges pratiques de Paul Schaefer et les sévices que lui fait subir l'ancien nazi, surnommé « *El Chanco* » (le Cochon). Müller – qui vit aujourd'hui en Allemagne – affirme que chaque nuit un enfant est obligé de dormir dans le lit de Schaefer.

Le scandale est étouffé dans l'œuf grâce aux relations que le dirigeant de la Colonia Dignidad a déjà réussi à nouer avec les hommes politiques du pays. En cinq ans, en effet, Schaefer s'est considérablement enrichi et est devenu un homme d'influence. Surtout – en raison de son passé nazi – dans les milieux de la droite la plus réactionnaire.

L'affaire Müller en reste donc là. Elle ne sera dévoilée que bien des années plus tard.

Chaque jour davantage, la Colonia devient l'un des points d'appui du mouvement d'extrême droite Patrie et Liberté, dont le sigle est une araignée noire avec de faux airs de svastika. Schaefer et ses dirigeants ont choisi leur camp. Un choix sans surprise.

À l'aube des années soixante-dix, les affaires de la Colonie de la Dignité sont si prospères que celle-ci dispose déjà de son propre aérodrome avec plusieurs pistes d'atterrissage. Des vols clandestins vers l'Argentine sont régulièrement organisés à partir d'ici, notamment pour rapporter les armes qui serviront à renverser le gouvernement socialiste en place.

Après le coup d'État du 11 septembre 1973, la communauté va recueillir les bénéfices de ses années de collaboration avec ceux qui sont désormais les hommes forts de la junte militaire. Ceux de Dignidad disposent d'un armement important qu'ils ne cachent plus. Beaucoup d'entre eux bénéficient d'ailleurs d'autorisations délivrées par les autorités.

En échange, les leaders de la communauté vont se mettre au service du nouveau pouvoir et tout particulièrement de sa redoutable police politique, la DINA. De nombreux prisonniers politiques, dont beaucoup appartiennent au MIR, seront conduits à la Colonia. La collaboration est totale et la brigade d'intelligence régionale de la DINA, dirigée par le capitaine Fernando Luis Gomez Segovia, va même s'installer dans une maison de Parral qui fait partie des « biens annexes » qu'a rachetés la Colonie dans la région.

En fait, la DINA de Pinochet a compris que les immenses propriétés de l'ex-caporal nazi constituent l'endroit idéal pour détenir, torturer et faire disparaître les opposants au régime.

Nous sommes en 1974. Alors que le béton des

« *Keller* » (sous-sols) destinés à les recevoir est à peine sec, les premiers « paquets » – comme seront appelés les prisonniers politiques – arrivent à la Colonie. L'endroit va peu à peu se transformer en forteresse : guérites à l'entrée et murs blindés (dans la résidence personnelle de Schaefer), bâtiments équipés d'issues de secours souterraines, alarmes électroniques dissimulées dans le sol, véhicules dotés de systèmes à amplification de lumière pour surveiller l'immense propriété la nuit, gardes armés et accompagnés de bergers allemands...

– 2 –

Voyage vers l'enfer

Reinaldo Erick Zott Chuecas a fait le long trajet jusqu'à la Colonia Dignidad. Les agents de la DINA avaient donné un nom de code à cette mission : « Emmener un prisonnier au sud. »

Il est l'un des rares suppliciés à en être revenu.

Avant le 11 septembre 1973, Erick Zott étudie la sociologie à l'université de Concepción et milite au sein du MIR. En tant que représentant des étudiants, il participe aux réunions du mouvement au niveau national et se rend régulièrement, pour cela, à Santiago du Chili. Son engagement est si bien connu que, le jour du coup d'État, à Concepción un décret des autorités militaires lui intime l'ordre de se présenter immédiatement devant la police de la junte. Mais plutôt que de se livrer, Zott entre en clandestinité. C'est à Santiago qu'il trouve refuge. Il y reste jusqu'en novembre 1974, date à laquelle il part s'installer à Valparaiso puis à Vina del Mar.

Dans sa cavale, il tente de réorganiser les militants du

MIR qui n'ont pas encore été arrêtés et qui, comme lui, ont pris le maquis pour échapper aux militaires.

Pendant la deuxième moitié de l'année 1974, la DINA et le SIFA (Service de renseignement de l'armée de l'air) concentrent leurs efforts sur la destruction du MIR et pourchassent ses militants sans relâche.

Le 17 janvier 1975, Zott est arrêté à Vina del Mar par la Brigade d'intelligence métropolitaine (BIM), une unité de la DINA commandée par Marcelo Moren Brito et dont l'adjoint est Fernando Lauriani Maturana, plus connu sous le nom de « Lieutenant Pablo ». Pour être sûr que le leader des étudiants du MIR ne leur échappera pas, les hommes de Pinochet sont venus en force. Les quatre sous-officiers de la BIM appartiennent à l'unité « d'élite » des *Vampiros*. Les accompagnent des soldats du Service de l'intelligence de l'armée de terre de Vina del Mar : les hommes du régiment MAIPO.

Erik Zott est transporté au casino de la ville, où le régiment MAIPO a installé ses quartiers et le mess de ses sous-officiers. Il est aussitôt mis à la question. Les sévices vont durer toute la nuit. La junte veut que le jeune homme indique ses contacts avec les dirigeants du MIR à Santiago.

Le samedi 18 janvier 1975, lendemain de son arrestation, Zott est transféré à la caserne Terranova de Santiago, la sinistre villa Grimaldi où sont détenus une centaine d'hommes et de femmes. Il restera là pendant trois semaines à subir, sous la torture, les interrogatoires de la Brigade métropolitaine. Lui aussi va connaître la *parilla* double, ces lits métalliques superposés sur lesquels on reçoit des décharges électriques. Pour tenter de le faire parler, on fait subir la même torture à son amie

Monica Medina Bravo, attachée au lit supérieur. Le leader étudiant va également subir le supplice de la *colgada* : les bras croisés dans le dos et liés à un morceau de pneu en caoutchouc, il reste suspendu à un crochet tandis qu'on lui promène un fil électrique sur le corps.

Un lundi du mois de février suivant, Erick Zott est transféré à la Colonia Dignidad par le lieutenant de l'armée de terre Fernando Lauriani Maturana et son unité *Vampiro*. Dans le minibus de marque Ford, de couleur bleue, une autre détenue, Marcia Merinos, l'accompagne. En passant à Concepcion, ils font un crochet par la base navale de Talcahuano. Là-bas, la DINA embarque Luis Enrique Peebles Scarnic, un militant du MIR détenu par le SIRE (Service d'intelligence régional). Puis le voyage reprend, tant mal que bien, vers la Dignidad. Zott, qui se tenait assis jusqu'ici, les yeux bandés et les mains liées, doit maintenant s'allonger par terre, tout comme ses compagnons d'infortune.

À la Colonie, c'est Pedro Espinoza Bravo, le chef de la BIM, qui se charge de les accueillir en leur signifiant que, ici, ils seront complètement coupés de tout contact, tant avec le monde extérieur qu'avec les autres prisonniers. Il n'apprend rien au jeune leader, qui connaît la réputation du lieu. En effet, avant le coup d'État, avec des militants de Concepción il avait enquêté sur les activités des groupes de droite comme la jeunesse du parti national et *Patria y Libertad* (Patrie et Liberté), lesquels recevaient une instruction militaire à la Colonie de la Dignité. Beaucoup d'étudiants de l'université de Concepción étaient d'ailleurs en relation avec la communauté de Paul Schaefer, soit parce qu'ils étaient d'origine germano-chilienne, soit parce qu'ils appartenaient à ces partis de l'extrême droite auxquels s'intéressait le MIR.

Juste après son arrivée, Zott est « préparé » par ses

nouveaux tortionnaires. Ceux-ci lui mettent des morceaux de coton imbibés d'eau à l'intérieur des oreilles puis une sorte de casque en cuir qui lui couvre entièrement la tête. Allongé sur un lit de camp, on lui attache les pieds, les jambes, les bras et la tête à l'aide de courroies, puis les tortures commencent en présence de Fernando Lauriani Maturana, Pedro Espinoza Bravo et d'une autre personne qui parle espagnol avec un accent portugais.

La détention d'Erick Zott à la Colonie de la Dignité va durer une dizaine de jours, entrecoupés de longs interrogatoires. Pendant tout ce temps, il ne verra pas d'autres prisonniers et gardera les yeux bandés en quasi permanence. Comme son nom est d'origine allemande, Zott est soumis à des mesures d'isolement extrême car ses tortionnaires, dont beaucoup parlent allemand, craignent qu'il ne comprenne leurs conversations.

Très vite il va perdre toute notion du temps. Ayant les yeux constamment bandés, il ne fait même pas la différence entre le jour et la nuit. Parfois on lui apporte un peu de potage, ou on lui permet de satisfaire ses besoins après qu'il a hurlé pendant des heures. Le reste du temps, il est interrogé ou torturé dans un autre endroit situé à une quinzaine de mètres de son lieu de détention.

Pourtant le supplicié va repartir de là vivant, en même temps que Luis Enrique Peebles Scarnic et Marcia Merinos. Tous deux appartiennent à cette infime minorité des détenus qui ont survécu à leur séjour à la Dignidad. Peebles est reconduit à Concepción, tandis que Zott et Merinos retournent à la villa Grimaldi. Ils y restent trois ou quatre semaines avant d'être emmenés à la clinique Santa Lucia, qui est dirigée par des médecins de l'hôpital militaire de Santiago. Là, on soigne toutes les personnes torturées dont la DINA ne veut pas qu'elles meurent avant d'avoir parlé.

Après ce répit, Zott est officiellement condamné à la prison par une juridiction d'exception de Valparaiso, puis incarcéré à Quatro et Tres Alamos jusqu'au 6 novembre 1976. Ensuite, aux termes du décret n° 504, sa peine sera commuée en exil forcé.

*
**

En tout, moins d'une vingtaine de personnes ont pu revenir de cet enfer. Ivan Treskow Cornejo est parmi elles. Professeur de biologie, membre des jeunesses communistes, il avait trente-neuf ans lors de son arrestation, le 2 avril 1975, au sud du Chili. Torturé chaque jour, il est resté un mois au camp de la Dignité. Voici ce qu'il en dit.

« En arrivant, je suis entré dans une sorte de sous-sol. J'ai de nouveau été battu. Je me suis uriné dessus. J'ai reçu ces coups "gratuitement" car ils ne me posèrent aucune question. Je suis resté inconscient à cause des coups. Lorsque je me suis réveillé, j'étais attaché à un sommier métallique, le fameux "gril". J'ai été torturé à l'électricité. Presque tous mes geôliers parlaient le castillan, quelques-uns avaient l'accent allemand. [...] Il y avait des types qui semblaient fous, c'étaient des psychopathes. Ils nous frappaient sur les testicules, à l'estomac, sur le visage jusque pendant notre sommeil. À cause de mon nom, ils m'avaient surnommé "le Russe". Un jour, ils m'ont dit : "Nous allons te torturer avec quelque chose que tu aimes" et, depuis ce moment-là, à chaque fois que j'étais soumis à des tourments, ils mettaient *Le Lac des cygnes* de Tchaïkovski. Aujourd'hui encore, je tremble lorsque j'entends un disque de Tchaïkovski ou même seulement en voyant la pochette. [...] Je me souviens aussi d'une de nos compagnes qui était là avec nous. Ils la faisaient se baigner et ensuite ils la violaient en groupe, parfois plusieurs fois le même jour. Ils l'attachaient au gril et, après lui avoir appliqué l'électricité, ils la violaient. [...] Il y en avait un qu'ils appelaient "Le Docteur"... il avait un accent allemand. »

La commission Rettig, chargée de tenter de faire la lumière sur les exactions de la dictature Pinochet, a recueilli le témoignage de Luis Peebles. Lui aussi a été torturé au moyen de techniques sophistiquées sans que, apparemment, les préposés aux interrogatoires cherchent vraiment à obtenir des renseignements de sa part. Peut-être s'agissait-il pour eux de vérifier la résistance des détenus à la douleur, ou de mener d'autres expérimentations du même ordre ?

Quoi qu'il en soit, Peebles mais aussi Adriana Borques, Manuel Bravo, Gerardo Sanchez, Eduardo Garces, Antonio Munoz, Alfredo Gutierrez Andrade, Manuel Herrera Castro, Sergio Gonzalez Castillo, Silverio Astrorga Galaz, Osvaldo Moya Gonzalez, Luis Marchant Verdugo, Ernesto Moena Aguilera et Angel Cabrera Opazo, autres « miraculés » de ces tortures expérimentales, ont tous reconnu Paul Schaefer sur les photos et les vidéos qui leur ont été présentées par la commission Rettig. Le leader de la Colonia Dignidad était bel et bien celui que tous appelaient « le Docteur ».

Tous les autres, la longue cohorte de ceux qui ont franchi la porte d'entrée de la communauté que dirigeait l'ancien caporal nazi, ont définitivement disparu. Vingt-cinq ans après, leurs familles crient toujours la même supplique : « *¿ Dónde están* ? » « Où sont-ils ? » Qu'a-t-on fait de leurs corps ?

Disparu Alvaro Vallejos Villagran, dirigeant du mouvement de la gauche révolutionnaire (MIR) détenu par la DINA et dont la commission Rettig a pu établir le transfert vers la Dignidad. Disparu le Dr Carlos Borca, cet ex-dirigeant socialiste dont un ancien agent de la DINA, Luis Munoz Alarcon, a attesté la présence dans l'enceinte de la Colonie. De la même façon, la commission Rettig « présume avec fondements » que Enriquez Espinoza, Guillermo Beausire Alonso, Manuel Jesus Tamayo Martinez, Juan Humberto Fernandez, Zaspe et Luis Gonzalo Munoz Velasquez furent tous transférés de la villa Grimaldi vers la Dignité et n'en revinrent jamais.

Parmi eux se trouvait Alphonse-René Chanfreau, le jeune militant français du MIR arrêté par la DINA le 30 juillet 1974. Dans une déclaration sous serment, Ramon Rojas Gonzales, qui fut également torturé là-bas, a affirmé que le Français a été vu à la Colonie de la Dignité en mai 1975 par un prisonnier nommé Humberto Menanteaux.

*
**

Treize ans plus tard, en 1988, le tribunal de Bonn va obtenir de la justice chilienne que soit enfin exécutée la commission rogatoire envoyée par l'Allemagne en 1982, demandant que soient entendus les responsables de la Colonia Dignidad. Bonn se fonde sur des plaintes déposées par l'organisation Amnesty International contre la communauté de Paul Schaefer.

La Cour suprême de justice du Chili désigne une magistrate. Elle s'appelle Lidia Villagran, elle est juge des affaires civiles à Parral. C'est elle qui va tenter de vérifier l'authenticité des déclarations des Chiliens qui assurent avoir été séquestrés et torturés à la Colonie de la Dignité.

Dans leur ouvrage intitulé *Colonia Dignidad : Cherchant la sortie du labyrinthe*, Jaime Lagos et Paul Friedrich Violenstein rendent compte de l'entretien que cette juge a eu avec Paul Schaefer.

« La magistrate : – Après une tentative manquée de pénétrer dans l'enceinte de la Colonie, le correspondant pour l'Amérique latine de la revue *Stern*, Hero Buss, a-t-il été arrêté et expulsé du pays parce que l'on craignait que l'on découvre et que l'on rende publiques les tortures commises dans votre propriété agricole ?

» Paul Schaefer : – Je ne connais aucun monsieur Hero Buss et je ne sais rien de son existence. Par ailleurs, la Colonie Dignité n'existe pas. C'EST UNE CHIMÈRE ! »

Schaefer ment, évidemment. La preuve en est ce témoignage de Juan René Munoz Alarcon, ex-agent de la DINA, rédigé à l'attention de la justice :

« Je suis un ex-dirigeant du parti socialiste, membre du comité central de la jeunesse. [...] En 1973, j'ai démissionné du parti socialiste : je suis parti car je n'étais pas d'accord avec certaines choses. J'ai dénoncé cela à la presse, à la télévision, à la radio. C'est arrivé quatre ou cinq mois avant le coup d'État militaire. Ceci m'a valu d'être poursuivi par les gens du parti, d'être traqué. On a même brûlé ma maison, j'ai perdu ma famille. À cette époque-là, j'étais marié et j'avais six enfants. Les gens de droite m'ont accueilli. Ils m'ont caché, ils m'ont nourri car ils m'ont trouvé pratiquement à la dernière extrémité. La seule chose qui me restait était de me tirer une balle.

» Ensuite est arrivé le *pronunciamiento* militaire. J'ai été conduit au Stade national pour reconnaître des gens ; je l'ai fait volontairement, à ce moment-là, car j'avais en moi un esprit de revanche envers ceux qui avaient été mes anciens camarades, à cause de la persécution dont j'avais fait l'objet de leur part. Je suis l'homme masqué du Stade national : les services de sécurité m'ont cagoulé et m'ont fait passer par les différentes sections où se trouvaient les détenus. J'ai reconnu beaucoup de gens, beaucoup d'entre eux sont morts et je suis responsable de leur mort. Et ce par le seul fait que je les ai reconnus et accusés d'être mes anciens camarades, que ce soit en tant que membres du comité central ou de l'appareil de sécurité du parti.

» Ultérieurement, on m'a demandé de sortir dans la rue avec quelques groupes de militaires pour y reconnaître des gens et je me suis trouvé face à Miguel Plaza. Aujourd'hui, il est toujours vivant grâce à moi. Je n'ai pas voulu le reconnaître, mais malheureusement il y avait une photo où nous apparaissions tous les deux et le fait de mentir m'a valu trois mois de prison [...]. Après, j'ai été laissé en liberté à condition de coopérer. On m'a conduit à la Colonie de la Dignité. [...] Sur place, j'ai été préparé pour interroger des gens et pour assurer des tâches de contre-espionnage. [...] Ultérieurement, on m'a occupé à des tâches comme capturer les gens, les interroger, les torturer et les tuer. »

Et Alarcon de poursuivre, après avoir cité les noms de ses chefs :

« Je reconnais que lorsque j'ai commencé, je l'ai fait par un esprit revanchard, avec haine et joie de pouvoir me venger. Mais ensuite, en raison de la situation que je vivais et en fonction de ce que j'ai dû faire, j'ai réagi et j'ai essayé à maintes reprises de sortir, ce qui ne m'a pas été possible car on y entre mais on n'en sort pas... »

Samuel Enrique Fuenzalida Devia était, lui aussi, du côté des tortionnaires. Dans le cadre d'une commission rogatoire internationale délivrée par le juge français Roger Le Loire concernant les faits reprochés au général Pinochet, il a été entendu à Santiago du Chili.

« Lorsque j'étais à la villa Grimaldi, dit-il, le capitaine Fernando Segovia, qui était chef du poste de la DINA à Parral, s'est présenté en fin de semaine au commandement de la BIM. Le commandant Cesar Manriquez m'a appelé et m'a dit que je devais accompagner cet officier au sud pour transporter un prisonnier. Je savais que le “sud” signifiait la Colonie, mais ma hiérarchie ne m'avait rien dit de particulier à ce sujet. Bien que ce fût la première fois que je m'y rendais, j'avais entendu dire que des personnes étaient conduites à la Colonie de la Dignité. Nous avons quitté la caserne vers 15 heures, le capitaine Segovia et moi, à bord d'une camionnette pick-up Chevrolet de couleur claire, et nous nous sommes rendus au centre de détention de Tres ou Quatro Alamos. Le capitaine a demandé aux gardes de lui amener Lauro Matias, que je connaissais déjà car je l'avais vu au 38 de la rue de Londres en qualité de détenu. Lauro Matias avait les yeux bandés. On lui a fait mettre des lunettes noires sur le bandage. Aucun registre n'a été signé. J'ai aidé Lauro Matias à monter dans la camionnette parce qu'il était très mal et qu'il arrivait à peine à marcher, puis nous avons pris la direction du sud. [...] Segovia conduisait [...] il montrait sa carte de la DINA aux contrôles. [...] Nous nous sommes arrêtés, Segovia est descendu, je suis resté seul avec Lauro Matias, il m'a confié qu'il avait le pressentiment qu'on le conduisait à un endroit où il était déjà allé, et c'est là qu'il m'a dit que si j'étais catholique il fallait que je prie pour lui car il n'en reviendrait pas. [...] Nous avons roulé sur environ un kilomètre et là, au carrefour, nous avons emprunté le chemin qui conduisait vers la Colonie de la Dignité. Sur le portail était inscrit : "Colonie de la Bienfaisance". Là, nous avons été accueillis par des Allemands, environ cinq personnes ; ils étaient en uniforme militaire vert olive, sans insignes ; ils avaient des armes, des mitrailleuses Rei Metal F.A. Parmi les cinq personnes qui nous ont accueillis, il y avait Paul Schaefer que je ne connaissais pas, à l'époque. C'était un vieux monsieur avec un œil de verre qu'on appelait le Professeur. Des Allemands ont pris le détenu et les autres nous ont conduits vers la maison des hôtes où un dîner nous attendait. Nous étions en train de dîner quand Schaefer est apparu avec un chien, un berger allemand. S'adressant à Segovia, il a fait un geste des deux mains et il a dit "*fertig*" ce qui veut dire "fini" en allemand. J'ai compris par là que Lauro Matias avait été tué. [...] Au cours de mon passage à la Colonie j'ai appris que Pinochet devait s'y rendre et j'ai également entendu mentionner le nom de Contreras et de plusieurs officiers de la DINA qui venaient à la Colonie. J'ajoute que Segovia et sa femme devaient visiter la Colonie le lendemain. C'était en juillet 1974. »

Au début de l'année 1975, l'annonce par la Croix-Rouge internationale qu'elle allait visiter les prisons chiliennes provoqua de nombreux transferts de détenus vers la Colonia, le seul endroit où elle ne pourrait pas pénétrer.

– 3 –

Un État dans l'État

Officiellement, la Colonia Dignidad n'existe plus depuis le 1er février 1991. Le président Patricio Alwyn a ordonné sa dissolution. En fait, là-bas, rien n'a changé sauf le nom : la villa Bavaroise.

Le 14 août 1996, un mandat d'arrêt a été lancé contre Paul Schaefer pour actes de sodomie caractérisés et répétés. Le vieux caporal nazi, alors âgé de soixante-seize ans, a préféré prendre la fuite. Avant sa cavale, il avait tenté d'obtenir un passeport allemand que le tribunal administratif de Cologne lui avait refusé, justifiant sa décision par le fait que Schaefer était sous le coup d'un mandat d'arrêt émis en 1977, par le tribunal de Siegburg, pour abus sexuels sur des mineurs.

Depuis, les événements se sont précipités à la Colonia Dignidad, laquelle ne bénéficie visiblement plus de sa légendaire impunité.

Le 26 mars 1997, la police chilienne a lancé pour la première fois une vaste perquisition menée par cinquante fonctionnaires dans les locaux et sur les terrains de la communauté. Une opération organisée à la demande expresse du juge chilien Hernan Gonzalez, en charge de vingt-cinq dossiers concernant les pratiques du groupe.

Le 9 avril 1998, la Cour suprême de justice du Chili – la plus haute instance judiciaire du pays –, à l'issue d'une réunion plénière extraordinaire tenue à la demande du chef de l'État Eduardo Frei, a donné les pleins pouvoirs au juge Gonzalez pour instruire l'ensemble des plaintes, la dernière en date provenant d'une femme qui affirme que son jeune fils, Cristobal Alejandro, a subi des violences sexuelles de la part de Schaefer.

Du 8 au 11 septembre 2000, le juge Juan Guzman Tapia a pris le relais de ses collègues pour mener, cette fois-ci, les premières véritables investigations au sujet des prisonniers politiques disparus. Chargé d'enquêter sur les cent soixante-dix plaintes déposées au Chili contre le général Pinochet pour des crimes commis sous son régime (1973-1990), le magistrat était accompagné d'une cinquantaine de policiers et d'officiers de police judiciaire disposant d'un matériel d'excavation. Les recherches portaient notamment sur la disparition de Modesto Vallejos, un ancien membre du MIR, disparu après avoir été conduit ici par la DINA en 1974. Les perquisitions menées pendant quatre jours dans les locaux ont permis la découverte d'une volumineuse quantité d'archives secrètes prouvant que les anciens nazis avaient à leur disposition un système d'espionnage digne d'une organisation criminelle. Il y avait là des fichiers contenant des centaines de notes sur des hommes politiques, des diplomates et de nombreuses personnalités chiliennes.

Le numéro deux de la Colonie, Gerhard Muecke, a

été arrêté pour son implication dans la disparition d'Alvaro Vallejos Villagran en 1974.

Paul Schaefer, lui, n'a toujours pas rendu de comptes à la justice et à ses victimes, qu'il s'agisse des faits qui lui sont reprochés au Chili ou en Allemagne. Pourtant, en août 2000, Interpol a diffusé un avis de recherche international le concernant.

Il vivrait aujourd'hui aux îles Vierges, dans les Caraïbes.

– Quatrième partie –

L'ÉNIGMATIQUE MICHAEL TOWNLEY, MERCENAIRE DE LA DINA

– 1 –

La Direction des opérations extérieures

Le coup d'État du 11 septembre 1973 provoque le départ de centaines de Chiliens. Certains quittent le pays volontairement, d'autres contraints et forcés. Bien des années plus tard, après que le général Pinochet a dû lâcher un peu de lest sous la pression des États démocratiques occidentaux, ils seront encore des milliers à partir en exil, mais nous n'en sommes pas là : au lendemain du putsch, la DINA a pour mission de faire régner l'ordre et la terreur à l'intérieur du pays. Au-delà des frontières, pourtant, les voix des réfugiés chiliens se font entendre de plus en plus vigoureusement, portées par les opinions publiques des pays qui les hébergent et relayées par de nombreuses organisations humanitaires ou politiques – généralement de gauche – pour témoigner des atrocités commises au Chili.

Pinochet ne le supporte pas et réagit de façon épidermique : il décide de créer une « section chargée des actions à l'étranger ». La responsabilité en est confiée à Raul Eduardo Iturriaga Neumann. Son titre : Directeur des opérations pour l'étranger. Une formule élégante pour désigner les brigades opérationnelles dont la mission est d'éliminer les opposants vivant à l'étranger. Iturriaga est placé sous l'autorité directe de Juan Manuel Contreras Sepulveda qu'on surnomme déjà « *El Mojón* » (le Gros Tas).

Ne lésinant pas sur les moyens, les militaires vont mettre en place une redoutable logistique : ouverture de comptes bancaires « dormants » à l'étranger, création de sociétés écrans, billets d'avion payés en espèces à des noms d'emprunts, vrais-faux papiers d'identité et passeports chiliens. Tout cela mis à la disposition d'agents triés sur le volet, dont le point commun est de n'avoir aucun scrupule ni moralité.

En France, en Italie, en Espagne, aux États-Unis et même en Argentine, un pays plutôt « ami », les filatures d'opposants chiliens en fuite vont se succéder à un rythme soutenu, avec moins de « succès » toutefois que ne l'espéraient les putschistes. Pourtant, les hommes de Pinochet ont partout dans le monde réussi à nouer des contacts avec des organisations structurées, souvent d'extrême droite, mais parfois hétéroclites.

En Espagne, ils trouvent une oreille attentive auprès d'un autre dictateur, le général Franco. Rien de tel en France, où des agents de la DINA ont néanmoins réussi à localiser nombre de réfugiés chiliens, à suivre avec précision leurs allées et venues, et à nouer des liens avec des organisations terroristes de second plan et des délinquants issus de la « fraternité corse ». Aucune preuve de ces diverses connexions n'a pu être apportée, mais il subsiste de sérieux doutes. On a même évoqué un contact entre la DINA et le cerveau du casse du siècle à Nice, Albert Spaggiari, car les agents chiliens ont été les premiers à savoir qu'il était mêlé à cette affaire... pour en avoir directement parlé avec le voyou.

Par ailleurs, le juge américain du district de Columbia, Ernest Lawrence Barcella – qui a supervisé des enquêtes sur les crimes de Pinochet –, a découvert que Contreras et Iturriaga ont donné des instructions à leurs subordonnés pour obtenir des renseignements sur des ressortissants chiliens réfugiés en Grande-Bretagne, un pays plutôt neutre vis-à-vis du Chili. De surcroît Pinochet, bien qu'ami avec le Premier ministre Margaret Thatcher, s'est irrité de certaines critiques formulées contre les prisons de son pays par des organisations humanitaires britanniques. Le dictateur a ordonné à la DINA de glaner des informations sur les geôles d'Irlande du Nord, afin d'allumer un contre-feu.

Le juge Barcella a encore relevé que la DINA avait l'intention d'assassiner le propre neveu de Salvador Allende, Pascal, ainsi que de sa fiancée. Pour cela, il a été fait appel à un terroriste cubain d'extrême droite, Rolando Otero. L'homme s'est rendu tous frais payés au Chili pour en discuter. La mission devait avoir lieu au Costa Rica, où se trouvait alors le jeune couple. Elle a échoué de peu : les services secrets américains ont eu vent de la présence du Cubain à Santiago du Chili. Ce sont eux qui ont contrecarré cette opération qui aurait eu de graves retombées politico-diplomatiques.

Au chapitre des faits avérés, la DINA s'est fait prendre trois fois la main dans le sac. Trois fois des juges courageux et tenaces – argentin, italien et américain – ont identifié, parfois arrêté et fait juger les tueurs que la dictature chilienne avait envoyés de par le monde, ainsi que leurs complices.

Il s'agit, en Argentine, de l'assassinat du général Carlos Prats, symbole de la résistance aux putschistes et de l'honneur militaire sous le règne de Salvador Allende, aux États-Unis de celui d'Orlando Letelier, ancien ambassadeur du Chili à Washington (1971-1973) et figure de la résistance à la junte de Pinochet, et en Italie de la tentative d'assassinat contre Bernardo Leighton, leader charismatique de l'opposition chilienne en exil qu'il était sur le point de fédérer. Depuis, Bernardo Leighton est paralysé à vie.

– 2 –

Des éliminations programmées

Carlos Prats était le commandant en chef des armées de Salvador Allende. Militaire estimé, il était resté fidèle au président socialiste alors que les rumeurs de coup d'État enflaient et que le pays sombrait de plus en plus dans le chaos. Au poste stratégique qu'il occupait, il aurait pu lui aussi basculer du côté des généraux félons, mais il avait pour idéal absolu le respect de la Constitution. Jamais Carlos Prats n'aurait participé à la destitution par la force d'un président démocratiquement élu. Jamais il n'aurait incité ses armées à renverser la démocratie chilienne, et c'est bien pour cela qu'il est devenu un ennemi aux yeux des futurs putschistes.

Sans doute parce qu'il craint d'être désavoué par ses pairs, ou désobéi, il démissionne de ses fonctions le 23 août 1973, un peu plus de quinze jours avant le coup d'État. Du point de vue de l'intégrité, son calcul est bon. Il l'est moins dans le conseil qu'il donne ce jour-là au président Allende qui le reçoit dans son bureau du palais de la Moneda :

– Pour me succéder, je vous suggère de nommer le général Pinochet. C'est mon adjoint. J'ai toute confiance en lui. Il est loyal et fidèle, comme moi, à la Constitution...

Le général Pinochet, aux dires de tous les observateurs et de tous ceux qui l'ont rencontré, est un fin politique. De fait, il a réussi à bien cacher son jeu. Et il trouvera le moyen d'achever sa carrière politico-militaire en réussissant à se faire élire sénateur à vie.

Lorsque le coup d'État se produit, directement menacé qu'il est par la junte, l'ancien chef des armées chiliennes, Carlos Prats, va se réfugier en Argentine. Laquelle n'a pas encore, à cette époque, basculé dans la dictature.

Le général Prats n'a plus d'armée, il ne milite dans aucun mouvement et n'a apparemment aucune ambition politique, et pourtant il va devenir l'une des cibles du régime Pinochet. Ordre est donné de le tuer.

Il y a deux explications à cela.

Pour le général Pinochet, c'est une idée fixe. Le nouveau dictateur ne supporte pas de savoir Prats vivant. Il pense que cela remet en cause son prestige, car l'ex-commandant en chef fait figure d'icône aux yeux de ses amis généraux et de certains officiers d'état-major de l'armée chilienne. Pinochet, lui, n'a pas cette aura au début de son règne. En outre, Prats est l'hôte d'honneur du gouvernement argentin et, à l'époque, les deux pays limitrophes sont très jaloux de leurs prérogatives respectives. Dès lors Pinochet n'a d'autre choix – pour obtenir l'élimination de son ancien supérieur – que de recourir aux services de la DINA, à laquelle il va donc confier sa première mission extérieure. Une bonne occasion de tester son efficacité.

Mais il existe une seconde hypothèse. Des généraux de la junte ont convaincu Pinochet que, même si le général Prats n'a pour l'heure manifesté aucune velléité de retour au Chili, il reste le seul militaire capable de réunir des hommes pour une éventuelle réaction des opposants à son régime. D'ailleurs des rumeurs d'insurrection armée circulent dans le sud du Chili. On parle même de la constitution, quelque part, d'un gouvernement en exil.

Et la rumeur suffit à mettre Carlos Prats sur la sellette. C'est en tout cas la thèse que choisissent ceux qui vont charger Michael Townley, un Chilien d'origine américaine, de mettre au point son assassinat.

« J'ai eu le sentiment que l'ancien général était un danger pour le Chili, dira Townley des années plus tard. On m'a incité à tuer Prats. J'ai pris cela comme une mission patriotique en pensant au danger d'une future guerre civile. Peut-être ai-je été manipulé... »

Quoi qu'il en soit, le 30 septembre 1974, Carlos Prats et son épouse Sofia Cuthbert sont tués dans l'explosion de leur voiture, dans le quartier de Belgrano à Buenos Aires. L'engin explosif est assez sophistiqué, puisqu'il a été actionné par télécommande.

Dans les jours qui ont précédé l'attentat, l'ex-chef des Armées du Chili et sa femme ont été l'objet de filatures menées par Townley, qui s'est adjoint pour l'occasion les services de son épouse Mariana Ines Callejas Honores. Une fois, le couple de tueurs voit Carlos Prats se promener dans un parc. L'occasion est belle. Townley sort son pistolet mais ne peut se résoudre à tirer : il y a trop de monde dans les environs. L'agent des services secrets chiliens décide alors de continuer sa discrète surveillance et d'attendre un moment plus propice pour passer à l'action. Entre-temps, pour brouiller les pistes, il change plusieurs fois d'adresse, fréquentant des palaces du centre ville comme le Victory.

Dans sa chambre d'hôtel, Townley prépare patiemment sa bombe, composée de deux cartouches de C4 et de trois détonateurs. Pedro Espinoza, l'un des seconds de Manuel Contreras, lui a également fourni trois télécommandes avant son départ du Chili.

– Tu crois pouvoir tuer Prats ? Tu es sûr que tu le feras ? lui a-t-il demandé à plusieurs reprises, comme s'il craignait qu'il ne passe pas à l'action.

Le colonel Espinoza, qui gravira par la suite tous les échelons de la hiérarchie militaire chilienne, a lancé un véritable défi à Townley. Et celui-ci l'a relevé sans arrière-pensée sur le moment.

L'attentat a lieu un dimanche. L'avant-veille, Townley a trouvé ouverte la porte du garage où sa future victime range habituellement sa voiture. Pendant que son épouse fait le guet à l'extérieur, à bord d'une Renault, il entre, pénètre jusqu'au fond du garage et s'accroupit pour se cacher derrière une chaudière, car il a entendu du bruit. C'est le concierge qui vient jeter un coup d'œil furtif. Déjà il s'en retourne. À tout hasard Townley a emporté avec lui un pistolet, mais il n'aura pas à s'en servir.

L'agent des services secrets chiliens se glisse alors sous le véhicule de Carlos Prats, une Fiat, et place la bombe à mi-distance des trains avant et arrière. Il s'éclipse ensuite du garage en se faufilant derrière un groupe de fêtards sortant d'une maison voisine. Personne ne l'a remarqué. Michael Townley peut rejoindre la Renault et sa femme Mariana en toute tranquillité. Il ne leur reste plus qu'à guetter la sortie de leur proie.

Seulement, à la faveur de la nuit, tous deux s'endorment. Et quand vient le petit matin du samedi, ni l'un ni l'autre ne voient Prats quitter son domicile au volant du véhicule piégé. Ils ne peuvent donc pas actionner la télécommande. Les terroristes maladroits vont devoir attendre, sur place, son retour jusqu'au lendemain.

Cette fois, ils ne se laissent pas surprendre. Lorsque le dimanche, de bonne heure, la Fiat de Prats passe à leur hauteur et s'arrête devant la porte du garage, Mariana tient le détonateur entre ses jambes. Sans hésiter, elle actionne la commande. Mais rien ne se passe. Pas d'explosion. La voiture s'engage doucement sur la pente d'accès au parking. Townley réagit aussitôt, se saisit de la télécommande et l'actionne une nouvelle fois. Là, la voiture de l'ex-commandant en chef de l'armée chilienne vole en éclats. La femme de Prats, qui se trouve avec lui, est tuée elle aussi. Son élimination ne figurait pourtant pas dans le plan initial des « nettoyeurs » de la DINA.

Son forfait accompli, Townley passe par l'Uruguay pour regagner le Chili où il fait un rapport circonstancié au colonel Espinoza Iturriaga. Mariana, quant à elle, est rentrée directement chez elle.

Outre le commanditaire de cette opération, bien plus tard Townley mettra également en cause la participation d'Enrique Arancibia Clavel, l'un des premiers agents introduits par la DINA en Argentine. De fait, par la suite, la route de cet homme croisera souvent celle d'autres assassins du régime chilien dans des pays mus par les mêmes « idéaux ».

*
**

Comme Carlos Prats, Bernardo Leighton était une grande figure du Chili d'avant Pinochet. On peut même affirmer qu'il a marqué la vie politique de son pays. Très tôt, dans les années trente, il s'est engagé en politique au côté du futur président démocrate chrétien, Eduardo Frei. Comme lui, beaucoup de ses jeunes compatriotes appartiennent à la phalange nationale et militent pour un nouvel ordre social chrétien en réponse à la profonde crise spirituelle qui, à cette époque, frappe le monde entier. Ils s'inspirent de la pensée de Jacques Maritain, un humaniste français dont se réclament aujourd'hui encore quelques leaders politiques français, tel le centriste François Bayrou. Les phalangistes perdant peu à peu de leur aura, Leighton décide par la suite de rejoindre les fractions sociales chrétiennes qui, en 1957, donnent naissance à la démocratie chrétienne chilienne, laquelle sera très influente durant de longues années.

Rapidement, Bernardo Leighton devient l'autorité morale de ce parti où il exerce des responsabilités importantes et nombreuses. Dans le gouvernement Frei qui est élu en 1964 avec plus de 55 % des voix et le soutien de la droite, il se voit nommer ministre de l'Intérieur. Ensuite, il assume à plusieurs reprises la vice-présidence de la république chilienne.

Leighton est apprécié de tous ses adversaires politiques, tant en raison de ses qualités humaines et professionnelles que de ses choix indéfectibles, même quand le pays connaît une avalanche de troubles sociaux après l'accession au pouvoir de Salvador Allende. En 1973, d'ailleurs, il ne craint pas de soutenir le gouvernement d'Unité populaire. Et il lui reste fidèle malgré les grèves, le chaos qui s'étend, les tentatives de déstabilisation et de putsch. Par voie de conséquence, Bernardo Leighton se trouve progressivement marginalisé au sein de la démocratie chrétienne. Enfin le 11 septembre, dans le droit fil de ses prises de position précédentes, il condamne publiquement la prise du pouvoir par la junte. Au sein de son parti, ils ne sont que treize à oser le faire.

Au lendemain du coup d'État, par la force des choses, Leighton est contraint de fuir le Chili. L'Italie l'accueille en février 1974.

Fédérateur hors pair et doué d'un immense charisme, en juillet 1975, depuis Rome, il est sur le point d'endosser le rôle de chef de l'opposition politique en exil. Il est en effet parvenu à surmonter les divisions existant au sein de l'opposition chilienne en exil. Il a même réussi à faire en sorte que les forces catholiques, plutôt conservatrices, s'associent aux forces de gauche (dont les communistes) au sein d'une coalition ouvertement destinée à balayer le régime dictatorial instauré par Pinochet.

Bernardo Leighton est donc le nouvel homme à abattre pour la DINA. Selon Mariana Townley, c'est Pinochet lui-même qui aurait confié à Michael, son mari : « Leighton est un danger pour le gouvernement... »

Encore une fois, les Townley ont carte blanche. Ils décident de voyager séparément. Lui part le premier vers l'Europe à l'été 1975. Elle le retrouve quelques jours plus tard au Luxembourg, voyageant sous la fausse identité de « Carmen Luz Correa Letelier ». Son passeport lui a été remis sur instructions du directeur des opérations extérieures de la DINA, Eduardo Iturriaga, surnommé « *El Chico* ». Sur place, un nationaliste cubain se joint à eux. Son nom : Virgilio Paz.

« Nous sommes allés en Italie en voiture par la route et dans un véhicule de location, témoignera plus tard Mariana, mais en Autriche, Paz a eu des problèmes pour entrer en Italie, car il n'avait pas de passeport. Michael était en relation permanente avec le chargé des affaires de la DINA, qui s'appelait Julio, pour lui rendre compte de ce qu'il faisait en Europe. En arrivant à Rome, je me souviens que nous avons pris contact avec les “fascistes”, notamment avec Stefano et un dénommé Riveros qui servait d'agent de liaison entre la DINA et Michael. Riveros recevait même un salaire permanent de la DINA. Ils ont mis un appartement à notre disposition pour que nous y vivions, Michael et moi. Nous avons ensuite rassemblé des renseignements sur Leighton. Stefano, c'est Stefano Delle Chiaie, qui dirigeait le groupe d'extrême droite italien dénommé *Avanguardia nazionale*... »

Après plusieurs semaines de préparatifs et de nombreux coups de fil passés par un certain Pedro Rojas – à la demande de Townley – pour tenter de localiser la « cible », décision est prise de passer à l'action : le 6 octobre 1975, Bernardo Leighton Guzman, soixante-six ans, et son épouse Anita Fresno, âgée de cinquante-sept ans, sont attendus devant leur domicile par un homme qui, armé d'un pistolet de calibre 9 mm, leur tire dessus sans hésiter. Leighton est atteint par un projectile à la tempe. Son épouse, qui s'est penchée pour lui porter secours, est à son tour touchée à la nuque.

Prévenu par le gardien, leur neveu Badilla Morales se précipite le premier pour leur porter secours. Il trouve son oncle et sa tante étendus par terre, à un mètre de distance. Anita a la force de murmurer qu'on lui a « tiré dessus » et décrit l'agresseur : un homme grand et robuste.

– Ils paieront, ils paieront ! crie Morales.

Mais Anita Fresno, à demi consciente, l'implore de ne pas crier vengeance :

– Non... Ne prononce pas de paroles de vendetta.

La force morale de cette femme va impressionner les membres de la cour d'assises de Rome qui jugeront, près de vingt ans plus tard, cette double tentative de meurtre. Le procureur essaiera de démontrer que le délit fut accompli sur ordre de Contreras, qu'Iturriaga transmit l'ordre à Townley qui à son tour chargea Stefano Delle Chiaie et ses hommes d'exécuter l'attentat. Le tireur s'appelait Pierluigi Concutelli, et l'arme lui avait été fournie par Giulio Crescenzi. Bizarrement, tous seront acquittés.

Transportés à l'hôpital, Bernardo Leighton Guzman et Anita Fresno survivront, certes, mais en souffrant de très graves séquelles. Anita, tétraplégique pendant de longues années, ne récupérera que partiellement sa capacité de locomotion. Quant à Bernardo, qui est resté plusieurs jours entre la vie et la mort, il sera pour toujours soustrait de la vie civile et politique de son pays en raison de ses très graves blessures. La junte a gagné.

Depuis l'Amérique du Sud, Contreras et Iturriaga vont orchestrer des « fuites » sur cette tentative de meurtre. Le but de la manœuvre est de mettre hors de cause tant le gouvernement chilien que les fascistes d'*Avanguardia nazionale* – qui sont les amis de la DINA – en détournant les soupçons sur le parti nationaliste cubain, notamment à propos du calibre du pistolet utilisé.

Dans le cadre de ses propres investigations, le juge français Roger Le Loire sera lui-même amené à entendre un ancien membre de l'*Avanguardia nazionale* : Vincenzo Vinciguerra. Celui-ci lui apprendra que Stefano Delle Chiaie est souvent allé au Chili, qu'il a assisté à plusieurs réunions des commandants de brigades de la DINA en compagnie de Contreras, et qu'il aurait même été reçu par Pinochet peu après l'attentat contre Leighton. « Quel dommage, lui aurait alors dit le dictateur, que ce vieux ne veuille pas mourir ! » Si Vinciguerra est aussi bien informé, c'est qu'il s'est installé à Santiago – comme un certain nombre de ses compatriotes –, dans une maison justement louée... par Delle Chiaie.

Mais qui est donc Delle Chiaie ? Il se définit lui-même comme un fasciste. Dès 1950, il a adhéré au Mouvement social italien (M.S.I.). Puis il est entré à Ordre nouveau avant de créer, en 1958, l'*Avanguardia nazionale*, organisation qu'il a dissoute sept ans après faute de moyens financiers. En 1969, la justice de son pays le met en cause dans un attentat perpétré sur la piazza Fontana de Milan. Un an plus tard, plus ou moins entré dans la clandestinité, il recherche une troisième voie qu'il trouvera au Chili.

En 1974, sous la fausse identité d'Alfredo Gorna, il rencontre le général Pinochet par l'intermédiaire d'un extrémiste, le mystérieux commandant Borghese. Entre eux s'établit un véritable pacte de collaboration anticommuniste. Delle Chiaie effectue alors plusieurs séjours au Chili et revoit par hasard le général Pinochet à Madrid, le 20 novembre 1975, lors des funérailles du général Franco. Le soir même, Delle Chiaie conduit ses partisans dans un salon de l'aéroport espagnol pour saluer une nouvelle fois le dictateur chilien en partance pour son pays. La garde personnelle de Juan Carlos tentera vainement de leur barrer la route.

Il n'en reste pas moins qu'à partir de 1977, Stefano Delle Chiaie ne se rendra plus au Chili. Le régime politique qui y règne est à ses yeux devenu « trop libéral ».

*
**

Orlando Letelier était un proche du président Salvador Allende. Avocat de formation, né à Temuco le 13 avril 1923, il a fait des études à l'école militaire du Chili puis à l'Université catholique. Marié à Isabel Morel, dont il a eu trois fils, cet économiste renommé a écrit un livre qui fait autorité sur l'industrie du cuivre, la principale ressource du pays. Après avoir participé à des programmes de financement et de développement en Argentine, au Brésil, au Pérou et en Uruguay, il a été l'un des fondateurs, en 1962, de la Banque asiatique du développement qui est intervenue sur des projets de même nature en Iran, en Inde, au Laos, ainsi qu'au Népal. Pendant le gouvernement d'Unité populaire, il s'est vu successivement confier les portefeuilles des Affaires étrangères, de l'Intérieur puis de la Défense, avant d'être nommé par Salvador Allende ambassadeur aux États-Unis de 1971 à 1973. Un poste stratégique pour un homme de confiance, car les rapports avec les Américains sont difficiles : les U.S.A. voient d'un très mauvais œil un pays d'Amérique du Sud expérimenter le collectivisme et le socialisme pur et dur.

Letelier est en outre un personnage consensuel. Il a notamment pour ami l'un des frères Kennedy, Edward, plus connu sous le nom de Ted.

En septembre 1973, au lendemain du coup d'État, Orlando Letelier est déchu de sa nationalité par Pinochet. Avec sa famille, il choisit de rester aux États-Unis.

La dernière apparition publique de l'ancien ambassadeur du Chili aux États-Unis se situe à New York, à l'occasion d'un concert de protestation contre les atteintes aux droits de l'homme au Chili organisé par la gauche américaine. Entre les prestations de Pete Seeger et de Joan Baez, Orlando Letelier prend la parole devant plus de cinq mille personnes et lance un appel à l'union de l'opposition chilienne pour lutter contre le fascisme. Nous sommes le 10 septembre 1976, à la veille du troisième anniversaire du coup d'État militaire. Tout comme Bernardo Leighton depuis l'Italie où il avait trouvé refuge, Orlando Letelier avait lui aussi pour vocation, depuis les États-Unis, de fédérer les défenseurs de la démocratie. Il était d'ailleurs tout près du but. Une réunion était programmée pour le début de l'année 1977, à Washington, autour de cette idée.

Mais Orlando Letelier va mourir onze jours plus tard, le 21 septembre 1976, dans l'explosion de sa voiture piégée par un commando envoyé aux États-Unis par la junte chilienne.

C'est le crime de trop. Le général Pinochet a sous-estimé la réaction des U.S.A., jusqu'ici plutôt bienveillants envers lui. La justice américaine n'aura de cesse de poursuivre les auteurs de cette exécution perpétrée sur son sol, circonstance aggravante. Le dictateur ne le sait pas encore, mais il vient lui-même de déclencher la chute programmée de son régime. Avec pour première conséquence la dissolution de la sinistre DINA, montrée du doigt par le monde entier. Même si elle est aussitôt remplacée par la Centrale nationale d'information (C.N.I.), pour Augusto Pinochet rien ne sera plus comme avant.

En 1987, Armando Fernandez Larios, trente-sept ans, ancien commandant de l'armée chilienne, raconte devant un procureur du district de Columbia le scénario de la mort programmée d'Orlando Letelier. Fernandez s'est rendu de son plein gré aux États-Unis pour témoigner.

« En juin 1976, j'étais affecté dans une unité de protection et de sécurité de la DINA. J'ai reçu un jour l'ordre de me présenter auprès de Pedro Espinoza, mon supérieur hiérarchique, que je connaissais depuis longtemps car j'avais déjà été sous ses ordres à l'École des services de renseignement avant d'être affecté au service action de la DINA. »

C'est alors qu'Espinoza ordonne à Fernandez de se rendre au Paraguay en compagnie d'un certain Michael Townley, citoyen américain, qu'il lui présente comme un employé civil de la DINA. « Vous trouverez là-bas de faux passeports, explique Espinoza, et vous partirez ensuite aux États-Unis pour une mission de renseignement. »

Quelle mission, au juste ? Selon le numéro deux de la DINA il s'agit de surveiller Orlando Letelier, la junte désirant connaître « le mauvais coup qu'il prépare ».

– Vous comprenez ? Letelier organise la subversion contre notre gouvernement. Cela ne peut plus durer.

Peu après, Espinoza fait rencontrer Michael Townley à son agent. Fernandez lui serre la main puis le voit s'éloigner pour discuter à l'écart avec le second de la DINA. Plus tard, il comprendra que les deux hommes sont allés mettre au point les détails de l'opération visant à éliminer Letelier. Le militaire ne s'en offusque pas, car il connaît la réputation de Michael Townley. « Je savais que c'était un agent important de la DINA. Il recevait un traitement spécial. On lui avait offert une grande maison, des domestiques et une équipe opérationnelle. »

Armando Fernandez devine qu'on vient de lui confier une mission de première importance, bien plus sérieuse que l'une de ses filatures habituelles. Il chancelle un instant, mais il est avant tout un soldat. Il doit obéir.

Accompagné de Townley, il se rend donc au Paraguay en juillet 1976. Là-bas, avec l'aide de plusieurs complices, il se procure des faux passeports ainsi que des visas... émis par le consulat U.S. C'est cousu de fil blanc : les

Paraguayens s'aperçoivent que les passeports présentés par les deux hommes sont des faux grossiers et en préviennent les Américains. Échec cuisant de Townley et de Fernandez, qui repartent penauds au Chili.

Dès le mois suivant, Espinoza reprend contact avec Fernandez. « Vous allez vous rendre directement aux États-Unis pour continuer la mission », lui ordonne-t-il.

L'obstination du n° 2 de la DINA s'explique par le fait que Fernandez a de la famille au États-Unis et maîtrise parfaitement la langue américaine. Pour compléter sa couverture, il lui donne également le nom d'un agent qui effectue pour la DINA de fréquentes missions aux U.S.A. Il s'agit d'une femme. Elle s'appelle Liliana Walker. Espinoza explique à Fernandez qu'elle et lui doivent se rendre ensemble à Washington en se faisant passer pour mari et femme. Tous deux sont censés travailler pour le ministère des Travaux publics du Chili. Et cette fois on leur fournit de vrais-faux passeports chiliens – c'est-à-dire des papiers officiels agrémentés de fausses identités –, ainsi qu'un ordre de mission fictif pour le compte du gouvernement de Santiago.

Le 26 août, Fernandez s'installe dans une chambre de l'hôtel Washington, dans la ville du même nom. Le lendemain, sous le prétexte qu'il doit remettre des documents à Orlando Letelier, il prend contact avec l'Institut des études politiques pour lequel travaille notamment l'ancien ambassadeur. Grâce à ce stratagème il obtient l'adresse personnelle de sa future victime, qui est partie en déplacement pour quelques jours. Il en profite alors pour se livrer à une surveillance assidue du domicile de Letelier et dresser un rapport précis des allées et venues de tout son entourage. Un rapport qu'il transmet au colonel Espinoza.

– Bravo, le félicite le dignitaire de la DINA, bon travail. Prenez quelques jours de vacances sur place et revenez ensuite au Chili.

Fernandez se rend alors à New York et passe quelques jours chez ses parents et amis. Puis, apprenant que son père est gravement malade au Chili, il demande à Espinoza l'autorisation de rentrer plus rapidement que prévu dans son pays. « Aucun problème, lui répond son supérieur. Townley doit arriver aujourd'hui à Washington. Retournez chez vous, mais je vous demande de le rencontrer avant de partir. »

9 septembre 1976. À l'aéroport J.-F. Kennedy, dans les toilettes pour hommes, Fernandez remet à Townley le plan du théâtre des opérations, le relevé de ses filatures et le reliquat de l'argent liquide qui lui a été confié sur les fonds secrets de la DINA. Townley, en effet, n'a pas pris assez d'espèces.

Rentré des États-Unis, Fernandez rend compte à Espinoza du déroulement de sa mission et de sa rencontre avec Townley, et fournit les justificatifs de ses dépenses. Le colonel lui demande des nouvelles de son père puis indique à son subordonné qu'il a l'intention de le faire promouvoir au grade de capitaine. Pour cela, il l'encourage à suivre les cours de la formation militaire.

Pendant ce temps, avec l'assistance de terroristes cubains recrutés sur place, Michael Townley commence à préparer l'engin explosif destiné à tuer Letelier.

L'épouse de Townley, Mariana Ines Callejas Honores, est une fois encore du voyage. Son témoignage démontre que l'attentat a été préparé avec minutie.

« Michael m'a dit qu'il avait reçu ses instructions de

Contreras lui-même, lequel lui a ordonné de prendre contact avec les Cubains pour éliminer Orlando Letelier. Il m'a également soutenu que cette mission avait été décidée par Pinochet en personne, qui s'inquiétait du projet qu'avait Letelier de former un gouvernement en exil. En outre, le dictateur s'agaçait de l'amitié de M. Kennedy pour l'ancien ambassadeur. »

Mme Townley se souvient du voyage au Paraguay tel que le lui a rapporté son mari. Elle revoit encore son faux passeport au nom de Juan Williams Rose avec sa photographie et le fameux visa délivré par les Américains. Elle revoit également le nom fictif de Fernandez : Romeral. « Michael, raconte-t-elle, était préoccupé par le fait que le fonctionnaire de l'ambassade qui s'était occupé de son visa s'était montré suspicieux. » On sait ce qu'il en advint.

Quelques semaines plus tard, elle constate que Michael prépare sa valise pour les États-Unis. Cette fois, il est muni d'un passeport diplomatique chilien au nom de Hans Petersen Silva, un document bleu marine et doré tout ce qu'il y a de plus authentique.

Pourtant, ce document lui rappelle de bien mauvais souvenirs. Elle a comme un pressentiment. « N'y va pas, dit-elle à son époux. Laisse faire les Cubains. Ce sont des fanatiques. Ils ne se poseront pas de questions. » Mais Michael la rassure : « Je dois y aller pour coordonner les opérations et la fabrication de la bombe... »

Mme Townley respire. Elle sait que son mari est un expert des engins explosifs commandés à distance. Il a pris des cours à la DINA avec un Cubain, précisément Virgilio Paz, très porté sur les systèmes d'horlogerie. Et pour achever de la rasséréner, Michael confie à son épouse que Fernandez est déjà sur place, à Washington, en mission de reconnaissance. Dans la foulée, il lui relate leur rencontre mémorable dans les toilettes de l'aéroport Kennedy.

Seulement Townley ne sait pas lui mentir. Sa femme se rend bien compte qu'il s'inquiète des préparatifs de l'attentat et de l'implication des militants anticastristes du Mouvement nationaliste cubain (M.N.C.). En effet, ceux-ci exigent de lui une participation directe à la mission et non un simple rôle de coordination. En mouillant la DINA, ils veulent la forcer à financer leur mouvement.

Mme Townley connaît bien les Cubains. Son mari et elle ont déjà eu affaire à eux. « Contreras avait demandé à Michael d'éliminer six à huit personnes au Mexique, dont un certain M. Vuscovic et une femme répondant au nom de Tencha Allende. Michael s'était rendu seul à Miami afin de rencontrer des Cubains qui devaient l'aider. Je l'ai rejoint et j'ai vu la somme qui lui avait été remise pour ce travail : trente mille dollars U.S. »

À Miami, selon elle, des contacts ont été pris avec un certain général Valdos, un Croate chargé de faire le lien avec les Cubains. Le militaire leur conseille de se rendre au New Jersey et d'y rencontrer les frères Guillermo et Ignacio Novo.

Le couple s'y rend donc et tombe sur des hommes plus que sceptiques – extrêmement méfiants – qui leur ordonnent de s'installer dans un hôtel où ils leur rendront visite le lendemain.

Comme convenu, les deux frères arrivent vers 10 heures dans leur chambre, fouillent leurs bagages et trouvent leurs passeports américains. Aussitôt l'affaire tourne mal, car Michael Townley a les plus grandes difficultés à les convaincre qu'il n'est pas un agent de la C.I.A. mais bien un homme de la DINA.

Au bout du compte, ses interlocuteurs lui confient un mystérieux paquet. Mme Townley ne saura jamais ce qu'il contient : plastique ou arme à feu destinée à accomplir leur mission au Mexique. Quoi qu'il en soit le couple retourne à Miami et achète un camping-car afin de se rendre en toute discrétion au Mexique, comme des touristes, accompagnés de Virgilio Paz.

L'opération prévue échouera pour des raisons obscures. Townley a cependant appris à connaître les Cubains et fait ses preuves aux yeux de la DINA. « Michael a été recruté pour y travailler fin 1974 début 1975, et on lui a toujours proposé un grade. Il percevait un salaire de quinze mille dollars et, à moi, on m'en donnait douze mille. »

Toutefois, ce salaire n'est jamais apparu sur un quelconque compte bancaire : tout était payé en liquide ou en avantages en nature, tel que le personnel mis au service du couple Townley, pour leur assurer un train de vie particulièrement confortable.

*
**

21 septembre 1976, Washington, Massachusetts Avenue. À proximité de la résidence du nouvel ambassadeur chilien, Manuel Trucco, le véhicule d'Orlando Letelier – quarante-quatre ans – explose en plein cœur du quartier des diplomates. Orlando Letelier meurt sur le coup ainsi que sa secrétaire Ronnie Moffit, vingt-cinq ans. Mais le mari de celle-ci, qui était assis à l'arrière, n'est que légèrement blessé.

Au Chili, Fernandez apprend la nouvelle de l'attentat à la radio et s'inquiète aussitôt de ses conséquences. Ce qui ne l'empêche pas de rendre au chevet de son père, à l'hôpital militaire de Santiago. C'est là qu'un messager d'Espinoza vient le trouver, lui demandant de se rendre séance tenante au quartier général de la DINA.

– Ne vous faites pas de souci, lui dit son supérieur en le recevant. L'assassinat de Letelier est sans doute l'œuvre de l'opposition chilienne qui veut nous discréditer.

Espinoza, qui a déjà préparé ses arrières, lui conseille dans la foulée – au cas où – de nier tout déplacement aux États-Unis.

Rassuré, Fernandez poursuit son stage de formation en vue de devenir capitaine. Alors que – entre-temps – Contreras a été promu au grade de général, il n'a plus le moindre contact avec la DINA pendant plusieurs mois. Cependant, dans la presse américaine, les révélations sur le meurtre de Letelier mettent à mal le système de défense élaboré par Espinoza. Manifestement, les États-Unis augmentent la pression sur les Chiliens. Une enquête est même diligentée par le F.B.I.

Le général Contreras est alors remplacé par le général Mena à la tête de la DINA, qui se transforme en C.N.I. Mais même si Mena est officiellement tenu d'apurer le bilan de l'organisation et de mener une enquête interne sur l'affaire Letelier, Contreras reste au cœur de l'appareil militaire chilien et demande à Fernandez de dire qu'il s'est rendu aux États-Unis pour prendre des vacances auprès de sa famille. La ficelle est un peu grosse, car il est vite établi que Fernandez a voyagé sous une fausse identité. Et tout aussitôt, la question se pose de savoir pourquoi il aurait pris la peine de dissimuler son véritable état civil alors qu'il s'agissait de rendre une simple visite à sa famille...

Par ricochet, Townley est lui aussi démasqué. Leurs noms et leurs portraits font la une des journaux américains et du quotidien chilien *El Mercurio*. Townley croit que rien ne peut lui arriver, puisqu'on lui a certifié qu'il était protégé. Aussi l'agent américain de la DINA respecte-t-il scrupuleusement les mesures de sécurité qu'on lui a conseillées : ne pas se montrer dans la rue, ne pas répondre au téléphone. Townley s'est rasé la barbe et il s'est coiffé différemment.

Durant près de deux années, bien que les mensonges succèdent aux dénégations, l'étau se resserre sur les deux hommes et leurs amis cubains à l'origine du double meurtre. Au printemps 1978, un procureur américain, Eugène Propper, fait le déplacement au Chili et enquête dans les bureaux mêmes de la C.N.I. Son objectif : ramener Townley aux U.S.A. pour le juger. Réussite totale.

Un article en date du 14 novembre 2000, paru dans le *Miami Herald*, prouve l'ampleur que l'affaire a prise et la volonté qu'ont les Américains de faire toute la lumière. Il est signé John Dinges, l'un des journalistes d'investigation qui a le plus enquêté sur le régime Pinochet et ses ramifications à l'étranger.

« L'assassinat de Letelier, écrit-il, est considéré par les États-Unis comme l'un des actes de terrorisme international les plus graves commis dans la capitale fédérale par un gouvernement étranger ami. Bien que les enquêteurs aient pu établir, depuis des années, un lien entre les membres du gouvernement Pinochet et l'assassinat à la voiture piégée, Pinochet avait toujours nié toute participation directe et aucune preuve n'avait pu être fournie jusqu'à ce jour. »

Le journaliste révèle également les dessous de l'opération et l'affaire des faux passeports paraguayens. « Plusieurs documents [*en provenance de la* C.I.A.], affirme

Dinges, indiquent que les services secrets américains étaient en possession d'informations liant Pinochet à l'assassinat [*de Letelier*] et décrivant les efforts des militaires chiliens pour les camoufler. »

À ce stade, dans la recherche des faits, le rôle du général Hector Orozco – à qui le gouvernement Pinochet a confié le soin d'enquêter sur l'attentat – apparaît essentiel. C'est lui qui ordonne à Townley, alors plus que discret, de dire la vérité en le relevant de son serment de soldat de la DINA. C'est lui aussi qui, fort de ce premier succès, convainc Fernandez d'en faire autant.

Comme ce dernier, par effet boule de neige, Espinoza et Contreras vont à leur tour passer aux aveux et se retrouver aux arrêts, dans le cadre d'une demande d'extradition formulée par la justice américaine. Nous sommes en 1978. Les semaines et les mois passent, la détention provisoire s'éternise mais dans les meilleures conditions, au sein d'un hôpital de Santiago où Fernandez, Espinoza et Contreras ne cessent de se croiser, affinant leurs arguments et leurs défenses respectives.

Orozco en personne, finissant par rentrer dans le rang, leur conseille de faire de fausses déclarations. Mais Townley, placé dans une tout autre situation, passe un accord avec les autorités U.S. pour sauver sa peau. Du coup, Fernandez perd pied et patience. Et comme il fait part de son intention de crever l'abcès en se livrant spontanément à la justice américaine, il est convoqué au ministère de la Défense où il rencontre le général Pinochet en personne. Il ne s'y attendait pas.

– On m'a dit que vous vouliez aller aux États-Unis, lui lance le dictateur.

– Mensonge, rétorque un Fernandez aussi impressionné que déstabilisé par cette rencontre.

– Je sais, moi, que c'est la vérité, assène Pinochet,

fidèle à sa légende d'homme qui connaît tout sur tout et sur chacun dans un pays entièrement placé sous sa coupe. Ne vous faites pas de souci, je m'occupe de tout. Soyez un bon soldat, serrez les dents et ce problème aura une issue heureuse.

Alors le soldat Fernandez serre la mâchoire. Garde à vous !

Résultat, le 17 octobre 1978, la cour suprême du Chili décide qu'elle ne peut répondre favorablement à la demande d'extradition concernant Fernandez, Contreras et Espinoza. Les trois inculpés ont rivalisé d'audace dans les fausses déclarations, niant jusqu'à la plus élémentaire des charges présentées contre eux.

Ce n'est que partie remise. En 1987, Fernandez se rendra quand même aux U.S.A., de son plein gré, pour répondre de sa complicité dans l'attentat. Mal dans sa peau et dépassé par les événements, il a entre-temps tenté par deux fois de démissionner de son poste d'officier de l'armée chilienne où il a été placardisé dans un service administratif. Pinochet a personnellement refusé d'accéder à ses demandes.

Il n'en reste pas moins que le fil conducteur, le pivot de tous ces meurtres et tentatives de meurtres porte un nom digne des romans de James Ellroy ou des meilleurs scénarios d'Hollywood : Michael Townley.

Malheureusement, son histoire est réelle. Pire : elle prend pour cadre les heures les plus noires de la dictature du général Augusto Pinochet. Et elle dépasse largement les frontières de ce petit pays d'Amérique du Sud qu'est le Chili.

– 3 –

La villa Lo Curro

En l'an 2000, Michael Townley a passé le cap de la soixantaine. Il est citoyen américain, mais sa véritable patrie est le Chili. Il avait dix-sept ans quand il a débarqué dans ce pays, le 7 avril 1957, avec pour seul bagage un statut de résident. Il a d'abord vécu de petits boulots, vendu des encyclopédies pour *Colliers International* puis des assurances pour une compagnie américaine jusqu'en 1960. Le 31 août 1961, grâce à ses contrats de travail réguliers au Chili, il obtient un certificat de séjour. Peu avant il avait produit et dirigé un film publicitaire pour Lan Chile, la compagnie aérienne nationale. 1961 est aussi l'année de son mariage avec Mariana Ines Callejas Honores, qui se marie pour la troisième fois et qui n'est d'ailleurs pas encore divorcée de son deuxième époux... Une bizarrerie dans ce pays si attaché aux traditions. Michael et Mariana auront trois enfants : Susana, Briand et Christ.

Townley n'a pas choisi le Chili au hasard. Son père

Vernon, qui travaille de longue date à la Ford Motors Company, a été envoyé dans ce pays par son entreprise. En 1964, d'ailleurs, Michael sera embauché dans l'usine que l'entreprise où est employé son père possède au Pérou. Il y restera dix-huit mois.

La famille Townley a la bougeotte, et cela restera l'un des traits de caractère de Michael. Manifestement le jeune Townley est un baroudeur. En 1966, il retourne aux États-Unis et réside quelques années à Miami où on lui prête des sympathies pour la communauté des exilés cubains, si importante en Floride. Michael excelle dans la réparation des transmissions automatiques des Ford, mais aussi dans l'achat et la vente d'automobiles.

En 1971, toute sa famille retourne au Chili. Âgé de trente et un ans, le jeune homme est alors engagé comme mécanicien dans un garage de la rue Oxford, à Las Condes. L'établissement appartient à un certain John Smith.

Là, Michael découvre un Chili radicalement transformé par le gouvernement d'Unité populaire de Salvador Allende. Et il prend aussitôt le parti du camp opposé, celui de Patrie et Liberté. Ce mouvement extrémiste est devenu le bras armé et le meilleur soutien des futurs généraux félons. Selon l'un d'eux, le général Contreras, futur chef de la DINA, Townley reçoit rue Oxford, à partir de 1972, les plus hauts chefs de Patrie et Liberté : Pablo Rodriguez, Miguel Katz et Francisco Oyarzun. Toujours selon Contreras, Townley participe aux côtés des militants d'extrême droite à un attentat contre une maison d'édition, à la fabrication de cocktails Molotov et au montage d'une radio clandestine, « Libération », qui diffuse la bonne parole du mouvement *Patria y Libertad* depuis une minuscule voiture, une Austin qui circule sans cesse, pour ne pas être repérée par les radiogoniomètres.

La speakerine en est Mariana. Il va l'épouser.

En 1973, s'estimant persécuté par la police d'Allende, Michael Townley fuit le Chili pour l'Argentine en passant par la cordillère des Andes. Puis, de Buenos Aires il rejoint Miami où l'attend déjà sa femme. Manuel Contreras affirmera que Townley a abandonné clandestinement le Chili parce qu'il faisait l'objet d'un mandat d'arrêt pour assassinat après un attentat perpétré par Patrie et Liberté, lequel s'était soldé par la mort d'un jeune peintre dénommé Enriquez. Devant le tribunal de Santiago, plus tard, Townley s'en défendra.

« Je suis complètement innocent du délit de vol avec homicide perpétré dans la ville de Concepción le dimanche 18 mai 1973, lequel s'est soldé par la mort de M. José Tomas Enriquez. Je n'ai eu aucune participation dans ces événements, excepté le fait qu'on a eu recours à mes connaissances techniques pour déterminer l'endroit d'où provenaient les interférences illégales du canal 5 de Concepción. » Selon toute vraisemblance, José Tomas Enriquez écoutait une fréquence radio codée et confidentielle. Par ses connaissances en électronique, sa spécialité, Townley l'avait identifié.

Après le 11 septembre 1973, Townley prend de nouveaux contacts avec ses amis d'extrême droite et se procure un faux passeport sous le nom de Kenneth Enyart afin de retourner au Chili. La DINA en est à ses balbutiements. Cela n'empêche pourtant pas l'un de ses futurs dirigeants, le colonel Pedro Espinoza, de nouer contact avec Townley par l'intermédiaire d'extrémistes de droite. La DINA veut manifestement tester cet homme au parcours atypique mais si prometteur, américain de naissance de surcroît. On lui fournit des noms de couverture :

Juan Andres Wilson, Hans Petersen Silva. Des pseudonymes qui lui permettent de voyager discrètement, par exemple de préparer l'assassinat de Carlos Prats.

À Santiago du Chili, le couple Townley habite une modeste maison de la rue Pio. C'est sa propriétaire, Monica Garcia Reyes, qui les a mis en contact avec Espinoza en indiquant à ce dernier que son locataire était un expert en électronique.

« Ultérieurement, raconte Mariana, nous avons continué à voir Espinoza et nous sommes arrivés à établir des liens amicaux et familiers. » Signe de cette amitié qui ne faillira jamais : lorsque Susana, fille d'une première union de Mariana, se marie au mois d'août 1987, Espinoza, alors au sommet de sa gloire dans l'appareil répressif de Pinochet, est au premier rang des invités d'une cérémonie somptueuse. Il accompagne même la mariée au bras de son beau-père, Michael Townley, dans les travées de l'église.

Désormais, la DINA va régulièrement faire appel à l'agent Townley et lui confier des missions de plus en plus importantes. En raison de ses compétences, c'est lui qui est chargé de trouver, auprès d'une maison américaine spécialisée, un appareil électronique destiné à la protection d'Augusto Pinochet qui effectue l'une de ses premières sorties à l'étranger, en l'occurrence au Pérou. Un voyage à très hauts risques pour le dictateur. C'est aussi à Townley que l'on demande d'obtenir la collaboration des nationalistes cubains pour éliminer les exilés chiliens qui doivent se rassembler à Mexico en mars 1975. Mais la vraie mission de confiance, celle qui va cristalliser l'avenir de Townley comme « l'agent spécial » de la DINA, c'est l'assassinat de Bernardo Leighton, en Italie, le 6 octobre 1975. Là, Michael Townley va définitivement gagner ses galons dorés.

*
**

En 1975, la junte chilienne installe Michael Townley dans une propriété confortable. L'endroit s'appelle Lo Curro. Il va rapidement devenir le symbole vivant de la face cachée du régime Pinochet dans ce qu'il a de plus secret, de plus feutré, mais aussi de plus terrifiant : la fabrication de gaz pour tuer, le recrutement et la gestion de mercenaires assassins, l'élimination ciblées d'opposants dont les corps doivent à tout prix disparaître.

Ici, on ne massacre pas en chaîne comme à la villa Grimaldi ou à la rue de Londres, même si l'on « travaille » dans le même esprit. Lo Curro, c'est la maison de l'horreur, protégée des regards indiscrets par de hauts murs. Tout est fait pour dissuader les curieux.

Mais qui oserait s'approcher de Lo Curro ?

Miguel Angel Vidaurre raconte en 1993, devant la commission chilienne dite « Vérité et Réconciliation », l'histoire de cette maison, qui lui appartenait, au 4925 de Lo Curro. « J'ai publié une petite annonce dans le journal *El Mercurio*, à la suite de quoi un individu s'est présenté à moi. Un grand blond avec une barbe et un accent étranger. Il a dit s'appeler Kenneth Enyart. Il voulait acheter la maison pour une entreprise dénommée "Prosin". »

Même après tant d'années, il est normal que M. Vidaurre, aujourd'hui artiste plasticien, se souvienne avec précision de Michael Townley, alias Enyart. D'abord, son physique dénotait franchement de celui des Sud-Américains. Ensuite, tous ceux qui l'ont connu à l'époque se souviennent des longues bottes de cuir qu'il portait du matin au soir et de son intelligence hors normes dissimulée derrière une attitude particulièrement réservée.

« Je me souviens que ce jour-là, poursuit l'ancien propriétaire de la maison, nous avons parlé du prix. Le lendemain, l'homme est revenu en compagnie d'un avocat qui m'a indiqué qu'en trente jours tout serait réglé. »

Passé ce délai, n'ayant plus de nouvelles, Miguel Angel téléphone à cet avocat qui lui a laissé sa carte de visite. Surprise : au numéro indiqué ne correspond personne de ce nom. Quelques heures après, pourtant, l'homme se présente chez lui, accompagné de deux individus à l'allure menaçante. Il lui recommande de ne pas s'inquiéter et précise qu'il aura bientôt de ses nouvelles, quand l'argent sera disponible. Avant de repartir, il lui conseille très fermement de rester discret.

– Cette affaire est top secrète ! ajoute-t-il.

Au passage, le prétendu avocat a pris soin de signifier que le prix de vente a été revu à la baisse. Le propriétaire n'ose rien dire. « J'ai accepté parce que j'avais peur », confiera-t-il plus tard. L'affaire conclue, il n'aura plus jamais de nouvelles de son interlocuteur, ni de ses deux gorilles. Il tombera des nues, bien des années après, en apprenant par la presse ce qu'est devenue sa maison et en découvrant qu'« Enyart » n'était autre que Michael Townley, ce sinistre exécuteur de la DINA dont on relatera les exploits sur quatre colonnes à la une. Il apprendra de surcroît, en témoignant devant la justice chilienne, que la personne qui a signé le chèque pour l'achat de sa maison n'était autre que Manuel Contreras Sepulveda. Mariana, l'épouse de Townley, a confirmé la chose. « La maison de Lo Curro a été achetée par mon mari et moi en collaboration avec le colonel Contreras qui a payé avec un chèque personnel sous l'identité de Castro et

Schmidt, les noms d'emprunt professionnels d'Iturriaga et d'Acuna [*un autre responsable de la* DINA]. »

La maison étant acquise, reste maintenant à l'aménager pour les besoins du service. Townley a carte blanche et compte ouvert pour organiser et superviser les travaux.

Martin Melian, plombier, est chargé du gros œuvre. Il ne sait pas encore à quoi vont être destinées les curieuses installations qu'on lui commande. S'il a réussi à obtenir le chantier, c'est parce qu'il a travaillé dix ans au service des archives générales du registre civil de Santiago et qu'il y a fait la connaissance d'Ines Callejas Honores, la sœur de la future Mme Townley.

Ce n'est qu'au printemps 1975 qu'il se retrouve face au maître des lieux, Andres Wilson, l'une des innombrables fausses identités de Michael Townley. « Il m'a donné des instructions relatives aux travaux que je devais effectuer chez lui, raconte le plombier. La pose d'appareils sanitaires, d'un réseau de tuyauteries, et du travail de maçonnerie. J'ai travaillé là jusqu'en octobre 1976. »

Le soi-disant M. Wilson a pris la peine de lui expliquer que le local où il doit intervenir, situé dans une dépendance de la maison, doit servir de laboratoire électronique. Peut-être, mais alors pourquoi ce circuit de gaz relié à deux grosses cuves cylindriques et tout ce réseau d'eau potable ? Sans compter la clôture de toute la propriété !

Bien sûr, au fil des jours, le plombier découvre que le prétendu laboratoire n'a rien à voir avec l'électronique. Là, des expériences sont pratiquées sur des lapins et des rats, des sacs de sérum et de longs câbles électriques sont livrés. Wilson s'y enferme pendant de longues heures en compagnie d'un homme que tout le monde surnomme

« Hermès », et l'accès de l'endroit devient de plus en plus réglementé et secret.

Alors qu'il cherche du matériel, Martin Melian ouvre une fois la porte du local. Y apercevant des mitraillettes, il s'en retourne en prenant ses jambes à son cou.

D'après les souvenirs du plombier, plusieurs véhicules stationnent à Lo Curro, dont une Fiat rouge à quatre portes, une Austin jaune et une M.G. de même couleur. Chaque jour il déjeune dans la maison en compagnie de l'un des chauffeurs – selon lui, sept personnes travaillaient en permanence à Lo Curro – qui, prénommé Carlos, lui a dit avoir accompli son service militaire dans la marine. Banal. Martin Melian n'a pas oublié non plus cet autre chauffeur qui fut arrêté pour avoir renversé et tué une femme. À sa plus grande surprise, il avait été libéré quelques jours après l'accident.

Le même témoin rapporte avoir observé l'étrange manège de deux Cubains dont l'un, portant une barbe, a habité la maison de Lo Curro durant un mois environ. Un chauffeur l'accompagnait partout à bord de la voiture rouge. Martin Melian revoit parfaitement cet homme qui lui a même offert une paire de chaussures en partant.

On saura plus tard que cet étrange visiteur était en réalité ce Virgilio Paz qui fut mêlé à plusieurs des opérations orchestrées par Townley.

Mais que peut-on donc bien faire, dans ce laboratoire ? Et qui est le mystérieux « Hermès », lui aussi pièce maîtresse de cette organisation inquiétante ?

Employé comme jardinier dans la propriété, José Eleazar, intrigué par des cadavres de souris et de cochons d'Inde empilés à l'extérieur du labo, décide un matin de s'approcher de l'endroit malgré les interdictions formelles que lui ont faites Wilson et Hermès. D'une cheminée s'échappe une fine fumée blanche qui lui fait penser à de la vapeur. À travers la fenêtre, il voit une cloche en verre communiquant avec le toit du laboratoire, une salle de six mètres de long sur quatre de large, haute de deux mètres cinquante environ. Dans un coin, le jardinier remarque la présence d'une caméra vidéo. Hermès est là dans une tenue inquiétante : il travaille ganté et revêtu d'un tablier blanc en plastique.

Alfonso Saez, employé de la DINA durant une année, se rend de temps à autre à Lo Curro pour y conduire des visiteurs galonnés. Il va être le premier à identifier l'intrigant « chercheur ». Tout bêtement parce que Saez a connu la mère d'Hermès qui était pâtissière et qui avait un fils du même âge que lui, avec lequel il avait sympathisé. « J'ai été très surpris de le voir dans les allées de la propriété en blouse blanche. » Il le connaît bien : « Hermès » est en réalité Eugenio Berrios.

Alfonso Saez a quelquefois dormi à Lo Curro. Il explique que le petit personnel était soigneusement tenu à l'écart de la vie privée du couple Townley et qu'ici chacun se faisait appeler par un pseudonyme. Le sien était Hector. Un autre chauffeur, Ricardo Munoz, était devenu Esteban. Il n'a jamais transporté Wilson dans ces lieux stratégiques, mais il se rappelle être allé chercher à l'aéroport le couple qui revenait de vacances les bras chargés de vêtements et de cadeaux pour les enfants.

Mais, à Lo Curro, il est un autre endroit interdit aux importuns. Wilson s'enferme là pour de longs moments. C'est une salle équipée d'un matériel de transmission radio – sa passion – grâce auquel il communique avec de mystérieux interlocuteurs, la plupart du temps en anglais. Il y a aussi un laboratoire photo. Alfonso Saez dit avoir vu plusieurs fois Andres Wilson procéder à des essais dont il ignore totalement le but : l'Américain fait exploser des charges dans des paquets de cigarettes ou des enveloppes.

Une femme connaît mieux que tous les secrets de la maison de Lo Curro et de ses propriétaires. Elle a pour nom Alejandra Damiani. Lorsqu'elle témoigne devant la justice chilienne en 1981, elle est mariée à un honnête commerçant, un vendeur de chaussures qui n'a jamais connu l'armée ni la DINA et qui ignore jusqu'au passé de son épouse ; après des études secondaires complètes et un cours de secrétariat de direction chez Manpower, celle-ci a été embauchée comme secrétaire particulière de Michael Townley. Elle confirme que la maison de Lo Curro a été achetée par la DINA, par le truchement de trois personnes portant des pseudonymes. C'est elle qui paye, au nom de l'organisation, les arriérés d'impôts consécutifs à la vente de cette propriété.

À Lo Curro, la secrétaire prend son travail à 8 h 30 et déjeune tous les jours avec la famille Townley. Au cours des repas, on parle des choses ordinaires de la vie, mais aussi de l'avenir. Pour le couple Townley, le plus important, de ce point de vue, est de pouvoir léguer aux enfants la propriété. Car, dit Michael, le salaire que lui attribue la DINA est très modique, de même que celui versé à son épouse Mariana.

Alejandra s'occupe de la comptabilité, de la paie des employés de maison et de la cuisinière, des factures de gaz et d'électricité mais pas du téléphone, qui est du ressort de la DINA. Son travail administratif étant assez limité, elle profite de son temps libre pour s'initier à l'informatique. En effet, les ordinateurs ne manquent pas autour d'elle.

Townley avait, selon elle, une certaine autorité, mais pas celle d'un officier supérieur. « Lorsqu'il a demandé à obtenir un grade dans la DINA, dit-elle, on le lui a refusé car on l'a toujours considéré comme un employé civil alors qu'on exigeait de lui des choses disproportionnées. À mon avis, on s'est beaucoup servi de lui. »

Les activités à Lo Curro étaient, selon l'ancienne secrétaire, très diversifiées et compartimentées : travaux de laboratoire en chimie, en photographie, écoutes radio, expériences sur des animaux. La confiance de Townley dans sa secrétaire était telle que celle-ci a confirmé plusieurs tentatives d'élimination, ainsi que les meurtres commis à l'étranger.

« Le couple Townley, explique-t-elle à ce propos, se plaignait souvent, car l'argent qu'on leur donnait ne leur permettait pas de se loger dans de bons hôtels. Je sais aussi qu'ils ont eu des contacts avec un groupe d'extrémistes italiens ou espagnols, je ne me souviens plus très bien. À cet égard, je dois dire que j'ai vu à différentes reprises des étrangers arriver à la maison de Lo Curro. Townley faisait alors office de contact entre eux et des chefs supérieurs tels que Contreras et Espinoza. Il y a eu un attentat manqué de peu contre Carlos Altamirano [*une figure du gauchisme en Amérique du Sud*]. Je ne sais pas pourquoi il n'a pas eu lieu. J'étais très jeune à l'époque et j'ai refusé de me mêler de détails dont je pensais que d'une manière ou d'une autre ils pouvaient affecter mes proches. »

Concernant l'assassinat d'Orlando Letelier, la jeune femme se souvient d'avoir eu entre les mains une photo de la victime et des renseignements la concernant. Un document que lui a transmis directement Iturriaga en lui recommandant la plus extrême prudence. Elle a remis ce dossier à Townley sans savoir de quoi il s'agissait réellement – jusqu'au jour où elle a appris par la presse la mort de Letelier.

Townley, à ce moment-là, est en voyage et téléphone très souvent à Lo Curro. Lorsqu'il est directement mis en cause dans cette affaire, il rassure sa secrétaire et se dit persuadé que rien ne peut lui arriver.

– J'ai obéi aux ordres, lui explique-t-il.

Comme beaucoup d'employés, Alejandra voit aussi venir dans le bureau de Townley les plus hauts dirigeants de la DINA conduits jusqu'ici dans des voitures aux glaces teintées : Contreras et Iturriaga. Elle les connaît bien, même si – comme tout le monde – elle se contente d'appeler Contreras par ce surnom qui lui va si bien et qui claque comme un coup de fouet : « *El Jefe* » (le Chef). Trois autres figures emblématiques de la DINA, certes moins célèbres, viendront au moins une fois à Lo Curro, sur ordre de Contreras, pour chercher des faux papiers. Ce sont trois femmes : Maria Alicia Uribe, Marcia Alejandra Vega et Luz Arce Sandoval. Ces deux dernières sont d'anciennes détenues torturées qui sont passées dans les rangs de la DINA. Signe de l'importance qu'avaient ces trois agents féminins, Townley est allé les chercher lui-même au siège de la DINA dans l'un de ses véhicules pour les emmener dans sa maison de Lo Curro.

« Là, témoigne Marcia Alejandra Vega, dans un endroit qui m'a paru être son bureau et en notre présence, il a fabriqué trois fausses cartes d'identité pour lesquelles il disposait des papiers nécessaires signés par l'autorité compétente. Le document qu'il a confectionné pour moi était au nom d'Isabel Marguarita Bustamante, un nom que j'avais moi-même choisi. Après cela, il nous a raccompagnées toutes les trois au plus près de notre domicile. [...] Pour moi, Townley était un important agent de la DINA. Il avait la confiance exclusive de Contreras et d'Espinoza. »

L'une des spécialités de Lo Curro, ce sont les faux papiers. Une véritable officine a été installée là. C'est l'une des raisons pour lesquelles la maison est équipée de ces ordinateurs que Townley sait utiliser mieux que personne.

Pourquoi des faux papiers ? Pour voyager. Car les agents de « la Guêpe », comme on surnomme leur brigade, ont besoin de pseudos pour passer les frontières et exécuter leurs basses œuvres. Townley possède à lui seul une quinzaine de fausses identités : Michael Welch, Andres Wilson, Kenneth Enyart, Hans Petersen, Andres Simpson, Andrew Brooks, Manuel Torres dit « Manolo », Robinson Saavedra, Mark Johnson, Michael Welsh Sterling, Michael Robert Welch, Michael Barney Welch, John Schmidt.

Le nom de Wilson figure sur une carte nationale d'identité qui a été falsifiée dans l'atelier de Lo Curro. Portant le n° 5318 524-5, elle a été utilisée au Chili et pour des voyages en Amérique latine. En revanche, le nom d'Enyart figure sur un passeport obtenu frauduleusement à Miami par Townley. Il porte le n° 5 D 228 7732 et a servi à voyager dans le monde entier. C'est sous ce nom que le gouvernement américain demandera au Chili d'extrader Townley pour qu'il rende des comptes au sujet d'Orlando Letelier. Sous le même nom d'Enyart, il possède également un permis de conduire international.

Petersen est le nom qu'il utilise sur un passeport diplomatique chilien (n° 531) qu'il a également fabriqué lui-même. Il ne l'a employé qu'une fois : pour entrer aux États-Unis et tuer Letelier. Torres, figurant sur un passeport et une carte d'identité dont les numéros sont inconnus, a été surtout exploité du temps où Townley fréquentait les extrémistes de droite, ceux de Patrie et Liberté. Il est établi que Townley a eu recours à cet ancien pseudo, en 1976, pour aller en République Dominicaine.

Sous la fausse identité de Saavedra, l'agent de la DINA s'est encore rendu à Miami, en février 1975, pour s'entretenir avec un mystérieux colonel croate nommé Valdos.

Son épouse Mariana possède, tout comme lui, des faux papiers et les faux noms correspondants : Ana Brooks épouse d'Andrew ou Ana Pizarro Aviles, Carmen Luisa Correa Letelier, Maria Callejas, Ines Callejas Honores, Patricia Eugenia Labarca épouse Frutos, Ana Lalosa Bicero. La plupart du temps, elle est l'épouse du « faux » Townley. Le couple Brooks, par exemple, est entré de cette façon au Mexique, en mars 1975, via les États-Unis.

Townley est un grand voyageur. Manuel Contreras, qui en sait long sur les déplacements de son agent, recensera bien des années plus tard, en 1997, alors qu'il n'est plus qu'un militaire déchu devant rendre des comptes à la justice, cent trente-sept voyages effectués par lui à travers le monde, et toujours clandestinement. L'agent spécial de la DINA est rentré au Chili sous de fausses identités à vingt-deux reprises, selon les calculs du général. Il en est sorti vingt-trois fois, a effectué en Europe trente-trois déplacements et quarante-huit autres dans différents pays dont plusieurs en Argentine.

La logistique de toutes ces expéditions était assurée très officiellement par la compagnie aérienne nationale Lan Chile et une agence de voyages dont le siège sud-américain se trouve à Buenos Aires : Exprinter S.A.

Miguel Antonio Rebolledo était vendeur de billets à

Exprinter. Bien des années après la dictature Pinochet, il s'expliquera devant la justice. « C'est au début 1974 que j'ai reçu l'ordre de m'occuper des personnes de la DINA. D'abord, à vrai dire, je ne savais pas de qui il s'agissait, mais j'ai peu à peu compris. J'étais en contact avec quelqu'un dont je connaissais seulement le prénom : "Rosita". Plus tard, mon interlocuteur fut un certain monsieur "Tito". On nous demandait par téléphone un billet pour un vol précis en nous indiquant uniquement le nom du passager et les numéros du passeport comme du visa. Nous ne nous chargions pas du fret. »

Le prix des billets est réglé directement par la DINA. Pour plus de discrétion, le personnel de la compagnie aérienne rajoute un « R » au nom de l'organisation. C'est ainsi qu'apparaît, dans les registres comptables, la « DINAR ». Le 10 septembre 1991, Monica Elena Toro Iturra, entrée en 1950 dans l'entreprise Exprinter (dont elle deviendra la gérante générale) et chargée principalement du transport du fret, s'en est également expliquée. « Sur les formulaires apparaît [*le sigle*] DINAR pour indiquer qu'il fallait imputer la somme sur leur compte..., figure le nom du passager respectif et à la suite le numéro 15-2302 qui, d'après ce que je comprends, était le numéro d'enregistrement attribué aux passagers de la DINAR. Ce terme qui apparaît là était l'antécédent que je devais facturer. On signalait là la quantité de billets et la date de départ... »

Alejandra, la secrétaire particulière de Townley à Lo Curro (elle a pour nom de couverture Roxana), en sait beaucoup également sur l'arrestation des familiers de Victorio Yaconi, un Chilien réfugié en Argentine que la junte veut à tout prix mettre hors d'état de nuire, car elle l'accuse de malversations financières. Yaconi était à l'époque vice-président de la Banco Osorno.

Pour le retrouver, la DINA décide d'interroger sa compagne Sylvia et deux de ses amis, Monica et le père Mario Zanartu. Ces deux derniers se trouvent par hasard au domicile de Sylvia, ce soir-là, lorsque les hommes de la DINA font interruption. On les conduit les yeux bandés à Lo Curro.

Car la « villa Townley » peut aussi, en cas de besoin, servir de lieu d'interrogatoires poussés et de tortures. En effet, Townley dépend directement d'Eduardo Iturriaga, le patron des brigades opérationnelles de la DINA chargées d'anéantir les opposants. Cette direction chapeaute une structure opérationnelle spécialisée dans la sale guerre et les coups tordus. On l'a baptisée groupe Quetropillan, appelé plus souvent « *Avispa* » (la Guêpe). Elle est en partie basée à Lo Curro.

L'épouse de Townley se souvient vaguement de deux femmes et d'un curé amenés et séquestrés à Lo Curro, mais Alejandra, l'ancienne secrétaire de Townley est plus précise. « Ces personnes sont entrées et restées dans la maison durant trois jours, les yeux bandés pendant vingt-quatre heures, et ensuite je crois qu'on les a sorties dehors. Je me suis occupée personnellement d'elles, je les ai tranquillisées. Elles ont été interrogées à plusieurs reprises par des officiers, Salinas et Belmar. »

Selon Alejandra, l'une de ces personnes – il lui semble qu'il s'agit de Monica – finit par craquer et téléphone le troisième jour de Lo Curro à Buenos Aires pour fixer un rendez-vous précis au banquier Yaconi.

Au mois de janvier 1977, Yaconi est arrêté en Argentine par six ou sept hommes qui exhibent des cartes de policiers argentins. Il est ensuite conduit dans un immeuble discret et interrogé sous les coups à propos de l'affaire du Banco Osorno. Quelques heures après arrivent de mystérieux agents chiliens qui tentent de le rassurer en lui indiquant qu'il est en état d'arrestation et qu'ils vont le ramener au Chili... ce qui est fait le lendemain.

À l'aéroport de Pudahuel, venant tout droit de la république d'Argentine, il est accueilli par Michael Townley en personne et aussitôt conduit à la prison de Quatro Alamos.

José Lagos, le jardinier dont la femme est cuisinière à Lo Curro, a lui aussi des souvenirs précis de l'arrestation de ces trois personnes. Et pour cause. « Je me suis rendu compte que dans l'une des pièces éloignées des autres chambres du pavillon, au deuxième étage, les persiennes étaient fermées. J'ai entendu des voix de femmes réclamant à manger. Je me suis approché. Elles m'ont demandé, à travers la porte, si je pouvais leur dire où elles se trouvaient exactement. Il faisait nuit noire dans cette chambre. J'ai eu pitié d'elles et suis allé dans la cuisine chercher du lait et des sandwichs. Au moment où je m'apprêtais à les leur donner à travers un trou, Wilson m'a surpris et sévèrement réprimandé. Le lendemain, j'ai su que ces femmes n'étaient plus là. À vrai dire, j'ignore même quand elles sont arrivées. Peut-être la nuit. La nuit, ma femme et moi entendions souvent des pas dans le jardin, quand nous étions couchés. »

Et le même José de se remémorer des événements beaucoup plus graves. « Une fois, alors que je sortais des poubelles, j'ai découvert très tôt le matin une mare de sang sur le sol d'un garage. Comme il y en avait une grande quantité, je suis monté au bureau de Wilson pour l'en informer. Il m'a donné des explications vaseuses, inexactes, et m'a finalement ordonné de passer un coup de tuyau d'arrosage. J'en ai conclu qu'il s'était passé quelque chose d'extrêmement suspect que l'on voulait cacher. Ma femme et moi avons pensé au pire et décidé d'abandonner la maison, quitte à ne plus avoir de travail. Ma femme disait souvent : "Il va nous arriver malheur..." »

José Lagos a retrouvé un emploi peu après dans une petite entreprise. Il affirme avoir été, à cette époque, enlevé par trois inconnus qui l'ont poussé dans une voiture, lui ont bandé les yeux et l'ont séquestré durant cinq jours dans une maison qui lui faisait penser, dit-il, à un commissariat de police. À plusieurs reprises on lui a demandé s'il se souvenait de Lo Curro et de ce qu'il y avait vu. À tout hasard, on lui a aussi demandé s'il avait des contacts avec l'Église ou un quelconque parti politique. Il n'a pas été frappé mais solidement attaché. Dans la même voiture, on l'a ensuite reconduit dans un quartier perdu de Santiago où il a été relâché.

Encore plus grave et jamais éclaircie avec précision, la mort d'un diplomate renommé aux Nations unies : Carmelo Soria, torturé et tué à Lo Curro. Par qui ? Comment ? Les avis divergent à ce sujet. Certains ont cité la participation d'une trentaine d'officiers de la DINA, en tête desquels Manuel Contreras. Le jardinier de la propriété se rappelle une phrase de Contreras s'adressant à Townley et à un petit groupe de personnes dans les allées de la propriété... Une phrase lourde de sens : « Sa faible résistance m'étonne beaucoup... qu'il se soit mis à trembler, que tout soit allé si vite et qu'il soit mort... »

Alejandra Damiani, pour sa part, raconte ceci : « Une fois, en arrivant à mon travail à Lo Curro, je me suis aperçue qu'un endroit qui servait habituellement de salle à manger était rempli de bouteilles de vin. Cela a attiré mon attention et je me suis demandé ce qui s'était passé. Michael m'a expliqué qu'il y avait eu une opération qui avait un rapport avec Carmelo Soria. Il est resté si vague que j'ai immédiatement compris qu'il s'agissait de l'élimination d'une personne. »

Elle insiste et Michael lui confie qu'ils ont « filé » Soria et l'ont ensuite jeté dans un canal dont Alejandra Damiani ne se rappelle plus le nom. « Je lui ai demandé pourquoi il avait fait ça, poursuit la fidèle secrétaire. Il m'a répondu qu'il en avait reçu l'ordre. J'imagine que cette opération avait été préparée de nuit. On a publiquement et officiellement su plus tard que la victime avait été retrouvée morte sans traces de violence. Je suis sûre qu'on a utilisé, pour l'éliminer, le produit chimique élaboré dans le laboratoire de Michael Townley. Je ne me souviens pas de l'aspect physique de ce produit, mais je suis sûre qu'il était soigneusement conservé dans ce laboratoire. »

Ce produit a un nom. Il s'agit de ce fameux gaz sarin rendu célèbre par l'attentat commis dans le métro de Tokyo il y a quelques années. Il peut tuer des centaines de personnes sans leur laisser la moindre chance de survie.

Plusieurs enquêtes ont établi que le laboratoire chimique de Lo Curro était utilisé pour élaborer ce gaz. Hermès en était le responsable. C'est lui qui le préparait. Il n'a jamais été possible de l'interroger car il a disparu subitement en 1993. Selon certaines sources policières, il a fini séquestré alors qu'il se trouvait en Uruguay. Le projet de la DINA était d'envoyer du sarin aux États-Unis, dans des flacons de Chanel n° 5 dont le nom de code à Lo Curro pouvait être « Charly », à en croire le jardinier

Saez qui a vu un jour l'un de ces flacons sous cette étiquette dans le bureau de Wilson. Mariana, épouse Townley, déclare pour sa part que « la brigade Quetropillan était sous les ordres de mon mari. Il me semble que sa mission principale a été la création du laboratoire de chimie dans lequel a été fabriqué "Sarin" ou "Andrea" »...

« Andrea », un nom qui revient aussi dans la bouche de la secrétaire dudit Wilson. « Un matin, lorsque je suis arrivée au travail, Michael m'a dit qu'il partait le lendemain pour les États-Unis. J'ai appris que, lors de son voyage, il allait emporter le produit chimique que nous appelions entre nous "Andrea". Il était utilisé pour éliminer des personnes. Ça, c'est Berrios qui me l'a expliqué quand je lui ai posé la question, car un jour, dans son laboratoire, j'ai senti une odeur très forte de parfum. Il m'a indiqué, pour expliquer cette odeur, que sur les instructions de Townley ils avaient vidé tous les deux le contenu d'un parfum pour y mettre à la place le produit "Andrea". J'ignore si Townley a emmené avec lui ce flacon aux États-Unis, s'il l'a fait expédier par avion ou si c'est quelqu'un d'autre qui a voyagé avec. »

La secrétaire dit aussi ce qu'elle savait des dangers de ce gaz. Pour l'évoquer, les agents de la DINA parlaient, en langage codé, de « l'opération Andrea ». « Cela consistait, dit-elle, à essayer un produit qui, lorsqu'il était appliqué sur le visage, pouvait provoquer des lésions mortelles quand on l'inhalait. Je crois qu'il déclenchait des convulsions puis la mort. »

Fort heureusement, Townley et ses chefs en sont restés au stade expérimental. Il n'y a donc eu aucune victime avérée de ce produit mortel. On imagine aisément ce qui aurait pu se passer si les généraux chiliens étaient restés au pouvoir plus longtemps.

*
**

La décadence puis la chute de l'agent Townley se produisent au cours de l'année 1978. Cela fait déjà deux ans qu'Orlando Letelier a été tué avec sa secrétaire Ronnie Moffit. Les États-Unis, par l'intermédiaire du F.B.I. et de l'agent Robert Scherrer, ne lâchent plus Wilson d'une semelle. Les révélations, accompagnées de la photo de Townley, se succèdent dans la presse, tant aux U.S.A. qu'au Chili où, en raison de cette cascade d'événements, la DINA va être discrètement remplacée par la C.N.I. Le procureur américain Propper se déplace même à Santiago pour enquêter sur le meurtre d'Orlando Letelier. Son but : ramener Townley aux U.S.A. et le juger.

Lâché par la DINA, dont les agents sont « interdits de séjour » dans la villa de Lo Curro, Townley, de plus en plus isolé, vacille et rédige son « testament ». En réalité, selon ses propres déclarations, il s'agit plutôt d'une « assurance-vie ».

Voici ce qu'en dit sa femme Mariana. « Mon mari a rédigé des confessions manuscrites. Toute l'histoire des opérations de la DINA dans le détail et comment il a tué Letelier le 21 septembre 1976. Il m'en a donné des photocopies dans une enveloppe. Je suppose que l'original a été déposé chez un notaire qui pourrait être l'étude Bopp y Blu, un cabinet où la DINA avait ses habitudes. Sur chacune de ces photocopies, il a apposé l'empreinte digitale de son pouce. C'était peu avant son expulsion aux États-Unis. Il m'a enjoint de ne pas ouvrir l'enveloppe, sauf s'il venait à mourir, me recommandant de la garder en lieu sûr car on allait essayer de me la voler. Je pense qu'il se protégeait, car j'ai compris d'après ce qu'il me disait qu'il y avait beaucoup de gens qui étaient au courant de cette confession. »

Dans le même temps, rapporte Mariana, la DINA fait le vide à Lo Curro. « J'ai appris qu'on mettait de la paraffine dans les tiroirs et que les papiers brûlaient. J'ai personnellement vu un groupe de militaires brûler des papiers. De même, ils ont démantelé le laboratoire de Michael et emporté des caisses de matériel compromettant. À cette époque, le général Contreras avait été évincé de la DINA et remplacé par le général Mena. »

Qu'avoue Michael Townley dans son testament ? Rien de moins que sa participation à des actes terroristes, en tant qu'agent opérationnel de la DINA, sous les ordres d'Iturriaga, de Manuel Contreras mais aussi d'Espinoza. Rien de moins que les sales besognes effectuées à Lo Curro, tel un projet de produire du gaz sarin comme « arme de défense nationale et d'élimination clandestine ». Townley « balance » dans le détail les meurtres de Letelier, de Leighton, de Prats, de Soria, la séquestration de Yaconi, ainsi que les noms de ses complices tantôt italiens, tantôt cubains.

« Je crains pour ma vie, écrit-il en substance, la DINA veut ma peau. » Tout se précipite en effet, au fil des semaines, les États-Unis ayant engagé un véritable bras de fer avec les autorités chiliennes jusqu'à ce que des policiers du F.B.I. fassent un jour irruption à Lo Curro.

« Michael avait alors disparu de la maison, témoigne sa secrétaire qui a assisté à l'irruption des policiers américains. Il était parti, selon moi, vivre chez sa belle-fille qui venait de se marier. J'ai su par la suite, de la bouche même de son épouse, que quelques jours plus tard Townley a été arrêté par des Chiliens et directement remis à des émissaires des États-Unis à l'aéroport de Santiago. »

Townley accepte de collaborer avec la justice américaine. Il risque quinze ans de prison mais, en négociant, il a pu ramener cette peine à dix années. L'ex-monsieur Wilson a obtenu depuis lors le statut de « témoin protégé » aux U.S.A., où il vit toujours aujourd'hui. Mariana et lui se sont séparés.

« Peu après avoir été emmené par des procureurs aux U.S.A., et alors qu'il était en détention là-bas, explique Alejandra Damiani, Townley m'a écrit une lettre qui m'a aussitôt été enlevée des mains par la C.N.I. Il s'agissait d'une note manuscrite de l'écriture de Michael qui me racontait des choses très personnelles : que la vie était injuste, qu'il avait vécu des moments très ingrats, qu'il avait toute confiance en ses chefs, se plaignant de la façon dont ils l'avaient lâché. [...] Le colonel Pantoja, à la C.N.I., m'a lui-même dicté la réponse que je devais envoyer à Townley, précisant que personne ne l'avait trahi au Chili, qu'ils avaient dû céder à d'énormes pressions et qu'ils se souvenaient toujours de lui. »

Sous la plume d'Alejandra, Pantoja en profite pour traiter Townley de traître.

Devant les procureurs nord-américains, l'ancien exécuteur de la DINA a dévoilé les termes de son testament. Au grand jour cette fois-ci. Et la justice américaine l'a condamné.

– 4 –

« Je crois à la démocratie, pas à l'argent. »

Que dit et que pense, avec le recul, l'énigmatique Michael Townley ?

L'homme, qui vit aux États-Unis, s'est assagi. La dégaine est moins chaloupée. Il a apuré les comptes.

Nous sommes en 1993. Il accepte de revenir sur la tentative d'assassinat contre Bernardo Leighton à Rome, le 6 décembre 1975, pour laquelle il s'est adjoint le concours d'Italiens d'extrême droite.

Comme en France, en Espagne et – plus tard – au Chili ou en Argentine, la justice italienne veut juger tous ceux qui ont foulé aux pieds la démocratie en venant tuer jusque sur son sol des réfugiés en exil.

À Rome, l'ex-M. Wilson a « dealé » avec les magistrats qui jugent ces extrémistes d'*Avanguardia nazionale*, auteurs, avec lui et sous ses ordres, des coups de feu tirés contre Leighton. Il accepte de parler au juge Giovanni

Salvi en qualité de simple témoin. En échange, il ne risque ni la prison ni l'opprobre. Townley sait qu'il sera tout au plus condamné par contumace.

Salvi mène les débats, Townley répond.

Giovanni Salvi : – M. Townley, le premier point que je désirerais éclaircir est celui de savoir quels furent vos déplacements au cours de l'année 1975 jusqu'au moment de votre présence en Italie, c'est-à-dire en octobre.

Michael Townley : – À la fin février, j'étais prêt à partir pour le Mexique. Il s'agissait d'un congrès du parti socialiste-marxiste. Des gens venus du monde entier y assistaient. Je savais qu'il y aurait un certain nombre de Chiliens, parmi lesquels Volodi Teitelbaum et Carlos Altamirano, et bien d'autres vivant au Mexique. Je crois qu'il y avait aussi un membre du Congrès des États-Unis.

– Et après le Mexique ?

– Je suis revenu aux États-Unis, en Floride. Mon épouse est retournée au Chili. J'ai reçu comme instruction de rester aux États-Unis, on m'a dit que le voyage se poursuivrait en Europe et que je devrais recevoir de nouvelles instructions. J'avais acheté un véhicule pour voyager. Il m'a fallu le revendre et m'occuper de certaines choses, d'affaires personnelles.

– Et à partir des États-Unis, où êtes-vous allé ?

– À Nassau puis de Nassau au Luxembourg et du Luxembourg à Francfort.

– Par un vol direct ?

– Par International Air Bahamas qui offrait le billet le moins cher. [...] Et je suis retourné au Chili pour un court séjour. J'ai reçu des instructions et je suis retourné aux États-Unis où j'ai rencontré Virgil [*Virgilio*] Paz à Miami. Nous avons voyagé tous les deux à Nassau, Luxembourg et Francfort.

– Combien de temps êtes-vous resté à Rome ?

– Disons deux ou trois semaines. Nous avons été accueillis dans un appartement qu'Alfredo, ou Alfa, avait mis à notre disposition. Avant d'aller plus loin, je veux préciser qu'il s'agit de M. Delle Chiaie.

– Alfredo ou Alfa ?

– Je pense que j'ai commencé plus tard à l'appeler Alfa. Quand je l'ai connu, c'était Alfredo [*qui*] devait se rendre en Espagne et m'a demandé si je pouvais l'emmener en France, à Nice, ce que j'ai fait. Mon épouse Mariana est venue avec nous et est restée à San Remo pendant ce temps. Alfredo a utilisé un passeport chilien pour passer la frontière et entrer en France, ce qui m'a naturellement surpris et confirmé dans l'impression qu'il avait des relations étroites avec la DINA. Au cours de mes premières conversations avec lui, à Rome, il m'est apparu évident qu'il maintenait des contacts permanents avec le Chili, la DINA et d'autres personnes au sein du gouvernement.

– Donc, avec ces voyages, nous arrivons en octobre 1975 [*en Italie*] ?

– Oui. Nous étions dans un appartement avec Alfredo [*à Rome*], où il vivait. D'autres allaient et venaient. Ils pensaient que j'étais chilien, ils parlaient d'autres officiels chiliens qui avaient séjourné là. La DINA-Contreras envoyait des gens en Europe. Ils recherchaient des renseignements sur les activités des dissidents chiliens, des partis socialo-marxistes qui existaient en Europe. [...] Les instructions [*en Italie*] étaient de veiller à ce que les Italiens tuent Leighton.

– Vous nous parlez d'un appartement à Rome, pourriez-vous le localiser ?

– J'essayerai. [*On lui présente un plan.*] C'est dans cette zone, on traverse un pont, il y a une colline puis on tourne à gauche. Il s'agissait d'un grand ensemble d'immeubles, le style architectural était très moderne, construit sur des collines.

– Vous me montrez un appartement qui servait de base logistique à l'*Avanguardia nazionale*... Vous souvenez-vous de l'étage ?

– Au premier. En dessous il y a une petite pâtisserie, et un bistrot situé à peu près à un pâté de maisons. Nous y prenions le café.

– Vous avez hébergé Delle Chiaie et son groupe au Chili. Qu'avez-vous reçu en retour ?

– Ma réponse est tellement vaste qu'elle peut conduire à d'autres événements. Je ne l'ai pas fait pour de l'argent mais parce que je croyais aux gens pour lesquels je travaillais. Je croyais en la démocratie. Je n'ai jamais fait partie d'aucun parti politique ni été membre d'un groupe radical. Et quand j'ai parlé à Alfredo, à Guillermo Novo et à d'autres, ils ne m'ont jamais présenté la chose en disant « nous vous paierons, combien voulez-vous ? ». Mes conversations avec eux suivaient toujours une ligne idéologique de croyances et d'opinions que leurs groupes partageaient avec nous. Je ne pouvais rien offrir d'autre que l'hospitalité, un lieu sûr pour eux. Les seuls choses dont j'aie parlé avec eux se rapportaient à l'essentiel, à notre objectif commun. Nous combattions – cela sonne ridicule maintenant à la lumière de l'histoire –, nous combattions les marxistes, le totalitarisme communiste. Nous faisions ces choses en fonction de nos convictions, pas pour le profit. C'était le cas pour moi. Que certains l'aient fait par amour de l'argent ou pour d'autres raisons... Peut-être ne l'ai-je pas vu à l'époque. Mais je n'ai rien offert. Jamais.

– Il y a deux personnes qui disent avoir reçu de l'argent et des armes, Aldo et Tisei.

– De moi ?

– Pas nécessairement vous, mais la DINA.

– C'est possible mais je n'en ai jamais entendu parler.

– Il y a quelqu'un d'autre qui a dit savoir que vous aviez fourni personnellement un entraînement et des composants incendiaires [*aux Italiens*].

– Oui... Non. Nous étions assis dans la salle à manger de l'appartement après un dîner, et ils parlaient de mécanismes explosifs, de minuteries. Il était question de faire un trou dans le cadran d'une montre en plastique bon marché. Nous avons parlé de ces choses, mais de l'entraînement, non.

– Vous parlez de Virgil Paz. À qui faites-vous référence ?

– Il était à l'époque au Mouvement national républicain. Il est actuellement sous les verrous aux États-Unis.

– Vous avez précédemment évoqué une réunion avec une personne qui a tiré le coup de feu [*contre Leighton*].

– C'était avant la fusillade. Nous étions assis autour d'une table, je crois que c'est le jour où l'un [*des Italiens*] m'a montré le « tromblon » [*qui désigne en Sicile une arme à feu par opposition à la « lupiara » qui est un poignard*] qu'ils avaient. C'était après le repas, nous prenions le café. Nous n'avons parlé que d'armes à feu et de munitions en général : il est évident que si vous avez l'intention de tuer quelqu'un et que vous utilisez un [*calibre*] 9 mm à bout portant, vous ferez beaucoup plus de dégâts qu'avec un 22.

– Vous venez aussi de parler d'un système de minuterie...

– Pas d'un système mais d'une montre-bracelet, une montre bon marché. Si cela vous intéresse de savoir comment c'est fabriqué, je vous le dirai si vous me donnez quelques minutes.

– Oui. Merci.

– Ils m'avaient dit que le mécanisme de cette montre s'actionnerait dans un délai d'une heure, qu'il fallait faire un trou dans le rebord extérieur, utiliser un petit morceau de fil de cuivre, tordre la pointe, l'introduire, fixer le fil sur la pointe, relier l'autre fil à la montre, une pile, un détonateur... Quand cela est posé à proximité de la main et qu'on le touche, on l'active. Si vous recherchez quelque chose pouvant être activé après un délai de douze heures, il faut retirer l'aiguille des minutes et celle des secondes. Je peux également vous dire qu'avec n'importe quelle montre ou avec un réveil électronique muni d'un vibreur ou produisant du bruit, il est possible de retirer les fils et de l'utiliser avec un relais. Pour toutes ces choses, il existe un livre qui porte un numéro de référence au Congrès et qui s'appelle *The Anarchist Cookbook* [*Les Recettes de l'anarchiste*]. Il contient des tas de choses de ce genre. Il est possible que Virgil en ait obtenu copie pour les gens d'Alfredo.

– Pourquoi avez-vous employé votre véritable identité en vous inscrivant sur les registres de l'hôtel, à Rome, avant d'utiliser le pseudonyme de Kenneth Enyart ?

– Je ne sais pas. J'étais là-bas avec les deux passeports. Quand j'ai changé d'hôtel, j'ai cru qu'il suffisait de changer d'identité d'un endroit à l'autre.

– Je désirerais maintenant que vous me décriviez, avec le plus de détails possible, l'étape préliminaire de Francfort, les personnes que vous avez contactées et le rôle qu'elles ont joué dans l'événement [*l'attentat de Rome*].

– À mon départ du Chili, on m'avait donné, à Francfort, des contacts d'amis [*ayant un lien*] avec un endroit au Chili connu sous le nom de Colonia Dignidad.

– Pouvez-vous me donner les noms ?

– Il y a un docteur... quelque chose. Il y avait également un Croate. Colonia Dignidad représente un certain nombre de contacts. Les Allemands de Colonia avaient établi des liens particuliers avec certains membres de la police allemande et la DINA, car la police allemande avait une liste de tous les dissidents chiliens, plus particulièrement ceux de la gauche révolutionnaire. Elle était très inquiète des actions violentes qu'ils pouvaient mener. Il existait un flot d'informations qui circulaient dans les deux sens. Une partie de ces informations passait par le biais de Wolf von Arnstalt, gérant adjoint de Lan Chile à Francfort. On m'avait aussi indiqué le nom de Pedro Rojas Guillermo Riberos, qui fournissait des renseignements à la DINA. Avant de quitter le Chili, il avait été membre de la C.U.T., la Confédération unique des travailleurs. Si je ne me trompe pas, il s'agissait de la démocratie chrétienne, où il occupait un poste qui lui permettait de travailler avec chacun de ces comités et commissions. Quand je l'ai rencontré pour la première fois, j'ai su quel était son rôle à la DINA : donner des renseignements et communiquer des procès-verbaux des réunions. Partant de là, nous nous sommes rendu compte de l'existence de graves désaccords entre les différents groupes socialo-marxistes portant sur des affaires d'argent, de fortes sommes ayant été reçues de Russie et également de Suède.

– Pourquoi identifiez-vous Pedro Rojas comme étant Guillermo Riberos ?

– Je crois que c'est là son nom véritable.

– Ce Pedro Rojas, comment le décririez-vous ?

– Petit, dans les quarante ou quarante-cinq ans. Il avait une fille ou un fils de seize, dix-sept ans. Quand je l'ai connu, il vivait dans un village au bord de la Sarre et le nom de ce village était Merzi-am-Saar. Peu de temps après, Pedro Rojas a suggéré qu'il pourrait être bien plus utile et avoir un accès permanent aux informations si nous l'aidions à déménager à Francfort, ce que nous avons fait.

– Quelle a été sa participation dans l'affaire Leighton ?

– Il nous a aidés à le localiser. Uniquement quelques coups de téléphone pour vérifier où se trouvait Leighton.

– Avez-vous appelé Leighton à un moment ou à un autre ?

– Je crois l'avoir fait… [*Je me souviens*] encore d'un certain Antal Liptay, un réfugié hongrois emmené tout enfant au Chili. Sa spécialité relevait d'une certaine catégorie d'activité des services de renseignement, la désinformation de l'opinion publique, et il dirigeait un groupe au sein de la DINA qui a travaillé des années avec Alfredo. Avec Liptay, Wolf von Arnstalt, les gens d'Alfredo, il y a eu un immense travail d'information, d'intoxication, de désinformation, de relations publiques, de communiqués de presse. Tous ces genres de travaux…

– Je vais maintenant vous poser une série de questions sur le service secret chilien. Pour mieux comprendre sa structure et vos fonctions. Connaissez-vous par exemple des pseudos de personnes dont nous avons parlé dans cette affaire [*Leighton*] ?

– Iturriaga a été Lucho Gutierrez, le major Zara aussi, d'autres encore.

– Et Caravanan ?

– Le pelé, le chauve… Il était chauve.

– Qui était Enrique Arancibia ?

– L'un de mes agents. Il vivait en Argentine et travaillait en étroite relation avec Alfredo et avec les Italiens quand ceux-ci vivaient en Argentine. C'était son vrai nom.

– Comment émettait-on les billets d'avion de la DINA ?

– Par le biais d'une agence de voyages appelée Exprinter.

– Qui payait les frais ?

– La DINA.

– Qui ?

– Je ne devrais pas l'exprimer sous cette forme. La DINA est une organisation. Contreras est le chef de la DINA mais il n'aurait jamais demandé l'émission de chaque billet ni eu affaire avec cette agence. La demande était faite par le département de l'Extérieur, une branche chargée des affaires externes.

– Qui vous remettait les cartes d'identité munies de faux noms ?

– Lesquelles ?

– Celle de Kenneth Enyart.

– C'est moi qui l'ai obtenue par mes propres moyens afin de retourner au Chili en 1973. Cela précède directement mon entrée à la DINA.

– Juan Andres Wilson ?

– Je l'ai faite moi-même. J'étais alors chargé d'obtenir des documents pour de nombreuses personnes à la DINA et nous avions à notre disposition des formulaires en blanc.

– Où se faisait ce travail ?

– À mon bureau, au quartier général dont je dépendais dans la maison de Lo Curro, qui était le Q.G. du groupement Avispa. Je vous épelle : A-V-I-S-P-A. Qui signifie « guêpe ».

– Et Juan William Rose ?

– C'est le nom utilisé sur mon passeport pour me rendre aux États-Unis en 1976. On me l'a donné. Si mes souvenirs sont exacts, c'est Pedro Espinoza qui me l'a remis personnellement.

– Vous avez mentionné l'Avispa...

– Pendant une période où j'ai travaillé à la DINA, quatre ou cinq personnes étaient sous mes ordres. Nous avons commencé à être connus sous ce nom et aussi sous celui de Quetropillan. Nous faisions partie de la brigade Mulchen. À la DINA, on changeait souvent les structures mais les personnels et les hiérarchies restaient les mêmes. Mon groupe Avispa était une unité séparée que Manuel Contreras utilisait pour des projets spéciaux, pour des affaires dont il ne désirait pas qu'elles passent par les voies bureaucratiques internes, la paperasserie et la fiabilité toute relative des gens du quartier général.

– Quel était votre rôle, au sein de Mulchen ?

– Mulchen, l'officier qui commandait la brigade, était supposé être du même grade et au même niveau que moi. Je lui rendais compte des travaux que je réalisais pour la brigade. Je travaillais avec eux mais ne rendais des comptes qu'à Iturriaga, Espinoza ou Contreras.

– Aviez-vous un grade, dans l'armée chilienne ?

– Cela est sujet à caution. On m'a dit à mes débuts que mes attributions étaient celles d'un lieutenant. À la fin, j'étais traité à l'égal d'un major. Je n'ai jamais reçu de documents le spécifiant. J'étais traité comme un officier supérieur par les capitaines et comme un subordonné quand j'ai quitté le service. En 1976, j'ai reçu des instructions indiquant que je devais assumer le grade de capitaine ou « assimilé ». Cela se fait pour les dentistes, les médecins ou les avocats. On utilise pour eux le terme « assimilé ».

– Revenons à Mulchen. Vous avez dit que votre base se trouvait à Lo Curro.

– Mon unité Avispa et mes gens étions basés là. De mémoire, Mulchen avait au moins deux sites pour quartier général. Elle était la brigade la plus confidentielle et était tenue à l'écart de la DINA. Nous ne devions pas nous rendre au siège, bien que nous l'ayons fait assez régulièrement dans la plus grande discrétion. Quand j'étais au Chili [*pas à l'extérieur, en mission*], j'ai passé le plus clair de mon temps à recevoir des renseignements de l'étranger, au soutien logistique technique, aux écoutes téléphoniques, à des projets liés à la défense territoriale du pays, à des renseignements militaires sur le Pérou et la Bolivie. Nous avons développé des transmissions radio sûres, codées si vous préférez.

– Cela faisait partie des activités de la brigade Mulchen ?

– Non. Mulchen et Avispa sont deux choses bien distinctes. Avec le temps, vers 1976-77, on nous a fait faire des trucs de plus en plus ridicules et fous. Si une radio émettait quelque chose qui ne plaisait pas, il fallait tirer sur le transformateur l'alimentant pour couper l'antenne. Il était temps de nous retirer !

– Qui a acheté la maison de Lo Curro ?

– L'argent venait de la DINA et d'un petit apport personnel en plus.

– Comment savez-vous qu'il s'agissait de fonds de la DINA ?

– Ils m'ont été remis au quartier général. Une partie en liquide, le reste en chèque.

– Quelle signature sur le chèque ?

– Je ne m'en souviens plus. Le général Contreras et la DINA avaient des comptes aux États-Unis, à la banque Riggs, que le gouvernement [*américain*] n'a jamais pu retrouver.

– Qui a signé le contrat d'achat de la maison ?

– Diego Castro Castaneda, qui est en fait Iturriaga.

– Qui étaient ces gens travaillant à Lo Curro ? Pour votre compte ? Vous obéissaient-ils ?

– Oui. À moi. Une des choses gênantes était que, du

fait que je n'étais pas réellement officier, n'importe quel autre officier [*en titre*] pouvait refuser d'obéir. Sauf si j'insistais. Si j'insistais, je gagnais. Il a fallu du temps pour établir que j'étais le chef et [*faire comprendre*] que d'autres personnes du même rang ne pouvaient pas venir et dire : « Vous ? Ici ! » [*Il fait le geste.*]

– Pourriez-vous nous donner les noms des personnes faisant partie de votre structure ? Quel était leur rôle ? Leurs fonctions ?

– Il y avait Robinson Saavedra, aide de camp d'Espinoza qui me l'a passé. Prêté plutôt. Et Hector dont je ne me rappelle pas le nom. Il conduisait la voiture et allait chercher des choses. Il y avait aussi un marin, Alejandra Damiani ma secrétaire, et un Esteban de l'armée de terre. Et Donald qui m'a posé des problèmes. Il était très nerveux et perturbé, j'ai dû le remplacer.

– Et Hermès, qui était Hermès ?

– Un chimiste. Eugenio Berrios de son vrai nom. Il avait créé sa propre société et avait mis au point un procédé pour un produit chimique utilisé commercialement à travers le monde entier. Le produit s'appelle Boldina. Mais il ne faisait pas partie de la DINA. C'était son activité personnelle et privée. Peut-être a-t-il exercé une autre activité que j'ai ignorée.

– Une société du nom d'Intercom vous dit-elle quelque chose ?

– Non. Je sais que les Italiens, Alfredo et ses gens, ont lancé une société d'import-export au Chili et qu'ils avaient là-bas une agence de presse. Une autre [*entreprise*] avait été créée en Argentine. Luís Felipe sait tout de l'Argentine.

– Luís Felipe ?

– Enrique Arancibia, en fait, qui vit actuellement à Buenos Aires.

– Parlez-moi de votre épouse. A-t-elle été hospitalisée pour une quelconque opération ?

– Elle a été admise à l'hôpital militaire de Santiago du Chili, vers le milieu de l'année 1976, pour y subir une opération sous le nom qu'elle utilisait pour son travail à la DINA. Elle a été hospitalisée en tant qu'employée de la DINA, sur ordre du directeur du personnel. Au passage, je voudrais indiquer que la DINA était connue sous le nom de DINAR, une entité commerciale jouant, si vous voulez, un rôle de façade, de camouflage.

– Bien, mais revenons à l'hôpital militaire. Son accès était-il contrôlé ou ouvert à tous ?

– Non. [*L'accès était uniquement*] pour ceux travaillant avec ou dans l'armée.

– Les informateurs de la DINA y avaient-ils accès ?

– Pas à ma connaissance.

– Mais le général Espinoza a dit vous avoir refusé une pièce d'identité au nom de Wilson parce que vous étiez plus un informateur qu'un agent de la DINA. Est-ce la vérité ?

– Vrai et faux. Comme tout ce qu'il fait d'habitude. J'avais une carte officielle qui a disparu de la maison d'un de mes amis deux jours avant que je sois expulsé du Chili. Robinson, l'un de ses plus proches collaborateurs, est venu me la voler. J'en suis persuadé. J'ai une autre pièce : un porte-documents en cuir qui sert à conserver sa carte. Sur un des côtés, il y a un sceau, celui de la DINA, avec le numéro d'enregistrement.

– Il y a un point qui m'intéresse personnellement. Vous parlez de vingt-cinq mille dollars U.S. à remettre à Guillermo Novo [*Paz*], qu'il doit envoyer aux États-Unis. Savez-vous s'il a remis cet argent ?

– Une des pires journées que j'ai vécues. La séquence complète des vingt-cinq mille dollars, le jour où

Contreras m'a dit qu'il ne les avait pas... Ce fut comme si vingt, cent, deux cents ampoules s'étaient allumées. Tous les voyants sont passés au rouge. Parce que Contreras avait fait des choses, que j'avais moi-même fait des choses en suivant ses ordres stricts et précis dont je pensais qu'ils provenaient du gouvernement. Une fin de semaine – en janvier ou février 1978 –, je me suis rendu à la maison de Contreras, sur la plage, à Santo Domingo, après avoir reçu un coup de téléphone de Paz me demandant cet argent afin que des gens puissent sortir des U.S.A. et échapper à [*une*] enquête. Il me le demandait à titre de prêt, pas comme un cadeau, afin qu'ils puissent se rendre en Amérique centrale jusqu'à ce que l'enquête soit calmée. À cette date, Contreras n'était plus le chef de la DINA mais je pensais qu'il pourrait aller voir Pinochet et lui demander cet argent. Il me l'a promis pour mars. Ce fut un très mauvais jour.

– Contreras avait-il de l'argent à l'étranger ?

– Plusieurs millions, selon mes soupçons. Dans plusieurs villes. À la mort du major Acuna – certains disent qu'ils l'ont tué –, Contreras était contrarié car [*le militaire de la DINA*] avait de l'argent en Suisse et au Panama mais personne ne connaissait ni les numéros de comptes ni les codes. Raison pour laquelle je pense qu'on l'a tué, bien qu'il soit stupide de tuer la poule aux œufs d'or. J'ai vu les statuts des affaires de Contreras au Panama – j'ai entendu parler d'affaires entre Contreras et Noriega, des rumeurs, des blagues –, mais néanmoins de vrais statuts de constitution de sociétés, je crois que c'est la Banque nationale du Panama. Plus précisément, quels comptes, quelles banques, combien d'argent, non, je ne sais pas.

– Il y a pourtant un retrait de vingt-cinq mille dollars U.S. du compte de Contreras à la banque Riggs de Washington...

– Si c'est le cas, je l'ignorais. Connaissez-vous la date ?

– Non. À cette époque dont nous parlons, les années 1977-78...

– Celle des Cubains. Je crois que Contreras les a aidés à assumer les frais de leur défense aux États-Unis. Avec de l'argent.

– Certains disent que votre père était chargé de la C.I.A. au Chili alors qu'il prétendait être directeur de la Ford Motors Company...

– ... mais mon père ne l'a jamais reconnu devant moi. Je ne peux pas dire que cela ait été impossible, mais non...

– ... et qu'ils vous connaissaient [*la C.I.A.*] pendant la période où Allende était encore le chef du gouvernement, et que vous viviez dans un appartement de l'ambassade des États-Unis...

– Faux. Je suis allé à cet endroit avec ma femme et une de ses amies une ou deux fois à une fête. Mais pas à cette époque.

– Un homme, Luis Humberto Celadon, médecin, [*et d'autres*] disent que votre épouse était membre du parti communiste et qu'elle s'était introduite dans le service secret chilien pour connaître vos activités dans ce secteur.

– La personne qui doit correspondre à ce mensonge est sans doute mon ex-femme. D'après ce que j'ai appris, quand elle avait dix-sept ou dix-huit ans, elle était idéaliste et croyait au socialisme. Je ne crois pas qu'elle ait pu être membre du P.C. C'est ridicule.

– Contreras a fait une déclaration, sans entrer dans les détails, selon laquelle, en novembre 1976, vous avez effectué un voyage en Europe dans le but de prouver que vous travailliez contre et non pour la DINA.

– Nous avons fait un voyage en Europe pour l'un des individus les plus dangereux que nous ayons eus au sein du mouvement gauchiste révolutionnaire : son faux nom était « *El Gato* » (le Chat), « *El Gato* Gutierrez » ou « *El Gato* Valenzuela », je ne me souviens pas. Très dangereux, il avait des liens avec tous les groupes terroristes européens. On savait qu'il était à Paris.

– Comment ce voyage pouvait-il faire croire à Contreras que vous aviez travaillé pour la Central Intelligence Agency, la C.I.A. ?

– Je n'ai aucune idée de ce qu'il a inventé pour sa défense [*Contreras a été poursuivi pour les meurtres perpétrés sous son commandement*]. En 1972, alors que j'étais à Miami, j'ai appelé la C.I.A. pour leur dire que je désirais retourner au Chili et que je croyais que le pays allait vivre de grandes turbulences. J'offrais mon aide car j'étais un citoyen américain vivant au Chili. Un agent de la C.I.A. est venu me voir deux fois et m'a indiqué que si je pouvais leur être utile, ils prendraient contact avec moi ultérieurement. Ils ne l'ont jamais fait. Je ne travaillais pas pour la C.I.A., à aucun moment, en aucune manière, ni à la date de la prise du pouvoir par Allende en 1970. La C.I.A. m'a même dit qu'ils avaient suffisamment de gens sur place.

– Vous avez indiqué que vous avez connu un Français dans le cadre de vos activités en Europe.

– En décembre 1976.

– Cela a-t-il quelque chose à voir avec l'affaire Leighton ?

– Non.

– Quelle était cette personne ?

– Je n'en ai pas la moindre idée. Alfredo me l'a présentée dans un bar. Nous avons pris un verre. Il s'agissait de suivre Carlos Altamirano à Paris et c'est tout. J'ai en revanche connu un autre Français dans des circonstances totalement différentes, c'est Alfredo encore qui me l'a fait rencontrer et c'était au Chili. Il s'agissait d'un ancien de la légion qui, selon Alfredo, avait participé à un vol de grande importance contre une banque à Nice [*Albert Spaggiari*]. Il est venu plusieurs fois chez moi avec Alfredo et a ensuite quitté le Chili. Rien à voir avec Leighton non plus, ni avec la DINA.

– Comment pouvez-vous expliquer l'existence de rapports entre Robert – Bob – Scherrer [*l'agent du F.B.I. qui a participé à l'expulsion de Townley du Chili vers les U.S.A. en 1978*] et vous ?

– Vous devez comprendre la position de Bob. Il était en Argentine depuis plus de sept ans et y était le contact de la DINA, rendant visite à Contreras, déjeunant avec lui. Il avait des amis dans l'armée et la police argentines. À cette époque, il y avait un gouvernement militaire en Argentine et au Chili. Ils étaient du même côté, engagés dans le même combat, la lutte anti-marxiste. Il y avait une certaine amitié avec Bob qui était un fonctionnaire de police, un certain niveau de... comment dire... J'ai un immense respect pour cet homme. Sans Robert il ne se serait rien passé, il n'y aurait rien eu.

Michael Townley a été condamné à seize ans de réclusion par la cour d'assises de Rome le 5 avril 1993. Par contumace.

– 5 –

Contreras : « Townley, agent de la C.I.A. »

Nuit du 24 janvier 2001, à 20 km au nord de Santiago du Chili. Un homme de soixante et onze ans, voûté et usé, quitte la maison d'arrêt de Punta Peuco. Il s'agit du général Manuel Contreras, ancien chef de la DINA, en retraite de l'armée. Condamné par la justice de son pays qui, revenu à la démocratie, a commencé d'apurer les comptes de la dictature, il vient de purger sept ans de prison pour sa participation dans l'assassinat, à Washington, de l'ancien chef de la diplomatie chilienne Orlando Letelier, le 21 septembre 1976.

Contreras n'a plus rien du « *Jefe* » comme on l'appelait au temps de sa splendeur, quand il avait ses entrées chez le général Pinochet et faisait avec lui le jour et la nuit au Chili, renseignant son supérieur sur tout et sur chacun, supervisant les tortures, organisant les exterminations et les meurtres. Si le vieux militaire a encore des soutiens, il n'en est pas moins assigné à résidence par le gouvernement du Chili démocratique – un terme qu'il exècre – dès sa sortie de Punta Peuco.

C'est qu'en Europe et aux États-Unis d'Amérique on le recherche, on le réclame pour les crimes et disparitions de ressortissants de ces deux continents, exécutés et disparus sous ses ordres. Même l'Argentine, passée elle aussi à la démocratie, s'y est mise en lançant des mandats d'arrêt contre lui. Un comble pour un ancien pays ami !

Déchu, traqué, humilié, mais debout, le vieux général. La preuve ? Il n'a de cesse de se défendre et de se justifier. En témoigne ce long mémoire rédigé par lui et remis en 1997 à la Cour suprême de son pays. Il retrace sa carrière et entend démentir toutes les accusations portées contre lui. Trois cents pages d'une mauvaise foi évidente qui n'auraient mérité que quelques lignes ou le mépris au regard des atrocités commises sous son règne. La belle affaire : le document vaut qu'on s'y attarde, ne serait-ce que pour l'argumentation développée contre son vieil ami Michael Townley.

« À l'attention de la Cour suprême du Chili », a écrit le septuagénaire dans sa cellule, demandant expressément un recours en révision de sa condamnation. « Je soussigné Juan Manuel Contreras Sepulveda, brigadier général de l'armée de terre retraité, de nationalité chilienne, marié, domicilié aux effets de la présente procédure à l'établissement pénitentiaire de Punta Peuco, commune de Til Til, région métropolitaine, m'adressant respectueusement à la Cour, déclare... »

C'est toute une vie qui défile, de manière souvent pathétique, sous la plume du militaire qui estime être... un prisonnier politique, et qui demande à être remis en liberté. Mais, ajoute-t-il en parlant de lui-même à la troisième personne, « le gouvernement a intérêt à ce que le général Contreras, en tant que cas emblématique, reste reclus dans le centre pénitencier de Punta Peuco ».

Contreras a débuté très tôt sa carrière militaire : à l'âge de quatorze ans il est déjà cadet et, quatre ans plus tard, sous-lieutenant du génie militaire. Il passe major à trente-six ans, puis lieutenant de brigade sous le gouvernement de Salvador Allende – qu'il va trahir – et général de brigade à quarante-sept ans, sous le règne de Pinochet qu'il servira fidèlement. Grâce à l'armée, le jeune Manuel peut accéder aux études et collectionner les diplômes : bachelier ès lettres, en biologie physique. Il reçoit une formation de méthodologie pédagogique à l'Académie de guerre, de « relations publiques », et décroche même des diplômes militaires de professorat en explosifs, tactique du génie, interprète en langue anglaise, spécialiste en intelligence. En 1966, il séjourne aux États-Unis à l'école du génie militaire de l'armée de terre de Fort Belvoir, en Virginie.

Le 12 novembre 1973, la junte le nomme responsable de la « commission DINA » afin de l'organiser, explique-t-il dans ce plaidoyer *pro domo*, « vu l'expérience qu'il possède en matière d'intelligence en sa qualité de professeur d'Académie ».

Le 14 juin 1974, il prend en charge la DINA – car, écrit-il, « il est l'officier le plus ancien » –, qui est officiellement créée par un décret-loi. « M. le président de la République et commandant en chef de l'armée de terre [*Augusto Pinochet*] m'a convoqué en octobre 1974 et m'a demandé de choisir entre les affectations suivantes : continuer en tant que directeur de l'Académie de guerre, partir à l'étranger en tant qu'attaché militaire, continuer à la DINA. » Un choix cornélien, à l'en croire : « Je pense qu'à ce moment-là, j'aurais pu décider de ma destinée en m'orientant dans la direction qui me convenait le plus, qui était celle de partir à l'étranger pendant deux ou trois ans. Ma situation financière se serait arrangée et j'aurais eu la tranquillité la plus totale pour être promu général... Mais en pensant aux moments difficiles que vivait ma patrie, et en pensant que j'étais plus utile à mon armée de terre ici, au Chili, et également en raison de ma loyauté envers le chef, faisant confiance à la loyauté du chef envers moi, imprégné de l'honneur militaire le plus élevé, je lui ai répondu textuellement :

» – Ce sera ce que vous ordonnerez, mon général !

» Comme résultat de ceci, j'ai abandonné la direction de l'Académie de guerre, qui est le plus grand honneur auquel peut être destiné un colonel. Donc, je ne suis pas parti à l'étranger, ni alors ni jamais, et M. le président de la République m'a ordonné verbalement de rester à la DINA. »

Suit une longue liste de ses « états de service » durant toutes les années passées à la tête de la DINA.

En 1974, il fait la connaissance du général Vernon Walters, sous-directeur de la C.I.A. à Langley, Virginie, où il déjeune avec des « huiles » de la célèbre centrale américaine. « C'est à cette occasion, explique Contreras, que le général Walters m'a proposé une équipe d'instructeurs pour qu'ils entraînent au Chili le personnel de la DINA qui commençait à s'organiser. J'ai accepté l'offre et, entre mars et août 1974, une équipe d'agents de la C.I.A. a donné une instruction à notre personnel au sein de l'École d'intelligence nationale (E.N.I.). »

1975 : « En tant que colonel directeur exécutif d'Intelligence nationale et délégué du président de la République, celui-ci m'a envoyé m'entretenir avec le sous-directeur de la C.I.A. et avec le sénateur Church, afin d'exposer notre situation réelle qui était très éloignée de celle que les opposants [*à notre*] gouvernement militaire avaient exposée aux États-Unis. La mission a été très profitable. Tant et si bien que, spécialement le sénateur Church et ses conseillers, qui étaient nos principaux critiques, ont compris notre réalité et se sont engagés à éviter que le Chili soit expulsé des Nations unies. »

« Le sénateur m'a également demandé, affirme Manuel Contreras, pourquoi le Chili n'avait pas de lobbies aux États-Unis, alors que l'Équateur et l'Uruguay avaient réussi en deux années à paralyser l'opposition internationale » grâce à des groupes de pression personnalisés, selon lui, par des sénateurs américains soutenant ces pays eux aussi critiqués pour leurs régimes antidémocratiques. 1975, à l'en croire, est l'année où Vernon Walters a permis que le Chili soit doté des deux mille premières fusées Law via la C.I.A., « de manière clandestine, ce que Walters a nié par la suite », soutient-il.

En 1978, au chapitre de ses glorieux états de service, Contreras raconte qu'il a évité de peu une guerre avec l'Argentine, un pays ami sauf cette année-là. L'Argentine déclare donc la guerre au Chili et envoie sa marine vers les îles chiliennes Lenox, Picton et Nueva qu'elle entend conquérir. Sur la cordillère des Andes, les deux armées de terre se font face. Dangereusement. Premiers combats. « En ma qualité de général de brigade de l'armée de terre, rapporte Contreras, j'ai été appelé par le président de la République et commandant en chef à son bureau. Il m'a donné mission d'aller en Argentine et d'arrêter la guerre. Le président connaissait mon amitié avec le général Videla, président argentin et lui aussi commandant en chef de l'armée de terre, et avec l'amiral Massera, le chef de la marine. »

Contreras téléphone à Videla : « J'arrive, il faut qu'on se parle. » Le lendemain il est à Buenos Aires, la capitale de l'Argentine. « Personne ne veut ni n'a intérêt à la guerre », plaide le militaire chilien devant Videla.

« Tu sais, répond celui-ci, je ne suis pas seul à décider, c'est la junte qui commande. Sachant que tu allais venir, j'ai rappelé hier l'amiral Massera, qui naviguait, et le général Agosti, mobilisé dans son Q.G. de l'armée de l'air. Ils ne m'ont pas écouté et voulaient continuer les combats jusqu'à ce que je prononce ton nom. Alors, à ma grande surprise, Massera a dit aussitôt, sans hésiter :

» – Contreras ? C'est un grand ami à moi, il a sauvé la vie de ma famille. La guerre est finie, président, je fais rentrer l'escadre immédiatement, organisez une réunion avec Pinochet pour régler les détails... »

Le 18 janvier 1978, les présidents argentin et chilien se rencontrent sur la base aérienne de Plumerillo, à Mendoza, et scellent un accord de paix après des combats éclairs, et sans grandes conséquences, qui n'ont pas duré plus de quinze jours.

« Ma mission a été remplie », écrit Contreras.

Mais l'essentiel de la démonstration du vieux militaire n'est pas là. Il est de prouver que Townley, qui l'a fait chuter par ses révélations, est quant à lui une vraie brute, une barbouze et – circonstance aggravante – un agent de la C.I.A., l'un n'allant pas sans l'autre.

« Je souhaiterais démontrer, plaide Contreras, que Michael Vernon Townley Welch, marié à une femme bigame et menteuse professionnelle, sous la protection d'un accord avantageux avec le gouvernement américain qui lui permettait de mentir sans problèmes, est à la C.I.A. »

C'est son idée fixe. L'argumentaire ne tient pas la route mais peut laisser perplexe par instants. Il éclaire en tout cas sur bien des pans, restés dans l'ombre, de la dictature du régime Pinochet. Dans sa bouche reviennent en effet sans cesse les nombreux « accords », qu'il chiffre à seize, passés par l'ancien « M. Andres Wilson » avec le gouvernement des États-Unis par l'intermédiaire du F.B.I. notamment. Townley a, écrit-il, « donné son accord pour se déclarer coupable dans l'assassinat d'Orlando Letelier », convenant que sa peine sera ramenée à dix années de prison aux États-Unis « avec la possibilité de liberté sur parole ».

Les U.S.A., selon Contreras, ont en contrepartie assuré à Townley qu'il serait « protégé, ainsi que son épouse, en raison d'une assignation à résidence décidée à son encontre par le 6e tribunal du crime de Santiago ».

En 1967, Townley se rend à Miami et entre à l'Organisation de l'armée secrète (S.A.O.) dont le responsable est Franck Fiorini, alias Sturgis. Ce membre de la C.I.A. a pour mission « de recruter des Cubains pour s'opposer à Fidel Castro ou exécuter des opérations clandestines en Amérique centrale et aux Caraïbes ». Franck Sturgis a fait entrer Michael Townley à Miami dans un institut géré par la C.I.A. Là, des instructeurs y enseignaient l'électronique et le maniement des explosifs.

Townley, rapporte l'ancien dirigeant de la DINA, y « étudiait avec un autre agent de la C.I.A., Aldo Vera Sarafin, qui avait aussi débuté au S.A.O. Grâce à son entraînement, Townley a été incorporé à la C.I.A. en 1970 et, avec Sarafin, ils ont dû partir pour Santiago du Chili début 1971 afin de participer au plan Centaure de la C.I.A. qui considérait comme primordial le renversement de celui qui était alors président du Chili, Salvador Allende ».

L'agent de liaison à Santiago est à cette époque Frederick Purdy, le consul américain qui dissimule « sa qualité d'agent de la C.I.A. sous l'investiture diplomatique, comme le faisaient tous leurs agents dans d'autres endroits du monde ». Selon Contreras, Purdy joue un rôle dans « l'exfiltration » de Michael Townley au Chili dans l'affaire Letelier. Toujours d'après Contreras, Purdy fournit aussi, dans les années soixante-dix, de faux passeports à Townley que l'on voit « sortir et entrer en permanence de l'ambassade U.S. », étant même l'« ami de nombreux soldats américains de l'infanterie de marine qui vivaient dans une maison située entre les avenues Tobalaba et El Bosque. Malgré le fait qu'il était déjà marié avec Mariana Ines Callejas, Townley a eu une histoire mouvementée avec la fille de l'ambassadeur des États-Unis, Edward M. Korry ». Un homme qui, plus tard, rentré dans son pays, dénoncera l'intervention massive de la C.I.A. au Chili, note Contreras.

Et l'ancien militaire d'enfoncer le clou sur Frederick Purdy qui « s'est marié avec une Chilienne » et, après s'être retiré de la diplomatie, reste « vivre à Santiago où il a continué d'agir pour le compte de la C.I.A. En décembre 1991, un ami commun l'a emmené me parler une nuit, alors que j'étais détenu à l'hôpital militaire. Il avait refusé d'y aller en plein jour. J'ai fait en sorte que deux témoins, le brigadier Luis Mujica Collao et le lieutenant-colonel Hugo Acevedo Godoy, se placent derrière une cloison mobile dans ma chambre et je lui ai posé quelques questions sur Michael Townley. Il m'a confirmé que celui-ci était un agent de la C.I.A. Qu'il s'agissait d'un type dangereux car trop extraverti. Qu'il était entré à la C.I.A. recommandé par Richard Helms, ultérieurement condamné pour des excès commis par la centrale américaine dans différents pays au cours des années soixante-dix ». Helms était très ami avec Vernon Townley, le père de Michael, « fonctionnaire de haut rang à la C.I.A. » mais dissimulant cette activité derrière une activité professionnelle dans une banque.

« Purdy m'a expliqué que la mission de Michael au Chili était de s'infiltrer dans des groupes de droite afin de coopérer avec eux, soutient Contreras, pour arriver à renverser Salvador Allende. En outre, il devait prendre le nom commun qu'utilisait la C.I.A. dans tous les pays où elle effectuait des actions clandestines à travers des émissions de radio furtives diffusant des slogans antigouvernementaux. Ce nom était Libération. Purdy m'a dit que si ces déclarations étaient publiées ou rendues publiques, il nierait tout. »

À l'appui de sa version tendant à faire passer Townley pour un agent de la C.I.A., Contreras cite une vieille revue du parti communiste et du MIR chilien. Nous sommes en 1973. Sous le titre « Les empreintes digitales de la C.I.A. au Chili », l'organe militant cite Townley parmi les membres influents de la C.I.A. agissant au Chili pour saper l'autorité du gouvernement Allende.

« Michael Townley, écrivent alors les militants de gauche, est conseiller et chef du commando de Patrie et Liberté qui a pris d'assaut un local des services électriques à Concepción dans une opération destinée à maintenir la transmission de la chaîne 5 de télé, média de diffusion pirate de l'Université catholique. Townley, agent de la C.I.A., a monté la mission qui s'est terminée par l'assassinat de l'ouvrier Tomas Enriquez. »

Berrios, alias « Hermès », le chimiste de Townley à Lo

Curro, aurait avoué à un certain major Carlos Herrera Jimenez que « la C.I.A. l'avait payé jusqu'en mai 1990 ». Un argument peu convaincant sur lequel Contreras ne s'attarde pas, prenant le soin d'indiquer que ces aveux auraient été faits en Uruguay, pays où le chimiste a été assassiné et n'a donc jamais parlé.

Pas convaincants non plus ces mystérieux numéros de code de la C.I.A. que le général en retraite a retrouvés sur les billets d'avion et les faux papiers de Townley en les décortiquant dans le menu détail. « On trouve le chiffre 20 et le sigle 531 à chaque fois, sous des formes masquées, argumente-t-il, ce qui nous mène à la conclusion logique qu'il s'agit d'un code que la C.I.A. avait assigné à son agent. Il est impossible de penser que cela soit fortuit ou uniquement dû au hasard, comme la cour pourra l'apprécier. »

Michael Townley ment, martèle Contreras, car c'est un « assassin inné, sans scrupules. C'est sa profession, c'est ainsi qu'agissent les agents de la C.I.A. », ajoute l'ancien bras droit de Pinochet qui s'estime innocent de tout, avec parfois les accents d'un Zola défendant l'honneur perdu du capitaine Dreyfus !

D'ailleurs, à en croire Contreras, on aurait même voulu le tuer un jour du mois de mai ou de juin, au début des années quatre-vingt, alors qu'il vient d'être condamné par la justice de son pays dans l'affaire Letelier. Un mandat d'arrêt pèse sur ses épaules comme une épée de Damoclès, mais les choses traînent en longueur. Ce n'est pas tous les jours qu'on met en prison un ancien haut dignitaire, surtout un personnage de la trempe de Contreras. Alors celui-ci attend, dans sa maison de campagne de Viejo Roble, qu'on vienne le chercher pour l'envoyer croupir dans une prison comme un vulgaire malfrat de seconde zone. Soudain, il reçoit une information en provenance de Temuco : une troupe de quelque quatre-vingt-dix policiers se dirige vers le sud, vers sa maison. Dans la nuit, il apprend par un capitaine ami qu'ils « viennent pour l'opération de l'année » : le tuer. Aussitôt Contreras fait sortir sa famille, rappelle ses troupes et réussit à réunir deux escortes de fidèles dans un bois près de chez lui. Il en place deux autres dans la maison. À 3 h 30, raconte Contreras, « une douzaine d'individus ont coupé le téléphone et l'électricité de ma propriété ». Coups de feu de part et d'autre puis les assaillants rebroussent chemin, surpris d'avoir rencontré une telle résistance...

Le général a identifié les tireurs, porté plainte et espère que l'affaire va suivre son cours sur cet « assaut à main armée contre moi et ma famille et qui aurait pu faire beaucoup de victimes ». Comme une preuve supplémentaire de sa complexe personnalité, il conclut sur ces faits, de manière disproportionnée au regard de la fusillade qui vient d'éclater sous ses yeux : « Ce qui m'a inquiété, c'est que le directeur du service investigations de la police, Nelson Mery, m'a appelé par la suite pour me dire textuellement :

» – Général, ne me demandez rien et ne répondez rien, mais je dois seulement vous dire que je n'ai rien eu à voir avec cela. »

Après la libération de Manuel Contreras, la sœur d'Orlando Letelier – Fabiola – a déclaré à la presse : « Il a purgé une peine symbolique. Sept ans pour cet acte terroriste n'est pas une peine en accord avec le droit. L'affaire n'est pas close aux États-Unis », a-t-elle ensuite ajouté. En effet, au cours de l'année 2000, deux procureurs sont allés interroger quarante-huit fonctionnaires civils et militaires chiliens. Dans d'autres pays, la France et l'Argentine par exemple, des juges ont lancé des mandats d'arrêt contre Contreras, pour d'autres meurtres.

Sans espoir de retour ? Qui sait...

– 6 –

Moi, Stefano Delle Chiaie, fasciste

Stefano Delle Chiaie est né à Caserta, en Italie, le 13 septembre 1936. Il n'a ni l'envergure ni même l'envie d'être ou d'avoir été un Michael Townley, et encore moins un Manuel Contreras. C'est un exécutant efficace que l'on croise à différents endroits dans le dossier noir de la dictature Pinochet. Toujours prêt à rendre service parce que animé d'inébranlables convictions.

Dans l'affaire Leighton, Delle Chiaie a été pris la main dans le sac. Townley avait fait appel à lui et à ses amis. Ils faisaient tous partie du groupuscule d'extrême droite *Avanguardia nazionale*, qui s'était rendu tristement célèbre, dans les années soixante, pour une série d'attentats à l'explosif commis en Italie.

Par la suite, on retrouve plusieurs fois la trace de Delle Chiaie. Au Chili, où il s'est caché par l'entremise de Townley et où une agence de presse lui sert de couverture, en Argentine également. Et, bien sûr, lors des obsèques du général Franco en Espagne.

L'Italien a logiquement éveillé la curiosité des juges et des policiers dans tous les pays où l'on traque Pinochet et ses complices. Stefano Delle Chiaie intéressera certainement d'autres magistrats encore dans des affaires où se mêlent la politique et le sang.

En France, il a été interrogé par le juge Roger Le Loire. Né le 25 avril 1953 à Paris, le juge Le Loire, que nous avons déjà croisé dans ces pages, est issu d'un milieu modeste et a dû se faire tout seul. Ses cours de seconde, première et terminale ont été suivis par correspondance, et il a passé son bac en tant que candidat libre. Après quoi il est entré à l'École des inspecteurs de la police nationale, finançant ses études au moyen de petits boulots tels que vendeur de journaux, coursier et agent hospitalier. Cinq ans durant il travaille à la Brigade des stupéfiants, puis il passe le concours interne de la magistrature, effectue un cycle préparatoire à l'École nationale d'administration (ENA) et, enfin, fait l'École nationale de la magistrature. D'abord juge des enfants à Pontoise, il est ensuite propulsé aux affaires générales puis à la section antiterroriste du tribunal de Paris, où il traite des dossiers aussi sensibles que ceux concernant Action directe, la Fraction armée rouge, le P.K.K. des indépendantistes kurdes, l'Iparretarrak et l'E.T.A. des nationalistes basques, le FIS et le G.I.A. algériens. Revenu aux affaires générales, il est à l'origine de l'affaire Falcone (trafic d'armes vers l'Angola) et chargé d'instruire les disparitions de cinq ressortissants français en Amérique du Sud : Alphonse-René Chanfreau, Étienne Pesle, Georges Klein, Marcel Amiel Baquet et Jean-Yves Claudet Fernandez. C'est ainsi qu'il a été amené à s'intéresser à l'opération Condor, et à entendre Stefano Delle Chiaie.

Que lui a révélé ce dernier ? Certaines indiscrétions nous ont permis de reconstituer, dans les grandes lignes, la teneur de ses propos.

L'homme aurait reconnu être allé au Chili pour la première fois à la fin avril 1974, en compagnie d'un mystérieux commandant Borghese, pour rencontrer tour à tour le général Pinochet, Manuel Contreras et la communauté italienne de Santiago. Un an plus tard, il revoyait le dictateur à Madrid. Puis Delle Chiaie serait retourné au Chili en 1977 et aurait fait plusieurs séjours en Argentine. Mais, en 1978, il prétend avoir rompu toute relation directe avec le régime chilien, considérant que ses orientations politiques ne lui convenaient plus. En effet, se déclarant en faveur de la recherche d'une obscure troisième voie entre les blocs de l'Est et de l'Ouest, il dit avoir tenté d'organiser la formation d'un nouveau pôle avec l'appui de ses amis libyens, voire des Chinois qui, d'après lui, auraient également soutenu le coup d'État d'Augusto Pinochet. Curieux projet et bizarres accointances pour un homme se revendiquant ouvertement fasciste, sinon que le dénominateur commun d'intérêts aussi divergents était un antiaméricanisme radical. Il est également vrai que, en 1976, les États-Unis s'étaient choisi pour président un démocrate, Jimmy Carter, qui était réputé avoir le cœur à gauche...

Pour le reste, s'il admet s'être opposé à la décision de livrer Michael Townley à la justice des U.S.A., Delle Chiaie nie tout, affirme ne pas connaître tel ou tel (par exemple Iturriaga et Espinoza) et ne pas avoir collaboré avec la DINA, enfin réfute les accusations qui ont été portées contre lui. Certes, le 7 janvier 1987 Stefano Delle Chiaie a été acquitté par les juges italiens dans le cadre de l'affaire Leighton, pour insuffisance de preuve (arrêt confirmé en appel en novembre 1999). Et s'il n'en a pas moins purgé une peine d'emprisonnement relative à d'autres condamnations (affaire de l'attentat de la Piazza Fontana à Milan en particulier), cet individu a jusqu'ici gardé tous ses secrets pour lui.

Un des amis de Delle Chiaie, Vincenzo Vinciguerra, qui a trempé dans l'affaire Leighton, a lui aussi été entendu par le juge Le Loire. Lui, semble-t-il, s'est montré un peu plus précis, déclarant être parti pour le Chili au côté de Stefano Delle Chiaie et avoir été membre d'*Avanguardia*, organisation qui relayait la DINA sur le sol européen en matière de renseignement, d'actions de propagande et d'« éventuelles opérations d'un genre particulier » dont la tentative d'assassinat contre Bernardo Leighton. Par ailleurs, Vinciguerra a révélé qu'il se serait rendu en Espagne, en 1976, pour prendre contact, en compagnie de Delle Chiaie, avec Michael Townley. Ce dernier aurait sollicité l'appui des Italiens pour éliminer Carlos Altamirano (le projet aurait fait long feu). Admettant que certains militants d'*Avanguardia* se sont installés au Chili pour y disposer d'une base sûre, Vinciguerra aurait laissé entendre qu'un pacte de collaboration réciproque aurait été passé avec la DINA dans une optique anticommuniste. C'est ainsi qu'il aurait quelque temps vécu à Santiago, avec d'autres Italiens, dans une villa trouvée grâce à la DINA, tandis que Delle Chiaie aurait loué un bureau qui appartenait à la DINA à côté du palais présidentiel.

Puis Vincenzo est parti pour l'Argentine en 1977. Là a été créée une nouvelle base d'*Avanguardia* parce que l'élection de Jimmy Carter, l'extradition de Townley vers les États-Unis et la dissolution de la DINA étaient lourdes de menaces pour les Italiens. D'ailleurs leurs rapports avec Contreras se sont détériorés à ce moment, « le chef » leur réclamant le remboursement d'une somme de dix mille dollars qu'il leur avait prêtée.

Avec un naturel désarmant et sur le ton de la conversation amicale, Vincenzo Vinciguerra aurait également déclaré connaître l'appui que les services argentins, dans le cadre du plan Condor, fournissaient dans l'élimination des opposants chiliens réfugiés sur son sol comme au Paraguay, en Uruguay et en Bolivie. C'est Delle Chiaie, d'ailleurs, qui l'en aurait informé.

Un sacré pavé dans la mare.

– 7 –

Il vole comme un condor

« J'ai un collègue à l'étranger, il vole comme un condor », est l'une des plaisanteries qui circulent parmi les militaires sud-américains. Eux seuls peuvent en comprendre la signification, car le condor dont il est question fait allusion à l'un des secrets les mieux gardés du monde.

C'est l'histoire cauchemardesque d'un plan d'élimination systématique imaginé dès 1974 et mis en pratique à partir de 1975 par les dictatures militaires d'Amérique du Sud : Chili, Argentine, Paraguay, Uruguay, Brésil et Bolivie. Six pays et autant de dictatures militaires unies par un « contrat » aux termes duquel tous les opposants politiques à ces régimes totalitaires doivent être anéantis. Un plan concerté qui, pendant trois ans au moins – mais sans doute bien plus que cela –, fut à l'origine d'une vague de crimes sans précédent, mis en œuvre par des « commandos multinationaux » ayant en commun la haine de « l'ennemi intérieur » et qui allaient mener une véritable chasse à l'homme dans le monde entier.

On estime aujourd'hui à plus de treize mille le nombre de personnes déportées, torturées, sommairement exécutées ou disparues pendant ces années de plomb. Comme la Gestapo avant eux ou le K.G.B. soviétique, les commandos du réseau Condor ont eu carte blanche pour obtenir, jour et nuit, les informations nécessaires à la survie des régimes qu'ils servaient aveuglément, et pour sélectionner leurs cibles. Dans toute l'Amérique du Sud, des purges sanglantes ont été organisées contre les opposants aux dictatures, mais aussi contre le moindre gêneur ou empêcheur de torturer en paix.

C'est au Chili que naît l'idée d'unifier l'action des juntes militaires du sous-continent américain. Tout commence le 16 mai 1975, avec l'arrestation par la police paraguayenne des Chiliens Jorge Fuentes Alarcon et Amilcar Santucho, deux militants gauchistes du MIR. Torturés, les deux hommes finissent par révéler l'existence de la J.C.R. (*Junta coordinatoria revolucionaria*, Junte de coordination révolutionnaire), une organisation composée du MIR chilien, de l'E.R.P. (*Ejercito revolucionario del pueblo*, Armée révolutionnaire du peuple) argentine, des Tupamaros uruguayens et de l'E.L.N. bolivienne dont l'objectif est de lutter par tous les moyens contre les dictatures d'Amérique du Sud.

Pour la police paraguayenne c'est un succès, et les services secrets chiliens de la DINA sont rapidement informés de la nature des informations arrachées aux deux hommes. À Santiago, le colonel Manuel Contreras exulte. Le 25 septembre 1975, il envoie une lettre de félicitations à son homologue paraguayen, Pastor Coronel, en lui faisant part de ses « plus sincères remerciements. »

Et d'ajouter : « Je suis sûr que cette coopération mutuelle se renouvellera et permettra de mieux atteindre les objectifs communs de nos deux services... »

Cette fameuse « coopération », ce sera d'abord l'extradition de l'un des deux ressortissants chiliens torturés au Paraguay, Jorge Fuentes Alarcon. Remis par les Paraguayens aux hommes de la DINA, le militant du MIR est transporté dans la banlieue de Santiago au centre d'interrogatoire et de torture de la villa Grimaldi. Selon plusieurs prisonniers, Fuentes est arrivé là « sérieusement blessé » après avoir été torturé. Il souffrait en outre, d'après eux, d'une maladie de peau sur tout le corps. Les médecins de la DINA ont soigné cette maladie, mais les tortures ont continué.

Fuentes n'y a pas survécu. Son corps n'a jamais été retrouvé.

Contreras est tellement ravi qu'il reprend la plume pour inviter les chefs des renseignement paraguayens, Guanes Pastor et le général Francisco Brites, à participer à une réunion top secrète à Santiago du Chili. Là, avec leurs homologues sud-américains des services spéciaux, est mis au point le plan Condor. Le Chili a pris en charge l'ensemble des frais de ce qui reste dans l'histoire comme la « *Primera reunion de trabajo de inteligencia nacional* » (première réunion de travail sur le renseignement national[1]), laquelle a eu lieu du 25 novembre au 1er décembre 1975. Dans son invitation, le chef de la DINA l'a annoncée comme étant « la base d'une excellente coordination et d'une meilleure action au service de la sécurité nationale de nos pays ».

Suivent neuf pages d'apparence anodine, plutôt mal dactylographiées, qui constituent rien de moins que l'acte

1. Voir en annexe le plan Condor, p. 331.

fondateur de ce que les Occidentaux appelleront plus tard le plan Condor, ou l'opération Condor.

Sur les documents émanant de cette nouvelle organisation, on verra plus tard apparaître comme signe de reconnaissance et d'identification une mappemonde sur laquelle est mise en valeur l'Amérique du Sud.

En annexe de l'acte fondateur du plan Condor, voici le programme de la semaine de travail des participants :

– Mardi 25 novembre : arrivée à Santiago du Chili. Installation à l'hôtel. Soirée libre.

– Mercredi 26 novembre : 10 heures, salut protocolaire aux autorités. 11 h 30 : première session de travail (jusqu'à 19 h 30). 21 heures : dîner offert par le chef de la DINA (Manuel Contreras).

– Jeudi 27 novembre : 9 heures, troisième session de travail. 15 h 30 : quatrième session de travail. 19 h 30 : soirée libre.

– Vendredi 28 novembre : même programme.

– Samedi 29 novembre : 10 heures, septième session de travail. 16 heures : transport à Vina del Mare (station balnéaire). 21 heures : dîner au casino.

– Dimanche 30 novembre : 11 heures, visite de l'école de cavalerie. 21 heures : visite nocturne du centre ville, soirée libre.

– Lundi 1er décembre : retour. Fin de la visite officielle.

Durant ces séances de travail, sept au total, Manuel Contreras explique notamment le fonctionnement de la DINA et expose personnellement « la situation de la subversion au Chili ». Chaque délégation dispose d'une heure trente pour présenter à son tour l'organisation interne de ses services de renseignement, leur propre évaluation de la situation et les moyens imaginés pour la combattre.

Le dimanche, à 10 heures, sont programmées la lecture et l'approbation de l'acte final fondateur de Condor.

Le document stipule en substance que « la subversion ne reconnaît ni les pays ni les frontières et qu'elle infiltre tous les niveaux de la vie nationale ».

Dans ce chapitre est nommément citée la J.C.R. (Junte de coordination révolutionnaire). Pour lutter contre la guerre « psycho-politique » menée par les mouvements de gauche, les responsables militaires mettent en avant le besoin d'une coordination efficace s'accompagnant d'un « échange opportun d'informations et d'expérience [...] entre les chefs responsables de la sécurité ». Afin d'éliminer leurs opposants, ils entendent mettre en place « quelque chose de similaire à Interpol à Paris, mais plus orienté [*vers la lutte contre*] la subversion ».

Le projet inclut « des archives centralisées sur les antécédents des personnes, organisations et autres activités liées directement ou indirectement à la subversion ».

Toutes les parties prenantes conviennent que les accords bilatéraux ne sont pas suffisants. Des propositions concrètes sont formulées, destinées à passer outre aux limites de la diplomatie et des frontières pour augmenter l'efficacité de la répression. Internet n'existant pas et l'informatique étant encore balbutiante, le plan prévoit une centrale d'informations transmises par télex, l'utilisation de la cryptographie pour les messages, des banques de données, des communications téléphoniques avec inversion des voix. Enfin, il est entendu que les organismes de répression se réuniront de manière périodique.

Mention est faite que « le personnel technique doit avoir l'immunité diplomatique ».

Désormais, le plan Condor est opérationnel.

*
**

Contreras est donc l'initiateur de ce plan. Rien d'étonnant quand on sait que la DINA dispose déjà d'un département extérieur dirigé par le major Raul Iturriaga Neumann avec Michael Townley pour exécuteur. Quand on sait que ceux-ci disposent à Buenos Aires (Argentine) d'un correspondant zélé en la personne de Enrique Lautaro Arancibia Clavel. Quand on sait que quelques jours auparavant, le 6 octobre 1975, Iturriaga et Townley ont utilisé des membres du mouvement d'extrême droite italien *Avanguardia nazionale*, en particulier Stefano Delle Chiaie et Vincenzo Vinciguerra, dans la tentative d'assassinat de Leighton à Rome. Et quand on sait enfin que ces deux militants fascistes se sont également rendus en Argentine, Townley et Arancibia Clavel ayant sollicité leur concours dans l'organisation de l'attentat contre le général Carlos Prats, en exil à Buenos Aires.

Le meurtre de l'ancien ambassadeur du Chili de Salvador Allende aux États-Unis, Orlando Letelier, entre-t-il dans le cadre du plan Condor ? À ce jour, rien ne permet d'étayer cette thèse. Il est vrai que le plan Condor garde, aujourd'hui encore, une grande partie de ses mystères et secrets.

Quoi qu'il en soit, après la mort de Letelier, une vaste enquête est déclenchée aux États-Unis, dont une partie est confiée à l'agent du F.B.I. Robert Scherrer, alors en poste à Buenos Aires. « Lors d'une interview en 1979, écrit le journaliste John Dinges, Scherrer m'a expliqué comment il avait eu un indice important dans cette affaire. Il avait pris contact avec un officier des renseignements argentins s'étant trouvé à Washington la semaine précédant l'attentat. Il m'a dit : "C'est une opération de Condor menée par ces fous de Santiago." »

Scherrer, poursuit Dinges, se renseigne, fouine et envoie à sa hiérarchie un câble qui décrit dans le détail l'opération Condor. « Pendant de nombreuses années, soutient Dinges, ce câble a été la seule information existante sur Condor et a donné l'impression que le plan n'avait été découvert qu'après l'assassinat de Letelier. En fait, la C.I.A. et le Département d'État [*ministère américain des Affaires étrangères*] avaient déjà décrit les projets d'élimination de Condor dans six documents avant cet assassinat. »

Cela, on l'apprend le lundi 13 novembre 2000 avec la déclassification par le gouvernement Clinton de seize mille documents sur le Chili. Cette publication comprend quinze cents documents de la Central Intelligence Agency, dont sept cents que le directeur de la C.I.A., George Tenet, a tenté de passer à la trappe. Sans doute parce que beaucoup de ces pièces prouvent que, jusqu'au 21 septembre 1976, les États-Unis ont sciemment laissé s'organiser et se poursuivre les missions d'élimination des opposants politiques aux régimes militaires d'Amérique du Sud. Jusqu'au 21 septembre 1976, jour où les tueurs de la DINA chilienne ont fait le mauvais calcul de croire qu'ils pouvaient agir jusque sur le sol U.S. en exécutant Orlando Letelier.

Mais si Bill Clinton a cédé et enfin mis les documents de la C.I.A. sur la place publique, c'est avant tout à la suite de l'arrestation d'Augusto Pinochet à Londres, en 1998. Alors tous les regards se sont tournés vers le vieux dictateur que plusieurs juges réclamaient. La mise au jour des techniques d'épuration chiliennes a créé un effet boule de neige dont se seraient bien passés les États-Unis car, aujourd'hui, on leur demande des comptes à eux aussi.

Dans *La Nation* du 24 juillet 1999, le journaliste américain John Charles Dinges affirme que la déclassification des pièces de la C.I.A.[1], s'ajoutant à la découverte récente d'archives de la police secrète au Paraguay, lève une grande partie du voile qui pesait sur Condor. « Ces nouveaux renseignements peignent un tableau dans lequel les officiels américains étaient tenus au courant en temps réel des opérations, y compris des renseignements détaillés juste avant que le Chili n'envoie une équipe à Washington D. C., où elle a assassiné, en faisant exploser sa voiture, un dirigeant éminent de l'opposition dans le quartier des ambassades [*attentat contre Orlando Letelier*]. D'autres documents permettent d'élaborer un scénario plausible quant aux origines de l'opération Condor et soulignent l'implication dès le début d'un agent du F.B.I. »

Une note de synthèse de la C.I.A. en date du 11 août 1976 – dont plusieurs passages ont été volontairement censurés avant qu'elle ne soit rendue publique – rapporte ainsi que « des représentants de tous les pays membres de l'organisation Condor se sont réunis à Buenos Aires afin de passer en revue les activités passées et de mettre en œuvre un plan pour les activités futures. Le point essentiel de l'ordre du jour est la discussion et la planification de la lutte psychologique coordonnée contre les groupes gauchistes et radicaux dans les différents pays membres. Le Chili vient de réaliser deux films sur "Le Chili après Allende" et a demandé aux "représentants Condor" de diffuser ces films sur leurs télévisions natio-

1. Voir les documents de la C.I.A. déclassifiés, en annexe p. 343.

nales. À ce jour, seuls l'Uruguay et l'Argentine ont accepté de le faire.

» Les représentants de la sécurité du Chili, de l'Argentine et de l'Uruguay ont, semble-t-il, renforcé la coordination de leurs activités antisubversives en y incluant l'assassinat de terroristes de haut niveau en exil en Europe. Les services chiliens, argentins et uruguayens préparent maintenant des équipes à Buenos Aires, en vue de missions en Europe occidentale. Les plans et cibles des équipes sont connus de plusieurs officiels occidentaux. La plus forte concentration d'exilés latino-américaine en Europe se trouve à Paris. Des membres du secrétariat au renseignement argentin (SIDE) travaillant avec des officiers de renseignement uruguayens ont effectué des opérations contre les terroristes uruguayens, l'O.P.R. 33, à Buenos Aires. Les officiels du SIDE indiquent qu'à la suite de cela l'infrastructure O.P.R. a disparu. Une troisième phase extrêmement secrète de l'opération Condor implique la formation de groupes spéciaux des pays membres pour effectuer des opérations comprenant l'assassinat de terroristes ou de sympathisants de ces organisations terroristes. Par exemple, si un terroriste ou un sympathisant terroriste est identifié dans un pays membre, des équipes spéciales sont envoyées pour localiser et surveiller la cible. Une fois ces opérations achevées, une seconde équipe intervient pour opérer contre la cible. Ces équipes spéciales bénéficieraient de faux papiers émis par les pays membres et seraient composées d'individus provenant d'un ou plusieurs pays membres. [...] Les pays européens visés pour des opérations de ce type incluent la France et le Portugal. Une équipe spéciale a apparemment été organisée en Argentine pour l'opération Condor avec des membres des services spéciaux argentins et du secrétariat à l'information. Ils sont un peu structurés commc les forces spéciales U.S. avec un médecin, des experts en démolition, etc., et on les préparerait à l'action en phase trois. »

Sans commentaires. D'autres documents déclassifiés font état de stages d'entraînement pour les assassinats en Europe, qui devaient se dérouler à Buenos Aires, mais aussi de certaines querelles internes au sein même de l'organisation Condor : l'Argentine et le Chili préparant l'assassinat de gauchistes en Europe de l'Ouest, le Brésil a refusé d'y participer pour d'obscures raisons.

D'autres pièces confidentielles vont également permettre d'avancer dans la recherche de la vérité. En 1993, un tout jeune magistrat paraguayen va faire une découverte étonnante en travaillant sur l'emprisonnement, sous la dictature de Stroessner, d'un professeur ayant ensuite porté plainte. À Laubaré, une bourgade de la périphérie d'Asunción, il fait procéder à l'ouverture d'une arrière-salle fermée à double tour dans le commissariat de police local. Visiblement, le jeune juge a eu vent d'une information selon laquelle se trouvent là des documents intéressants pour son enquête. La découverte est effectivement de taille : il s'agit de la totalité des archives de la section des enquêtes de la police paraguayenne que les juges de la Cour suprême nommeront plus tard, en les parcourant, les « Archives de la Terreur »... Trente ans de la mémoire du Paraguay qu'il faudra plusieurs jours pour transporter en camions, et sous escorte, vers le palais de justice d'Asunción.

Six années plus tard, au début de l'année 1999, c'est un autre juge, l'Espagnol Baltasar Garzon, qui exhume véritablement les secrets des Archives de la Terreur entreposées dans les étages du palais de justice d'Asunción. Après avoir demandé en vain, en 1998, l'extradition vers l'Espagne d'Augusto Pinochet arrêté à Londres, ce magistrat repart du Paraguay avec plusieurs centaines de documents, dont une partie serait en rapport avec l'opération Condor. En vérité, ni les autorités politiques du Paraguay revenu aujourd'hui à la démocratie, ni les autorités judiciaires n'ont, depuis lors, cherché à étudier dans le détail les Archives de la Terreur, qui permettraient pourtant d'en savoir beaucoup plus sur les opérations menées par les services de sécurité de ce pays pendant trente ans. L'explication de ce choix tient peut-être dans ce commentaire du juge de la Cour suprême Raul Sapena : « Ces documents sonnent le réveil de la conscience publique... » Et le magistrat d'ajouter : « Les enquêtes ne font pas partie de la tradition paraguayenne... »

*
**

Jean-Yves Claudet Fernandez est l'une des premières victimes françaises du plan Condor. Le 1er novembre 1975, alors qu'il vient de regagner l'Argentine où il loge à l'hôtel Liberty de Buenos Aires, des hommes en civil viennent le chercher et l'emmènent. Le lendemain, deux agents du SIDE, la police secrète argentine, viennent régler le prix de son séjour et reprendre ses affaires. Ses proches n'auront plus jamais de nouvelles de lui.

Mais qui était donc Jean-Yves Claudet, pour intéresser à ce point les services de renseignement argentins ?

De nationalité franco-chilienne, il a fait toutes ses études au Chili avant de devenir ingénieur chimiste pour la compagnie Indus Lever. À partir de 1965, il choisit

Santiago pour s'installer avec sa famille. En 1970, il milite dans les rangs du Mouvement de la gauche révolutionnaire, le MIR. Ce qui lui vaut d'être interpellé une première fois, le 2 novembre 1973 – alors qu'il regagne son domicile après son travail –, par les militaires de l'armée de terre chilienne.

Informée de son arrestation, son épouse se précipite alors au ministère de la Guerre, où un officier lui confirme l'interpellation de son mari et décide de lui rendre sa voiture dont l'inspection minutieuse est terminée. Un mois plus tard, Jean-Yves Claudet est libéré. Pendant ces trente jours, avec vingt-cinq mille autres personnes, il est resté prisonnier dans le stade national de Santiago. Suspecté d'avoir voulu « mettre au point des armes destinées à reprendre le pouvoir », comme tant d'autres il a été torturé. Cette opération gigantesque avait pour nom « plan Z ».

Patricio Rivera, cinquante-quatre ans, vit maintenant en France. Le témoignage de ce rescapé de la rafle a été recueilli par les policiers français du Quai des Orfèvres, à Paris. Au Chili, il était ingénieur dans les mines de cuivre et militant de base du parti socialiste de Salvador Allende. Il a connu Jean-Yves Claudet dans l'enceinte du fameux stade à la mi-octobre 1973. Après avoir été lui-même torturé dans le vélodrome, le dernier jour du mois d'octobre – avec deux mille autres détenus dont Claudet –, il a été transféré au pénitencier de Santiago.

Quand il rentre enfin chez lui, après avoir été relâché de ce pénitencier, Jean-Yves Claudet a plusieurs côtes fracturées et de nombreuses brûlures au niveau des parties génitales. Elles ont été provoquées par l'utilisation de l'électricité.

Une semaine plus tard, il est à nouveau interpellé. Sa détention va, cette fois-ci, durer presque une année. En novembre 1974, lorsqu'il pousse enfin la porte de son domicile, il est à peine reconnaissable. C'en est trop. Le chimiste décide de quitter le Chili pour venir s'installer en France.

Seulement, vu le premier choc pétrolier, les entreprises françaises en crise n'ont pas de travail à lui offrir. Après une année de chômage, Claudet, lassé, décide de regagner l'Amérique du Sud le 30 octobre 1975. Mais le Chili étant plus que jamais sous le joug de Pinochet, Claudet Fernandez choisit prudemment de s'installer dans un pays voisin : l'Argentine. Le militant du MIR ignore encore que la sinistre DINA du colonel Contreras dispose désormais d'une antenne active à Buenos Aires même, et ne sait rien de la coopération qui s'est organisée entre le Chili, l'Argentine, le Paraguay, l'Uruguay, la Bolivie et le Brésil dans le cadre du plan Condor. Or Jean-Yves Claudet apparaît déjà dans le fichier Condor comme l'un des dirigeants de la J.C.R.

Claudet est donc attendu sur le sol argentin. La preuve en est que son arrestation va intervenir quelques heures seulement après son arrivée à l'hôtel Liberty. Entretemps, son ami chilien Edgar do Enriques a téléphoné en France pour lui conseiller de reporter son voyage, car il y a « des problèmes ». Trop tard : Mme Claudet l'informe que son mari, Jean-Yves, est déjà parti pour l'aéroport. Elle tentera en vain de le joindre avant le décollage de l'avion.

Enriques avait malheureusement raison. Jean-Yves Claudet va avoir des problèmes à l'arrivée du vol Panam n° 515 de 7 h 5 en provenance de Paris via Panama. L'échange d'informations a parfaitement fonctionné entre les fonctionnaires chiliens et argentins mais, au-delà, reste aujourd'hui encore un mystère embarrassant : quelqu'un a forcément informé les Sud-Américains du fait que Claudet avait quitté la France pour Buenos Aires.

La rumeur de l'existence, dès 1975, d'un « bureau Condor » à Paris (connu sous le nom de « Centre pilote ») n'a jamais pu être établie formellement. Peut-être les agents de la pieuvre sud-américaine étaient-ils tout simplement des attachés militaires des différents pays concernés par le plan Condor... On a d'ailleurs évoqué des « contacts » qu'auraient eus ces attachés militaires avec les policiers des services spéciaux français, notamment la Direction de la sûreté du territoire (D.S.T.).

L'affaire Carlos pourrait être une illustration possible de ces fameux contacts. Examinons les faits. Le 27 juin 1975, peu avant 21 heures, trois policiers de la D.S.T., un commissaire et deux inspecteurs, se présentent sans précautions particulières à la porte d'un studio du 9 de la rue Toulier, dans le Ve arrondissement de Paris.

Quelqu'un les a informés que se dissimule là un terroriste sud-américain recherché. À leur arrivée, deux hommes au moins, effectivement cachés là, surgissent et ouvrent immédiatement le feu, tuant deux policiers et blessant grièvement le troisième. Un terroriste est abattu mais un autre réussit à prendre la fuite dans la confusion générale. On dira plus tard qu'il s'agissait du terroriste international travaillant pour le compte du Front populaire pour la libération de la Palestine (F.P.L.P.), Illich Ramirez Sanchez, plus connu sous le nom de code que lui a donné l'organisation palestinienne, « Carlos ».

Peu encline à communiquer sur ce « raté », la D.S.T. ne dira jamais comment elle a eu vent de la présence de

Carlos dans ce studio parisien officiellement loué par deux étudiantes vénézuéliennes.

Aujourd'hui, on connaît pourtant la succession d'événements qui a conduit à la mort des agents de la D.S.T. L'histoire commence avec la fameuse capture, le 16 mai 1975 au Paraguay, de Jorge Fuentes Alarcon et de son compagnon de lutte Amilcar Santucho. On sait que les deux hommes, torturés par la police de la capitale à Asunción, admettent leurs liens avec le MIR. Robert Scherrer, l'agent américain de liaison du F.B.I. en Amérique du Sud, qui semble avoir assisté en tant qu'observateur à « l'interrogatoire » de Fuentes, fait état des informations obtenues par les tortionnaires paraguayens dans un rapport récemment déclassifié par les autorités américaines. Selon ce document, Jorge Fuentes aurait fini par avouer à ses tortionnaires que le MIR et l'E.R.P. argentine se préparaient à créer la J.C.R. (Junte de coordination révolutionnaire). Or, justement, le frère d'Amilcar Santucho, Roberto, est le dirigeant de l'E.R.P., c'est-à-dire l'un des révolutionnaires les plus activement recherchés.

L'interrogatoire poussé des deux camarades va donc être particulièrement « fructueux ». De son côté, l'agent du F.B.I. Scherrer a obtenu de la « matière » et fait savoir à ses homologues paraguayens et chiliens que, dans le cadre de la lutte anticommuniste que les U.S.A. ont intérêt à mener avec les juntes d'Amérique du Sud, des investigations seront poursuivies aux États-Unis pour retrouver et interroger deux personnes vivant à New York et Dallas, dont Sonia, la sœur de Fuentes. Leurs noms ont été découverts dans des carnets cachés au fond des bagages de Fuentes et Santucho.

Si l'on s'en tient à la version de l'agent Scherrer, c'est aussi dans ces carnets que se trouve l'information qui aurait, en France, déclenché l'opération des policiers de la D.S.T. Sur l'une des pages figurerait un certain « Carlos » ainsi qu'un numéro de téléphone à Paris. Les Paraguayens pensent immédiatement à Roberto Santucho, le frère d'Amilcar, dont ils pensaient qu'il avait trouvé refuge en Europe.

Tout semble concorder. La police française est prévenue et, pour une affaire aussi sensible, la Direction de la sûreté du territoire va être chargée d'interpeller Roberto Santucho, alias « Carlos ». Le numéro de téléphone indiqué permet de trouver une adresse, rue Toulier, à Paris. Malheureusement pour les fonctionnaires de police français, c'est face à un tout autre « Carlos » qu'ils vont se trouver, celui qu'on surnomme « le Chacal », Illich Ramirez Sanchez.

On connaît la suite.

Arrêté au Soudan en 1994 – alors que Charles Pasqua était ministre de l'Intérieur – et remis à la France dans des conditions très troubles encore aujourd'hui, Illich Ramirez Sanchez dément cette version des faits et conteste son implication dans la mort des policiers de la D.S.T. Ses arguments sont simples : d'abord il n'y avait pas de téléphone dans le studio de la rue Toulier, ensuite les deux policiers ont été tués le 27 juin 1975, c'est-à-dire avant l'arrestation des camarades Alarcon et Santucho...

Qui faut-il croire ?

*
**

Le 9 février 1977, un autre Français, Marcel René Amiel, est porté disparu en Argentine. Il a trente-six ans. À la différence de Jean-Yves Claudet, cet homme qui vit à Mendoza depuis 1972 n'a aucune activité politique.

Marcel Amiel est né le 14 octobre 1941 du premier

mariage de sa mère, Mme Baquet, avec Marius Amiel. À quatorze ans, peu porté sur les études, il a travaillé dans une usine de porcelaine, chez « Raynaud », à Limoges. Il a un demi-frère, Michel, dont il restera toujours très proche. Après le départ de leur mère du domicile conjugal, les deux frères sont placés dans une institution de Limoges, le centre Gilbert-Ballet, jusqu'à leur majorité.

Marcel effectue ensuite son service militaire en Algérie où il est affecté, avec des légionnaires, dans les commandos comme tireur d'élite. Pendant deux ans, il reste dans une unité combattante.

À son retour en France, il devient tourneur sur métaux après un stage de formation et entre chez « Galinet », une entreprise de construction mécanique de Limoges. Il y reste plusieurs années puis fait un stage de plomberie sanitaire au Havre, au début des années soixante. Engagé sur place par la Compagnie générale transatlantique comme mécanicien navigant, il va passer dix années sur des cargos et des bananiers, de l'Europe du Nord à la côte Pacifique de l'Amérique, depuis Concepción au Chili jusqu'à Vancouver au Canada.

C'est lors d'une escale à Santiago qu'il rencontre celle qui va devenir sa femme. Elle s'appelle Nora Campos.

Marcel Amiel va naviguer deux ans encore. Il est maintenant officier mécanicien à bord de l'*Astragale*, un navire océanographique utilisé pour la recherche pétrolière. En 1972, il quitte ce poste pour se marier avec Nora Campos, à Santiago.

Avec elle, Marcel devient travailleur saisonnier dans des fermes argentines. Selon le témoignage de son frère Michel, âgé de cinquante-neuf ans aujourd'hui, c'est là « le seul métier qu'il ait exercé là-bas ».

Les années qui suivent le mariage se révèlent difficiles.

Marcel et Nora vivent d'abord chez les parents de la jeune femme qui leur demandent un jour de partir. Le couple connaît des jours maigres, couchant quelque temps dans la voiture qu'ils ont achetée, une 2-CV Citroën, puis décide de repartir en Argentine.

Pendant toutes ces années, Marcel n'a qu'un statut de touriste. Il doit donc faire valider son passeport au moins tous les trois mois. Pour cette raison, il fait de courts séjours en Argentine puis au Chili, faisant alternativement viser ses papiers dans les deux pays. En Argentine, il habite à San Martin Y Rawson (près de Mendoza), chez un ami dont le fils Isaac est notoirement connu comme indicateur de police. Des proches de Marcel Amiel avanceront l'hypothèse selon laquelle ce jeune Argentin pourrait être à l'origine de la disparition du Français.

Le 11 septembre 1973, Marcel Amiel se trouve avec sa femme à Santiago en plein coup d'État. Le couple prend immédiatement la fuite en 2-CV pour repasser la frontière vers l'Argentine.

En 1976 naît à Mendoza leur fils unique, Marcelito Estevan.

« En 1976, il savait que la situation en Argentine était explosive, explique aujourd'hui son frère Michel qui vit en France. Plusieurs personnes, dont ma propre épouse Gladys qui est d'origine argentine et que j'ai connue là-bas lors d'un séjour en 1974, l'avaient prévenu. » Conscient du danger encouru, Marcel décide donc de quitter l'Argentine pour rentrer en France avec sa famille. « Nous nous étions mis d'accord sur nos activités futures, poursuit son frère. Nous voulions devenir ferrailleurs. »

Par l'intermédiaire de son épouse Nora, Marcel Amiel entame des démarches afin d'obtenir un passeport pour son fils Marcelito et de pouvoir rentrer le plus vite possible en France. Or, c'est quelques jours après l'obtention de ce passeport que Marcel a disparu. Parti se promener à bicyclette, il n'est jamais rentré chez lui. Son épouse ne sait même pas s'il a été interpellé par des services de police. Une seule chose est sûre, pas une fois il ne s'est mêlé de politique, d'action syndicale ou humanitaire. D'ailleurs la police de Mendoza n'a même pas établi de fiche sur lui.

À la suite de la disparition de son frère, Michel Amiel va effectuer d'incessantes démarches auprès des administrations françaises (jusqu'à la présidence de la République), auprès des autorités argentines, d'Amnesty International, des Nations unies, du Vatican, de la Croix-Rouge, de l'Association des familles de Français disparus en Argentine, d'Emmaüs, en vain. Même le MIR, qu'il a réussi à contacter, n'a pu lui fournir le moindre renseignement.

En 1977, le frère de Marcel Amiel reçoit un courrier du ministère des Affaires étrangères l'informant qu'un corps a été retrouvé le 14 octobre, près de Mendoza, au bord d'un chemin menant à une carrière appartenant à la société Corcemar. Ce corps pourrait correspondre à celui de son frère du fait qu'à proximité a été retrouvé un sac comportant le nom de Nora Campos. Aussitôt, Michel Amiel envoie un questionnaire à l'ambassade de France en Argentine. Voici les réponses qu'il en a reçues.

Question (à propos du corps découvert) : – Pouvez-vous me fournir des informations plus explicites ?

Réponse : – Hélas non.

Q. : – Qu'est-ce qui vous permet de penser qu'il puisse s'agir de mon frère ? Quelles preuves avez-vous à me présenter ?

R. : – La présence du sac à l'intérieur duquel il y avait le nom et les initiales suivants : « Nora CAMPOS R HDS INF. »

Q. : – Où a-t-il été retrouvé [*son frère*] ? Son corps était-il caché, recouvert par quelque chose ? Par qui et dans quelles circonstances ?

R. : – Carrière de sable abandonnée appartenant à l'entreprise Corcemar. Non. Non. Accidentellement par un employé de l'entreprise, M. Zembrana, qui en a rendu compte à son contremaître, M. Diaz.

Q. : – Dans quel état de conservation ? La mort remontait à quand ?

R. : – Squelette. Plus de cinq ans selon le médecin légiste.

Q. : – Quelle est apparemment la cause de la mort ?

R. : – Impossible à dire. Squelette. Peut-être électrocution.

Q. : – Une autorité française a-t-elle vu ce cadavre ? Si oui, quel est son avis ? Sinon pourquoi aucune autorité n'a-t-elle pu le voir ?

R. : – Non, refus des autorités argentines motivé par le secret qui est de règle dans les enquêtes de police dont le résultat est communiqué seulement au juge d'instruction.

Q. : – Comment peut-on penser qu'il s'agit d'une affaire de droit commun. Les preuves ?

R. : – N'a jamais eu d'activité politique. En revanche aurait eu des problèmes avec sa belle-mère, selon des informations fournies par l'Association des disparus et prisonniers français en Argentine et en Uruguay.

Q. : – Dans le cas où il est prouvé que c'est une affaire

de droit commun, de quoi s'agit-il et recherche-t-on le coupable ?

R. : – Il ne s'agit que d'une hypothèse, voir ci-dessus. Pour leur part, les services de police de Mendoza qui ont entravé les recherches de notre agent consulaire lors de la découverte des restes d'un corps auprès duquel se trouvait un sac de sport ayant appartenu à l'épouse de M. Amiel n'ont rien fait.

(.../...)

Q. : – Que pouvons-nous faire en ce qui concerne son corps ? Autopsie pour déterminer la cause exacte de la mort et pour la date ?

R. : – D'après le médecin légiste, la mort remonterait à plus de cinq ans et dans ces conditions il ne pouvait s'agir de Marcel René Amiel.

Hugues Homo, ancien consul général de France à Buenos Aires du 17 septembre 1977 à janvier 1982, a eu connaissance de la disparition de plusieurs Français après la prise du pouvoir par les militaires argentins en 1976. S'agissant de Marcel Amiel, il n'a jamais pu obtenir la moindre information valable. Il s'est pourtant rendu à Mendoza pour y rencontrer le gouverneur de la province du même nom. Lequel s'est contenté de lui répondre qu'aucune arrestation n'avait été effectuée.

Le 8 novembre 1978, en échange de la libération de quatre Français détenus en Argentine (Hector Abrile, Michel Benasayag, Gérard Guillemot et Roberto Sanchez), le président de la République française, Valéry Giscard d'Estaing recevait l'amiral Emilio Massera, membre de la junte militaire argentine, à la demande de l'Association des parents et amis des Français disparus ou détenus en Argentine et en Uruguay. Une association créée par Jean-Pierre Lhande, dont le frère Michel est resté détenu en Argentine de 1977 à 1982 (l'avocat de l'association, Me Miquel, a fait de nombreux voyages en Argentine pour effectuer des recherches sur différents dossiers). Lors de sa visite à l'Élysée, l'amiral Massera a remis à M. Valéry Giscard d'Estaing une liste nominative des Français disparus en Argentine. Un point rouge signalait les personnes décédées, parmi lesquelles figuraient les noms d'Amiel et de Claudet.

Pourtant Marcel René Amiel n'a jamais été signalé dans aucune prison en Argentine, en Uruguay ou au Chili, et aucun des groupes politiques en exil, qu'ils soient chiliens ou argentins, ne l'a reconnu comme l'un de ses membres ou sympathisants.

Dans le cadre de cette affaire, qui pourrait aussi s'apparenter à du droit commun, aucun mandat d'arrêt n'a été délivré. Mais une demande de recherche A.D.N. a été transmise aux autorités argentines, afin de savoir si le corps retrouvé est bien celui d'Amiel.

– 8 –

« J'ai appris que M. Kissinger... »

Les Américains n'ont pas de chance avec la justice française. Un jour c'est l'acteur Robert De Niro de passage à Paris qu'un « petit juge » exige d'entendre, séance tenante, à titre de témoin dans une affaire de mœurs où son nom est malencontreusement cité. Scandale, refus, « *so shocking* ». Bob croit à un mauvais film et en lâche son verre de whisky quand la police le cueille dans un palace parisien avant qu'il rejoigne le plateau de tournage où il est attendu. Il s'adjoint le concours d'un ténor du barreau parisien, jure qu'on ne l'y reprendra pas de sitôt et qu'il ne remettra plus jamais les pieds sur le sol français. Pas de quoi fouetter un chat, même si la convocation fait la une des journaux et des tabloïds du monde entier : l'affaire n'est pas allée plus loin. M. De Niro a répondu au juge et pourra bientôt revenir fouler le pavé de la capitale. Nul ne lui tiendra rigueur de sa première réaction.

La même mésaventure va arriver à l'ancien secrétaire

d'État Henry Kissinger. Pas dans un dossier de mœurs, de proxénétisme et de call-girls intimement liées à des acteurs et vedettes de renom mais dans une affaire beaucoup plus sérieuse, on l'aura compris.

Comment diable l'ancien numéro un de la diplomatie américaine, prix Nobel de la paix en 1975 pour sa contribution aux négociations de paix avec le Vietnam, l'un des hommes les mieux renseignés du monde, âgé certes de près de quatre-vingts ans aujourd'hui mais en pleine possession de ses moyens, a-t-il pu se retrouver piégé à son tour par un magistrat français ?

L'histoire vaut d'être contée avant d'aller plus avant.

Tout commence par une lettre de l'avocat parisien William Bourdon, spécialiste avec sa consœur Sophie Thonon de la défense des droits de l'homme et très impliqué, comme elle, dans le dossier Pinochet instruit en France par le juge Roger Le Loire. Les deux avocats représentent et défendent les intérêts des familles des Français disparus, au Chili particulièrement, mais aussi dans toute l'Amérique du Sud pendant la dictature Pinochet. Cette lettre, en date du 22 mai 2001, demande au juge Le Loire de recueillir certains témoignages, dont celui de Henry Kissinger[1].

Six jours plus tard, le 28 mai 2001, Me Bourdon adresse un nouveau courrier au magistrat. Il s'agit cette fois de porter à sa connaissance un fait nouveau. « Monsieur le Juge, je viens d'apprendre de façon tout à fait fortuite que M. Henry Kissinger se trouverait à Paris aujourd'hui pour deux jours. À l'heure où je vous écris, je crois

1. Cette lettre très détaillée est intégralement reproduite en annexe, p. 327.

comprendre qu'il ferait partie d'un jury qui se serait réuni dès ce matin à l'UNESCO. Je n'ai pas d'autre indication en l'état, si ce n'est qu'il résiderait très probablement à l'hôtel Ritz ou au George-V [*deux palaces de la capitale*]. Je vous remercie dans ces conditions, dans la mesure où M. Kissinger n'a pas vocation à se rendre, semble-t-il, régulièrement en France, et dans la mesure où, selon toute vraisemblance, il ne se déplacerait pas des États-Unis pour vous rencontrer après avoir reçu une convocation à témoin, de vous saisir de cette occasion pour le prier, suivant les formes que vous voudrez bien décider, de l'inviter à se rendre en votre cabinet dans les meilleurs délais. »

On imagine l'embarras du juge. Doit-il ou non convoquer dans son petit bureau défraîchi du palais de justice de Paris, et tellement encombré de dossiers, un homme de la dimension d'Henry Kissinger ? C'est, à tout point de vue, une très lourde décision à prendre, tant en raison de la personnalité du témoin que des implications et conséquences politico-diplomatiques qui vont immanquablement en découler.

Sous le règne d'Allende puis de Pinochet, Kissinger a tout de même été successivement conseiller pour la sécurité nationale du président des États-Unis d'Amérique Richard Nixon avant de devenir son secrétaire d'État, puis celui de son successeur Gerald Ford. Henry Kissinger connaît tous les puissants de ce monde, dont certains sont devenus et restés des amis. Il parcourt toujours la planète afin de prodiguer ses conseils, écrit des livres et répond à des interviews qui font encore référence. Esprit éclairé, fin stratège, grand analyste, il est sans cesse sollicité pour des conférences internationales. Bref, on se l'arrache.

Le juge Le Loire ne reculera pas. Il demande aux policiers de la brigade criminelle, l'une des élites de la police française, d'aller quérir le prix Nobel au Ritz, place Vendôme, afin qu'il réponde à quelques questions en tant que simple témoin.

Les enquêteurs n'iront pas là-bas de gaieté de cœur. D'abord parce que c'est d'Henry Kissinger qu'il s'agit, mais aussi parce qu'il faut aux policiers de la « Crime » pousser une nouvelle fois la porte du Ritz, cet hôtel où ils sont si souvent venus au cours des mois précédents entendre le personnel dans leur enquête sur la mort de Lady Di.

Munis d'une convocation officielle du magistrat, les policiers se présentent le matin du 28 mai à l'entrée du palace et demandent à rencontrer le client Kissinger afin de lui remettre, en main propre, la missive. Stupeur du directeur du Ritz qui doit penser à un mauvais remake de l'affaire De Niro. On peut, il est vrai, rêver meilleure publicité pour l'un des hôtels les plus chics et les plus renommés de la planète. Le directeur doit néanmoins s'exécuter. C'est la loi. Nul ne peut faire obstacle à la justice de son pays.

La brûlante convocation en main, le voilà donc obligé d'aller frapper à l'entrée de la suite qu'occupe l'ancien secrétaire d'État du plus puissant pays de tous les temps. Les hommes de la brigade criminelle ont accepté d'attendre sagement dans le hall, sachant bien que l'homme ne prendra pas la poudre d'escampette en sautant par la fenêtre. Henry Kissinger est d'ailleurs en conférence avec un chef d'État africain. Il sort, flanqué de ses deux gardes du corps, et prend connaissance du document qu'il se fait traduire. Sa surprise est facilement imaginable ! L'ancien secrétaire d'État décroche son téléphone et appelle son ambassade à Paris, ainsi que les meilleurs avocats pénalistes ou constitutionnels.

Comme on pouvait s'y attendre, Kissinger refuse de déférer à la convocation et se réfugie dans les locaux de son ambassade où les pourparlers se poursuivent. Les négociations sont délicates, mais il ne doit pas être dit qu'un homme de la trempe de Kissinger se dérobe devant l'obstacle. On consulte, on argumente, et puisque le juge veut son témoignage et qu'il a la réputation de ne pas lâcher facilement, on « accepte » en trouvant un compromis mais, surtout, en gagnant du temps.

Ainsi, le 22 juin, moins d'un mois après l'avoir vainement convoqué dans son cabinet, Roger Le Loire sollicite l'autorisation – chaque mot compte et doit être savamment pesé – de recueillir le témoignage de M. Kissinger en délivrant une commission rogatoire internationale aux autorités américaines. Le magistrat suit en cela les recommandations de l'ambassade des U.S.A. à Paris, qui lui avait suggéré de présenter sa requête au département d'État.

Dans sa demande, le juge Le Loire pose une série de vingt questions précises au prix Nobel dont l'étoile vient de pâlir sérieusement avec la sortie d'un livre de l'Anglais Christopher Hitchens qui va faire beaucoup de bruit outre-Atlantique. Il s'agit en réalité d'un véritable réquisitoire contre la politique menée par Kissinger au Vietnam, au Cambodge, à Chypre et en Indonésie. Le titre est sans ambiguïtés : *Les Crimes de M. Kissinger*. Un chapitre entier est consacré au Chili et sera versé au dossier du juge Le Loire à la demande expresse de Me Bourdon. Il situe avec précision le contexte et certaines des raisons de l'audition avortée de l'ancien secrétaire d'État de Richard Nixon.

Dans le chapitre intitulé « Chili, l'assassinat d'Allende », l'écrivain anglais note que « conformément à son mépris pour la démocratie, un jour, Kissinger observa qu'il ne voyait aucune raison d'empêcher un certain pays de virer au communisme à cause de l'irresponsabilité de son propre peuple ». Ce pays est le Chili, argumente l'auteur. Nous sommes en 1970. Allende, candidat de gauche à l'élection présidentielle, vient d'être élu chef de l'État avec 36,2 % des suffrages. « Le seul nom d'Allende était un anathème pour l'extrême droite chilienne, écrit Hitchens, et aussi pour certaines multinationales très puissantes – notamment I.T.T., Pepsi-Cola et la Chase Manhattan Bank –, et pour la C.I.A. »

Nixon, alors président des États-Unis d'Amérique, ne sait peut-être même pas où se situe le Chili quand il apprend – quelques jours avant la victoire de l'Unité populaire – que si Allende gagne, comme tout le laisse à penser, les intérêts économiques américains risquent d'en prendre un sale coup. Il a en outre une dette envers le P.-D.G. de Pepsi, Donald Kendall, qui déteste Allende et gagne rapidement Nixon à ses vues, affirme Hitchens. « Kissinger, rapporte-t-il, voit là l'occasion d'impressionner son patron et, en finesse, ne ménageant pas les efforts diplomatiques, conduit une stratégie de déstabilisation du Chili en vue d'y préparer un coup d'État militaire ponctué d'enlèvements et d'assassinats. » À l'appui de sa démonstration, l'écrivain cite les fameux documents de la C.I.A. déclassifiés par les Américains à propos du général déchu Augusto Pinochet.

Le plan des Américains pour appuyer le renversement d'Allende aurait été rodé et peaufiné jusque dans le bureau ovale du président Nixon à la Maison Blanche.

« Aucune implication [*de notre ambassade*], aurait dit Nixon. Dix millions de dollars disponibles, plus si nécessaire. »

Les stratèges, Kissinger et le patron de la C.I.A. Richard Helms, n'auront aucun mal à trouver leurs petites mains et leurs bras armés au Chili où Allende n'a pas, tant s'en faut, que des amis. Mais il y a un obstacle à ce coup d'État : la neutralité légendaire de l'armée du Chili et singulièrement de son chef, qui est à cette époque le général René Schneider.

Les putschistes opérant à distance auraient alors eu cette idée lumineuse d'écarter discrètement Schneider avec la complicité de militaires chiliens mis dans la confidence. Les choses ne se déroulant pas comme prévu, l'enlèvement du général aurait alors été projeté. Un gradé proche de Patrie et Liberté se serait même vu offrir la somme de cinquante mille dollars pour le kidnapping programmé de Schneider.

Certains extraits de documents déclassifiés émanant de la C.I.A. nous éclairent sur ce point.

– « ... [*nom rayé*] a rencontré clandestinement, le soir du 17 octobre, [*deux officiers de l'armée chilienne*] qui lui ont dit que leurs plans avançaient mieux qu'ils ne l'auraient cru possible. Ils ont demandé qu'avant le 18 octobre [*on*] s'arrange pour leur fournir huit à dix grenades lacrymogènes. Sous quarante-huit heures, ils auront besoin de trois mitraillettes calibre 45 avec cinq cents cartouches chacune. »

– « [*Les officiers*] ont dit qu'ils doivent agir parce qu'ils se croient dorénavant soupçonnés et surveillés par des partisans d'Allende. »

– « Requérons rapide livraison de trois mitraillettes calibre 45 stériles et munitions. »

Réponse : « Les mitraillettes et munitions envoyées par courrier normal quittant Washington à 7 h 19, 19 octobre, prévues d'arriver à Santiago tard le soir 20 octobre ou tôt le matin 21 octobre. Préférence courrier normal pour éviter d'attirer l'attention sur l'Op [*opération*]. »

La suite de ces notes de la C.I.A., publiées in extenso par Hitchens et qui sont du domaine public, montre que « l'Op » va échouer. Cela n'empêche pas Kissinger de maintenir la pression, ni de demander à la C.I.A. de ne laisser aucune chance à Salvador Allende en « exploitant toutes les failles ». Schneider, sous la pression américaine, est donc finalement enlevé.

L'affaire tourne mal, le général ayant été tué tandis qu'Allende était élu président du Chili. Kissinger préconise alors, dans un mémorandum, des « relations serrées » avec les chefs militaires des pays voisins, car il a de moins en moins de prise sur le Chili que Nixon, pour sa part, veut harceler économiquement. « Ce mémo, fait valoir Hitchens, préfigure dans ses grandes lignes les révélations qui, depuis cette époque, ont concerné l'opération Condor : la collusion secrète entre les dictatures militaires de l'hémisphère, organisée avec l'assentiment et l'indulgence des États-Unis. »

Le coup d'État de Pinochet sera salué par certains officiels américains comme « notre jour J », par référence maladroite au débarquement des Alliés en Normandie.

Hitchens affirme que Kissinger se tient informé des faits et gestes du dictateur et de ses généraux dans le moindre détail. Ainsi, le 8 juin 1976, à la veille du jour où il va prononcer un important discours devant l'Organisation des États américains (O.E.A.), le secrétaire d'État a une conversation avec le dictateur chilien. Déclassifié et également public, un autre mémo rapporte ce que dit Kissinger à Augusto Pinochet. La presse du monde entier s'en est fait l'écho. « Je traiterai des droits de l'homme [*dans mon intervention*] en termes généraux et dans un contexte mondial. Je préciserai que [*cette*] question a nui aux relations entre les États-Unis et le Chili [...]. J'ajouterai que j'ai espoir que vous pourrez écarter rapidement ces obstacles [...]. Mon discours n'est pas orienté contre le Chili. Je voudrais vous le dire. D'après mon évaluation de la situation, vous êtes, en fait, la victime de tous les groupes de gauche du monde entier et votre plus grand péché a été d'avoir renversé un gouvernement qui était en train de virer au communisme. »

Puis le futur prix Nobel explique à Pinochet que le Congrès américain fait actuellement pression dans son pays sur cette question des droits de l'homme et parle de sanctions contre le Chili, mais que tout peut s'arranger s'il lâche du lest. « Nous faisons de lents progrès, rétorque le chef d'État chilien, nous avons libéré des prisonniers. »

Trois mois plus tard, Orlando Letelier est assassiné sur le sol américain. C'est l'attentat que n'auraient jamais dû commettre les Chiliens. La décision de cette action sera imputée au général Contreras. Pinochet aurait peut-être voulu éviter cette malheureuse affaire, mais il n'a pas su brider Contreras dans sa course folle à la répression.

*
**

Le juge Le Loire, lui, s'intéresse à Kissinger pour ce document que le numéro un de la diplomatie américaine a envoyé, le 20 juillet 1976, à tous ses ambassadeurs dans le monde. Un document de cinq pages au titre sibyllin :

« Les activités des organisations de renseignement du cône Sud. »

Une phrase, dans ce texte, motive le magistrat français : « L'Argentine, le Chili et l'Uruguay vont coopérer clandestinement contre les activités de la J.C.R. [*Junte de coordination révolutionnaire*] à Paris. » Pire, il est explicitement fait référence à la mort d'Eduardo Enriquez, un militant du MIR et un camarade de Claudet Fernandez, disparition dont Roger Le Loire est saisi.

Ce sont là des éléments suffisamment troublants pour qu'on demande des comptes à M. Kissinger en vingt questions. Mais Le Loire ayant été promu premier juge dans un tribunal de la région parisienne, c'est Sophie-Hélène Château, magistrat au palais de justice de Paris, qui a été choisie pour continuer à instruire le dossier Pinochet en France. C'est elle qui sera la destinataire des réponses de M. Kissinger.

Le chancelier américain n'en aura pas fini pour autant avec les tracas judiciaires. L'Argentine, qui purge son passé « Condor », le réclame elle aussi. Malgré son âge, on l'attend encore au Chili où le nouveau régime démocratique a laissé le champ libre à des juges tenaces qui font le même travail de mémoire sur les années noires. Enfin, le 10 septembre 2001, la famille de René Schneider a engagé des poursuites à Washington auprès d'un tribunal fédéral contre Kissinger, l'accusant de complot en vue de l'assassiner. La veille, lors de la célèbre émission télévisée « C.B.S-*sixty minutes* » (C.B.S.-soixante minutes), des accusations précises ont été portées contre la Maison Blanche. Elles recoupaient notamment celles de l'écrivain Christopher Hitchens. Le fils du général Schneider, prénommé René lui aussi, a affirmé que son père était farouchement opposé à un coup d'État. « Mon père, dit-il, a déclaré de nombreuses fois que l'armée ne devait pas prendre le pouvoir politique. Si elle le faisait, cela signifierait une dictature et la fin de la démocratie. J'ai toujours voulu oublier cela mais nous avons un devoir envers l'humanité. Il serait irresponsable de rester silencieux. »

Pour dire la vérité, il convient de rappeler que le Sénat américain avait déjà enquêté loyalement et sans entraves, dès 1975, sur le rôle des États-Unis lors du putsch chilien et que le gouvernement avait soutenu le Sénat. Kissinger avait alors affirmé avoir cessé tout soutien aux conspirateurs une semaine avant la mort de Schneider.

Pourtant, le 9 septembre 2001, le chancelier a refusé de répondre aux questions de C.B.S. sur la mort du général Schneider.

En France, on s'est également intéressé au rôle de certains gradés dans le dossier Condor. Le rideau retombera sans doute aussi vite qu'aux U.S.A., mais un voile a été subrepticement levé sur des activités peu en rapport avec l'idéal militaire dans une démocratie.

L'affaire a pris sa source dans une lettre adressée au juge Roger Le Loire par Me Sophie Thonon, l'une des avocates des victimes françaises des dictatures chilienne et argentine. Nous sommes en avril 2001. La France vit l'une de ces polémiques dont elle a le secret et l'habitude. Elle est en plein débat sur la torture durant la guerre d'Algérie, après que certains chefs militaires ont reconnu et justifié son usage à cette époque. Au premier rang d'entre eux, un personnage trouble, manipulé ou non, mû par l'argent ou pas, mais en tout cas un personnage, une « gueule » à s'attirer les pires ennemis et les meilleurs amis : le général Paul-Louis Aussaresses.

Dans un livre retentissant, il dit tout sur la guerre

d'Algérie, que la France n'a pas purgée comme il se doit et que les Français traînent comme un boulet. Et surtout il reconnaît, en la décrivant, la torture.

Me Thonon fait clairement référence à ce débat. « La torture, écrit-elle au juge Le Loire, et le système d'éradication de toute forme d'opposition auquel elle participe, ont été considérés durant la guerre d'Algérie comme une arme exemplaire, digne d'être théorisée pour être enseignée aux militaires non seulement français mais également étrangers. »

Parmi ceux-ci, argumente l'avocate, les responsables de l'une des dictatures les plus sanglantes d'Amérique latine, l'Argentine (1976-83). Ce pays où précisément a disparu le Français Claudet Fernandez, une affaire qui intéresse directement le magistrat instructeur.

« De 1957 à 1975, ajoute l'avocate, de très nombreuses missions conjointes des armées de terre et de l'air françaises se sont succédé dans les écoles de guerre et académies militaires d'Argentine. » Et Sophie Thonon de citer, se rapportant à l'article d'un quotidien argentin (lui-même rédigé sur la foi du témoignage du général Ramon J. A. Campos), plusieurs officiers qui y ont dispensé « au fil des années le fruit de leurs expériences acquises en Indochine mais surtout en Algérie ». Un enseignement basé sur les écrits et conseils des généraux Massu et Salan, ainsi que du lieutenant-colonel Trinquier, acteurs du conflit algérien.

Une note du 19 mars 1957, signée de Massu, résume l'état d'esprit des officiers : « On ne peut lutter contre la guerre révolutionnaire et subversive menée par le communisme international et ses intermédiaires avec les procédures classiques de combat, mais bien par des méthodes d'actions clandestines et contre-révolutionnaires. Il faut que ces méthodes soient admises en nos âmes et consciences comme nécessaires et moralement valables. »

Trinquier a été chargé de leur mise en application, soutient Me Thonon, avec d'autres militaires qui ont « servi de modèles aux commandos de la dictature argentine appelés *grupos de tareas* ayant enlevé, torturé et ensuite fait disparaître les éléments subversifs. Ils ont de même appliqué à la lettre la doctrine de la clandestinité en fondant leur répression sur la dissimulation des centres de détention et la disparition des victimes et de leurs corps.

» L'armée française ne fut pas la seule à initier son homologue argentine aux méthodes de la guerre contre-révolutionnaire, ajoute Sophie Thonon, et fut dans cette tâche largement rejointe par la nord-américaine qui disposait d'ailleurs d'une école permanente par laquelle passèrent des milliers de cadres militaires des dictatures latino-américaines ou des forces de répression. Cependant, c'est l'enseignement français qui fut spécialement revendiqué et mis en pratique par la dictature argentine. »

« La conception française était plus exacte que la nord-américaine, estime pour sa part le général Campos. Elle était plus globale que l'autre, qui visait presque exclusivement l'aspect militaire. » Ainsi la junte d'Argentine, selon Me Thonon, « fut une bonne élève et organisa plus de trois cents centres de détention à travers un pays immense, fit trente mille disparus et laissa des milliers de tués et de torturés ».

Revenue à la démocratie, l'Argentine a jugé ses généraux et ses tortionnaires en uniforme, prononçant à leur encontre des peines de réclusion criminelle à perpétuité. Des lois d'amnistie et une grâce présidentielle les ont rayées d'un trait avant que, sous la pression, la justice daigne refaire sa copie et rouvrir des procès. Me Thonon, souhaitant que la France se penche à son tour sur ses militaires, a fourni au juge Le Loire une liste nominative des colonels qui ont formé des Argentins jusqu'en 1975. Assez pour que le magistrat décide d'orienter ses investigations de ce côté-là et plonge au cœur des archives de l'armée française – obtenues de manière légale auprès des autorités gouvernementales, après levée du sacro-saint secret défense –, et de ses délégations successivement installées en Argentine durant ces années-là. Spécialement celles en poste à Buenos Aires au moment de la disparition de M. Claudet Fernandez.

Il reste à entendre lesdits gradés dont le désormais célèbre Aussaresses qui, alors colonel, fut entre 1973 et 1975 attaché militaire à l'ambassade de France de Brasilia. En Argentine, promu général, il a exercé les mêmes fonctions.

Pourtant, comme tous les militaires interrogés par Roger Le Loire, Aussaresses nie avoir entendu parler de Français disparus, de tortures, de militaires instructeurs pour apprentis dictateurs et de plan Condor. Comme eux, il paraît se demander ce qu'il fait là, face à ce magistrat têtu qui s'est d'ailleurs spécialement déplacé, avec sa fidèle greffière, afin d'interroger quelques-uns de ceux qui coulent leur retraite dans le sud de la France.

L'un d'eux, en poste en Argentine au plus fort de la répression, reconnaît avoir eu connaissance du plan Condor. « Mais on ne me disait rien. [...] Il est exact que je conseillais les militaires argentins, en ce sens que je leur expliquais comment cela se passait chez nous dans l'armée. Par contre, pour ce qui concerne la torture, l'infiltration, la délation, je n'ai jamais vu cela dans l'armée française... On m'a demandé de faire des conférences sur l'organisation de nos services d'intendance en temps de paix et en temps de guerre sur le service de santé, sur l'organisation d'un corps d'infirmières héliporté, sur les questions posées par les corps de troupes, sur l'utilisation des blindés, la gendarmerie, le déroulement de notre guerre d'Indochine. Ils n'ont rien demandé sur l'Algérie. »

Au bout du compte, le juge Le Loire n'a recueilli aucune preuve de l'implication de militaires français avec les dictatures du plan Condor. Mais l'enquête se poursuit...

Silence dans les rangs ?

– Conclusion –

Sous la signature de Willem, le quotidien français *Libération* a publié une terrible caricature d'Augusto Pinochet Ugarte. On y voit le vieux dictateur assis dans un fauteuil roulant. Celui de l'aventure londonienne, de sa maladie vraie ou supposée, quand il est alors cerné par les juges et réclamé par de nombreux pays pour répondre de ses actes. Le sénateur à vie y ressemble à un truand sur le retour, un parrain de la mafia sicilienne.

« J'ai d'abord essayé la folie meurtrière, le délire sadique, la rage sanguinaire mais ça n'a pas marché », lui fait dire le caricaturiste sous le titre : « Pinochet sauvé par la sénilité. »

De retour dans son pays, en mars de l'année 2000, le vieil Augusto, celui-là même que des médecins britanniques ont estimé incapable de comparaître devant un tribunal en raison de son état physique et mental, a adopté un profil bas. Direction sa vaste propriété des bords de mer, loin de Santiago du Chili, auprès de Lucia, son épouse – la bien-aimée –, de ses enfants et petits-enfants. Retraite, calme, consultations fréquentes avec les anciens amis militaires dont beaucoup ont encore de l'influence dans le pays. Un vieux sage, en somme, avec les soucis de santé inhérents à son âge, n'était l'obstination d'un magistrat chilien qui a aussitôt pris le relais de ses collègues européens dans la chasse au tyran sanguinaire.

Un mauvais film pour le retraité.

Un sale remake.

Juan Guzman Tapia, ancien étudiant de la Sorbonne en mai 1968, fils d'un prix Nobel de littérature, magistrat sous Salvador Allende puis Augusto Pinochet, déclenche une tempête en relançant la pression sur l'autocrate, à domicile si l'on peut dire. En effet, le juge Guzman instruit depuis trois ans des plaintes déposées contre l'ex-dictateur au Chili. Cent dix exactement en ce 25 mars 2000 où le Congrès chilien donne un gage de confiance à son ancien dirigeant, de retour au bercail, et adopte un amendement accordant l'immunité aux anciens présidents de la République. Mais la justice est implacable et le juge Guzman aussi teigneux que tenace. Il a comme cadre juridique les crimes perpétrés en octobre 1973 par la Caravane de la mort, comme on a appelé plus tard ce commando rapide comme l'éclair qui a enlevé et assassiné, à bord d'un hélicoptère, quelque soixante-quinze opposants au nouveau régime. En foi de quoi, le 5 juin 2000, la cour d'appel a levé l'immunité parlementaire de Pinochet, pourtant réputé sénateur à vie.

Le 8 août, la Cour suprême lui a emboîté le pas. Par quatorze voix contre six. En effet celle-ci estime dans son arrêt qu'il existe des « soupçons fondés » que Pinochet a bien ordonné les meurtres. Directement. Et de souligner

« la grande importance, au sein de l'institution militaire de la République, de la verticalité du commandement et l'obligation du subordonné d'observer strictement les ordres de son supérieur, au risque, sinon, d'encourir des mesures disciplinaires, un procès militaire, la destitution ou d'autres sanctions plus graves en temps de guerre ». Bref, les soldats de Pinochet ont agi sur son ordre dans ce massacre et n'ont pu faire autrement. À l'appui, la Cour cite un passage de l'ouvrage que Pinochet a publié en 1983. Un livre sans équivoque ni concessions, puisqu'il s'intitule *Politique, politicaillerie et démagogie*.

« Dans l'organisation militaire, qui ne sait commander ne sert à rien. Et qui ne sait pas obéir ne sert pas non plus. Pour bien commander, il est indispensable d'avoir appris à obéir. Et à obéir pleinement, de manière engagée, sans hésitation. Est un mauvais chef celui qui a été un mauvais subalterne. »

Les acteurs de la Caravane de la mort, poursuit l'arrêt des magistrats (épais de cent deux pages), « faisaient partie d'un groupe de militaires dirigés par un général de brigade et comprenant en outre un colonel, deux commandants et un lieutenant, assistés de deux pilotes officiers qui commandaient l'hélicoptère à bord duquel ils se sont rendus dans plusieurs villes au sud et au nord de Santiago, accomplissant une mission militaire ordonnée par le commandant en chef de l'armée, en l'occurrence l'actuel sénateur à vie Augusto Pinochet Ugarte ».

Dans la capitale du Chili, des milliers d'opposants au vieux tyran, âgé de quatre-vingt-quatre ans, laissent exploser leur joie dès l'annonce de ce verdict. Ils se rassemblent devant le siège de la Cour suprême et se rendent ensuite devant le monument dédié à la mémoire de Salvador Allende. Pendant ce temps, le commandant en chef des forces armées chiliennes, le général Ricardo Izurieta, affirme publiquement, et de manière ostentatoire, son soutien à Pinochet : pour cela il se rend à son domicile, son lieu de retraite dans le quartier résidentiel de La Dehesa, à plus de 100 km à l'est de Santiago. Une manifestation de soutien est ensuite organisée par les partisans du dictateur, dont une fondation porte le nom. Le gouvernement tente de calmer les ardeurs des uns et des autres. Il appelle au respect des décisions de justice. Marco Antonio Pinochet, le fils cadet, affirme pour sa part que l'état de santé de son père ne lui permettra pas d'être soumis à un procès dans son pays. « Il n'en verrait probablement pas la fin », estime-t-il. De nouveau le coup de la santé défaillante, comme une antienne, avec sa litanie de problèmes diabétiques et cardiaques, parmi tant d'autres misères de l'âge.

Le général Pinochet se prépare donc à livrer chez lui une nouvelle bataille juridique destinée à éviter une éventuelle condamnation. Elle tourne autour de son état de santé, certes, mais pas seulement.

*
**

Le 1er décembre 2000, inculpé pour les crimes de la Caravane de la mort, Pinochet est assigné à résidence par le juge Guzman. Le président du Chili Ricardo Lagos, alors en voyage officiel au Mexique, déclare que cette décision symbolise le « renforcement du système démocratique » dans son pays. Trois responsables du commando croupissent depuis quelque temps en prison – placés sous mandat de dépôt par le magistrat –, et non des moindres : Sergio Arellano, alors général, le brigadier Pedro Espinoza et le colonel Marcelo Moren. Des hommes qui ont fait carrière sous Pinochet et grâce à lui. L'hypothèse d'un procès et la perspective de leur jugement prennent de plus en plus corps à Santiago du Chili. Ce qui revient à dire que l'ancien dictateur risque bel et bien de devoir répondre de leurs actes et des siens. Seulement les chefs de l'armée ne l'entendent pas de cette oreille. Ils tempêtent et réclament une réunion du Conseil national de sécurité intérieure. La coexistence de la société chilienne est en jeu, arguent-ils. Tout cela à cause du juge Guzman et de ses décisions aussi imbéciles que disproportionnées, déclarent certains. L'opposition de droite reproche au gouvernement de ne pas avoir cherché une solution politique aux problèmes nés des conflits hérités du régime de la junte, et de ne pas avoir traité le cas de Pinochet contre lequel les plaintes s'accumulent. Guzman en instruit désormais cent quatre-vingt-sept. Lagos promet de s'entretenir avec les responsables militaires dès son retour du Mexique. Manœuvre dilatoire ? Facile à dire. Car depuis son arrivée au pouvoir, son gouvernement doit gérer une crise larvée avec l'armée. Heureusement pour lui, jusqu'ici, il a toujours réussi à s'en sortir.

Une qui est encore sous le coup de l'étonnement après l'inculpation et l'assignation à résidence de Pinochet, c'est bien Patricia Verdugo. Ce petit bout de femme de cinquante-trois ans, dont le père a été assassiné sous la dictature en 1976, a mené une enquête poussée sur la Caravane de la mort. Et le résultat de ses investigations lui vaut d'être citée dans l'acte d'accusation du juge Guzman. Même les magistrats européens qui traquent l'ancien dictateur se font souvent traduire ses écrits pour les joindre à leurs dossiers.

« Je suis dans un état de stupeur, confie cette journaliste à l'A.F.P., le 7 décembre 2000. Le rêve s'est réalisé : un juge de mon pays a décidé qu'il existait des preuves suffisantes pour accuser Pinochet de crimes. Il a reconstruit l'espoir pas à pas. La décision de Guzman est une réparation, un soulagement dans la blessure ouverte au Chili, infectée parce que Pinochet est là, criant son innocence. »

Alors qu'elle avait été citée comme témoin par Guzman, Patricia avait déjà déclaré, en 1998 : « Il était surréaliste de voir un magistrat se comporter ainsi, comme s'il avait le pouvoir de juger l'homme le plus puissant du Chili, qui était intouchable. » Résultat, elle avait fourni toute la base de données qu'elle avait constituée sur la Caravane de la mort à partir de témoignages d'officiers. « Ses crimes sont l'acte fondateur de la dictature », explique-t-elle volontiers. Et ses victimes se chiffrent par centaines, ce qui n'a jamais pu être démontré. « Pinochet doit être condamné par le pouvoir judiciaire de mon pays », martèle Patricia Verdugo à l'adresse de l'Agence France-Presse.

– Qu'il dise à la justice que l'extermination des opposants fut un acte de génocide. Qu'il soit condamné à la détention à vie dans sa maison transformée en prison, ajoute-t-elle.

– Et pourquoi pas dans une vraie maison d'arrêt ? interroge l'agencier.

Réponse sans appel de Patricia :

– En raison de l'impuissance de la transition chilienne, si fragile, si mensongère. C'est inimaginable que cela puisse arriver. Le Chili n'est pas encore une démocratie, nous y allons progressivement et le juge Guzman en est une pièce maîtresse.

*
**

Comme en écho à ces phrases lourdes de sens, le 11 décembre 2000, la cour d'appel de Santiago infirme l'ordre d'inculpation et l'assignation à résidence du général Pinochet. En effet, estime-t-elle, ce dernier doit être interrogé par Guzman avant toute poursuite de la procédure, ce que le juge a omis de faire. Et pas d'interrogatoire tant qu'il n'aura pas été examiné par des médecins ! assène-t-elle.

La défense de l'ex-dictateur a gagné. De toutes les façons, s'il était condamné, que risque-t-il ? La loi chilienne prévoit que les personnes de plus de soixante-dix ans ne peuvent être internées. Elles doivent accomplir leur peine sous bonne garde. À domicile.

Le 20 décembre suivant, la Cour suprême confirme cette décision en se basant sur le fait que le sénateur à vie n'a pas été auditionné avant son inculpation, comme l'exige le code pénal.

Toutefois, Guzman ne faiblit pas. Désavoué par les plus hautes instances judiciaires, il fixe au 22 janvier 2001 la date à laquelle le général Pinochet doit être soumis à un examen complet de santé mentale et neurologique, afin de déterminer s'il peut ou non être poursuivi. Du coup il emporte la seconde manche, le 29 janvier 2001, en inculpant le sénateur et en l'assignant de nouveau à résidence après l'avoir interrogé dans les règles.

Entre-temps, on s'en doute, les événements et révélations se succèdent à un rythme soutenu. Tant au Chili que dans le monde entier, qui suit avec intérêt l'évolution de la situation. Le livre d'une journaliste de la télévision, Monica Perez, et du beau-fils de l'ancien président chilien Eduardo Frei, Felipe Gertdtzen, affirme que Pinochet n'a été libéré à Londres, le 2 mars 2000, après ses cinq cent trois jours de détention, que grâce à un accord secret entre Frei et Tony Blair, le Premier ministre britannique, ce qui a toujours été nié en haut lieu. Et à la mi-janvier, la presse chilienne révèle que les militaires chargés de protéger le général Pinochet, assigné à résidence dans son pays, étaient prêts à accueillir les armes à la main les policiers chargés de signifier l'ordre d'inculpation du juge Guzman. Ils avaient enfilé leurs gilets pare-balles, enclenché leurs fusils-mitrailleurs et leurs lance-grenades, rapportent plusieurs journaux. Heureusement, au dernier moment, les policiers avaient reçu l'ordre de différer leur mission : les officiels avaient eu vent de ce branle-bas de combat qui aurait pu virer au carnage.

« Je ne crois pas qu'il y ait des secteurs rebelles dans l'armée », affirma pourtant – sans rire – le ministre de l'Intérieur José Maria Insulza. Ambiance.

*
**

L'interrogatoire d'Augusto Pinochet, chez lui, avant son inculpation par Juan Guzman, est un monument. Et un moment historique.

– Nom, prénoms, demande Guzman.

Pinochet ne dit mot.

– Avez-vous donné des ordres afin de procéder à des exécutions pendant la mission du général Arellano [*qui commandait la Caravane de la mort*] ? demande le magistrat.

– En réalité, il est impossible qu'aujourd'hui je me souvienne de tout, rétorque le dictateur. Moi, je n'ai jamais donné l'ordre de fusiller quiconque. Il y avait un ordre de la Junte de gouvernement selon lequel on ne pouvait ouvrir le feu qu'en cas de légitime défense.

– Avez-vous donné l'ordre de ne pas remettre les corps des victimes aux familles ?

– Si cela s'est produit, c'est parce que, souvent, les corps des personnes étaient retirés par les proches eux-mêmes. Et dans d'autres cas, comme il s'agissait de terroristes qui n'avaient pas de papiers sur eux, leur identification était difficile. Personne ne savait où étaient les corps parce que personne ne les réclamait.

– Pourquoi, à votre avis, de tels excès ont-ils eu lieu ? Pourquoi de nombreux corps n'ont-ils pas été rendus ? insiste le juge.

– Sur le premier point, je ne sais pas. Sur le second, j'ai déjà répondu, conclut l'ancien homme fort du Chili avant de lire, ratifier et signer sa déposition.

Peu après, Guzman lui présente un rapport de quatre pages sur les exécutions attribuées à la Caravane, daté du 31 octobre 1973 et portant son paraphe.

– C'est un faux, s'emporte Pinochet. Je ne suis pas un criminel.

*
**

Quelques jours après cette entrevue, l'ancien dictateur est hospitalisé à l'hôpital militaire de Santiago pour une insuffisance d'irrigation du cerveau. Il y arrive en limousine après avoir été transporté par hélicoptère des armées depuis sa résidence dorée. Les résultats des examens médicaux demandés par le juge Guzman ont auparavant révélé qu'il souffre d'une « démence modérée » due à une série de légères hémorragies cérébrales qui se sont produites ces dernières années.

Le lendemain de son hospitalisation est diffusée, sur les écrans de télévision, une interview du général en retraite Joaquin Lagos. Il dévoile des détails atroces au sujet de la Caravane de la mort, expliquant que les soldats n'ont pas immédiatement fusillé les prisonniers mais les ont fait mourir à petit feu. « Ils leur sortaient les yeux des orbites avec des poignards, révèle-t-il, leur brisaient la mâchoire et les jambes. Ils les fusillaient par morceaux parfois. D'abord les jambes puis les organes sexuels, ensuite le cœur avec des mitraillettes. Sans coup de grâce. »

Peut-être ces terribles mots pèsent-ils dans la décision finale du juge Guzman d'inculper Augusto Pinochet Ugarte. En tout cas cette décision est saluée, dans les rues de Santiago inondées de soleil, par d'immenses clameurs. « Justice, justice ! » crient des centaines de manifestants, dont une majorité de femmes tout de noir vêtues. Isabel Allende, fille de l'ancien président socialiste, est du cortège :

« Pinochet devra répondre de ses crimes », lâche-t-elle simplement au côté de Juan Pablo Letelier, fils de l'ex-ministre des Affaires étrangères du gouvernement Allende, Orlando Letelier, lui aussi assassiné par les barbouzes de la dictature. À quelques encablures, au siège de la Fondation Augusto Pinochet, c'est en revanche la consternation.

« Au Chili, nous nous offrons le luxe d'inculper et éventuellement de juger rien de moins que la personne qui a sauvé la Nation d'une véritable catastrophe, qui aurait été de maintenir le marxisme et le communisme international dans notre pays, déplore le général en retraite Luis Cortes Villa. La décision de Guzman est lamentable, ajoute-t-il. On cherche à punir une personne, une société qui, à un moment, a décidé et soutenu le soulèvement militaire de 1973 des forces armées et pas seulement d'Augusto Pinochet. » Et Cortes Villa en profite pour encourager les partisans de l'ex-dictateur à lui manifester leur solidarité. Devant chez lui, sous ses fenêtres.

*
**

En ce mois de janvier 2001, l'affaire Pinochet est l'occasion pour tous les commentateurs, sur tous les continents, de s'interroger sur le sort des anciens dictateurs. Lesquels connaissent alors des fortunes diverses. On égrène partout la liste – non exhaustive – des plus connus d'entre eux, afin de les rappeler au bon souvenir de l'opinion internationale.

– Idi Amin Dada. A pris le pouvoir en Ouganda en 1971. Est le plus célèbre des dictateurs africains. Faits d'armes : la suppression brutale des chefs de l'opposition et l'expulsion de cinquante mille Asiatiques non résidents dans le pays. Déposé en 1979 par l'armée tanzanienne qui a envahi l'Ouganda. Vit depuis lors en Arabie Saoudite.

– Reynaldo Bignone. Dernier président de la dictature argentine. Arrêté en janvier 1999 pour sa participation présumée aux enlèvements des bébés nés en captivité. En raison de son âge, soixante et onze ans, placé aux « arrêts domiciliaires ».

– Mengistu Haïlé Mariam. Homme fort de la junte éthiopienne qui a renversé l'empereur Haïlé Sélassié, soutenu par les Soviétiques. Défait par des rebelles. S'est enfui en 1991 au Zimbabwe, où il vit en exil.

– Manuel Noriega. Dirigeant du Panama, longtemps soutenu puis lâché par les États-Unis. Arrêté par les Américains après l'invasion du Panama en 1989. Jugé à Miami pour trafic de drogue, condamné à quarante années de détention. Purge sa peine dans une prison dorée de Floride.

– Alfredo Stroessner. Défait en 1989 après trente-cinq ans de dictature au Paraguay. S'est enfui au Brésil où il mène une paisible vie de retraité à Brasilia.

– Moussa Traoré. Renversé en 1991 après avoir gouverné le Mali, *manu militari*, durant vingt-trois ans. Condamné deux fois à mort pour crimes de sang et crimes économiques. À vu ses peines commuées en détention à perpétuité. Vit dans un modeste logement de Markalo, à 270 km à l'est de Bamako, la capitale malienne.

– Jean-Claude Duvalier. Fils de « Papa Doc », connu pour ses redoutables « tontons macoutes » qui ont fait régner la terreur en Haïti. Se fait désigner président à vie en 1971 et exerce une féroce répression, digne de son père, dans le pays le plus pauvre des Amériques. Alors qu'il est chassé du pouvoir en 1986, la France lui accorde l'asile temporaire. On signale depuis l'ancien tyran (ou ses enfants) un peu partout dans ce pays réputé pour la défense des droits de l'homme. Il est malade et pauvre, car son épouse aurait dilapidé sa fortune.

– Raoul Cedras. Prend le pouvoir en 1991 en Haïti et gouverne à la manière des Duvalier père et fils. Exilé de force en 1994 quand les États-Unis décident d'envoyer des troupes sur l'île sous la bannière de l'ONU. Vit dans le luxe à Panama, paradis du blanchiment de l'argent sale.

– Mohammed Suharto. Contraint de démissionner à l'âge de soixante-seize ans, en mai 1998, après avoir dirigé l'Indonésie d'une main de fer pendant trente-deux ans. Accusé d'avoir détourné pendant tout ce temps plus de cinq cent soixante-dix millions de dollars. Ne devrait pas passer en jugement vu son état de santé : trois crises cardiaques en l'espace de quelques mois. Fragile psychologiquement. En septembre 2000, il a été jugé inapte à comparaître devant la justice qui l'attaquait pour corruption. En novembre, une cour d'appel a ordonné la reprise du procès. Sans fixer de date.

– Slobodan Milosevic. Évincé du pouvoir lors des élections d'octobre 2000, le président yougoslave, homme fort de Belgrade durant une décennie, a été inculpé de crimes contre l'humanité par le Tribunal pénal international de La Haye, devant lequel il a récemment comparu. Une victoire pour les tenants d'une telle justice, peu nombreux mais déterminés.

*
**

Pour sa part, Augusto Pinochet a été remis en liberté provisoire par « son » juge préféré, Juan Guzman, le 12 mars 2001. Moyennant une caution de deux millions de pesos (soit trois mille quatre cents dollars de l'époque). Il reste néanmoins poursuivi, tant les plaintes s'accumulent contre lui au Chili. Plus de deux cent quarante en ce jour béni. La balle est dans le camp des instances d'appel, lancée – de guerre lasse ? – par Guzman. On le comprend un peu : sa décision d'inculper l'ancien dirigeant chilien a déjà été atténuée en appel. D'instigateur de la Caravane de la mort il est devenu complice, et son état de santé ne laisse pas d'inquiéter.

Le 14 mars, la cour d'appel de Santiago confirme cette décision et ordonne que Pinochet soit fiché : ses empreintes digitales et sa photo doivent rester dans les archives de la police. Comme un vulgaire voleur de poules. En mai 2001, le procureur de la même juridiction, sous la pression des avocats de la défense, recommande de classer l'affaire en raison de l'état de santé du prévenu qui empire au fil des jours, selon lui. Un point pour le dictateur, mais à la mi-juin celui-ci est à nouveau menacé d'une assignation à résidence après avoir refusé de se soumettre aux formalités de l'identification judiciaire. Il n'est pas dit que l'ancien numéro un du pays finira comme un délinquant de rue.

En effet, peu avant, des fonctionnaires de l'état civil se sont rendus dans la résidence de cinquante et un hectares où il s'est retiré, au retour de Londres, afin de prendre ses empreintes digitales. Refus des médecins. « Repos absolu », objectent-ils aux pauvres serviteurs de la patrie, zélés mais penauds.

Passent les mois.

Passent les procédures.

Le 10 juillet 2001, la cour d'appel, toujours elle, suspend les poursuites contre Pinochet. Provisoirement, au motif de la dégradation de son état de santé. Du temporaire qui ne fait guère illusion : à l'heure où plusieurs tortionnaires, Milosevic en tête, doivent rendre des comptes, le Chili choisit la dérobade et refuse d'apurer ses années de plomb, comme elle avait si bien commencé de le faire en choisissant le retour à la démocratie et en essayant de purger le passé grâce à la mise en place de la commission Rettig pour la « vérité et la réconciliation ». De jolis mots.

Fin novembre 2001, Pinochet a été victime d'un mauvais malaise le jour anniversaire de ses quatre-vingt-six ans. Il s'est senti défaillir en plein déjeuner, au milieu de deux cents invités, dans sa luxueuse propriété du bord de mer. Son porte-parole, Guillermo Garin, un général en retraite, a déclaré par la suite que cet évanouissement « n'avait pas eu de conséquences majeures ». Tout le monde cherche à épargner des soucis à l'ancien dictateur, d'autant que la famille semble se disputer âprement autour d'une... marque de vin ! Récemment, en effet, le fils aîné a enregistré un cru qu'il désire commercialiser aux États-Unis sous le nom d'« Augusto Pinochet ». Lucia, sa sœur, n'est pas d'accord. « Ce n'est pas le moment, papa est très malade. » Mais le fiston n'en démord pas. Il est vrai qu'il porte le même prénom que son père et qu'il a déjà pris des contacts avec des chaînes de supermarchés.

À la mi-décembre 2001, les Chiliens ont voté pour le renouvellement de leur chambre des députés et d'une partie de leur sénat. Sans surprise, le président Lagos a été conforté. Replié sur lui-même, malade, entouré de médecins comme dans la fameuse pièce de Molière, le général Pinochet n'a pas daigné se déplacer pour voter et a fait savoir qu'il ne risque plus de réapparaître au sénat, où il est élu *ad vitam*. La presse internationale, commentant ces élections, a souligné que pour la première fois le vieux dictateur n'avait pesé en rien sur ces scrutins.

Une femme de quarante-neuf ans, Michèle Bachelet, fille d'un général accusé de trahison et victime de la junte, assume depuis le 7 janvier la fonction de ministre de la Défense du Chili. Une première dans un pays de forte tradition militaire et doté d'une puissante armée qui cherche à se moderniser. « Mon père aurait été très fier », a-t-elle déclaré au lendemain de sa nomination surprise.

Le 23 décembre, les restes de treize victimes présumées de la Caravane de la mort ont été découverts dans une zone quasi désertique située à 1 230 km au nord de Santiago. Leur exhumation a été décidée par Juan Guzman, une manière de se rappeler au bon souvenir du dictateur.

Le jeudi 25 octobre 2001, le juge Roger Le Loire a lancé de Paris quinze mandats d'arrêt dans le cadre de la disparition de plusieurs Français sous la dictature du général Pinochet pour « séquestration accompagnée de tortures » et/ou « complicités ». Trois avaient déjà été engagés. « Ces mandats d'arrêt démontrent qu'un magistrat français peut être efficace et remonter la chaîne des responsabilités même s'il est éloigné », a déclaré l'un des avocats des familles de ces disparus, Me William Bourdon. Visant des militaires et des généraux en retraite, ils ont peu de chances d'aboutir mais ouvrent la voie à un procès par contumace. Un de plus.

Ils valent d'être ici détaillés, sans chauvinisme ni parti pris. Le lecteur y trouvera la raison d'être de cet ouvrage, son point de départ et son aboutissement. En espérant qu'il ne s'agira pas d'une simple épitaphe – terme fort mal choisi car il n'existe pas de tombe en l'espèce, rien que des disparus, dont les familles n'arrivent pas à faire le deuil. Juste des disparus, dont nul ne sait ce qu'ils sont réellement devenus, ni comment ils ont péri. Comme des milliers d'autres.

Ainsi, en octobre 2001, la justice française continue d'instruire sur les cas de quatre Français portés disparus pendant les années du règne d'Augusto Pinochet Ugarte (1973-1990). Elle a lancé des mandats d'arrêt.

– Georges Klein. Médecin de formation, conseiller politique du président Salvador Allende. Arrêté le 11 septembre 1973 au palais de la Moneda durant le coup d'État. Transféré au régiment Tacna. Quatre mandats d'arrêt : Rafael Ahumada Valderrama, Luis Ramirez Pineda, Javier Palacios Ruhmann, Herman Julio Brady Roche.

– Étienne Pesle. Arrivé au Chili en qualité de prêtre, salarié de l'Institut de développement agraire (INDAP) chargé d'allouer des crédits aux petits propriétaires terriens dans le cadre de la redistribution des terres du gouvernement Allende. Arrêté le 19 septembre 1973 par des militaires portant l'uniforme des forces aériennes du Chili (FACH). Conduit et séquestré à la caserne de Maquehue, au sud du Chili. Deux mandats : Andres Pacheo Cardenas, Emilio Sandoval Poo.

– Alphonse-René Chanfreau. Interpellé le 30 juillet 1974 par des hommes en civil de la Direction nationale d'investigations (DINA). Torturé durant quatorze jours au centre de détention et de tortures de la villa Grimaldi, sise 38, rue de Londres, à Santiago. Transféré à la Colonie de la Dignité (*Colonia Dignidad*). Huit mandats : Marcelo Moren Brito, Pedro Espinoza Bravo, Paul Schaefer Schneider, Miguel Krasnoff Martchenko, Basclay Zapata Reyes, Gerardo Godoy Garcia, Juan Manuel Contreras Sepulveda, Osvaldo Enrique Mena.

– Jean-Yves Claudet Fernandez. Militant du Mouvement de la gauche révolutionnaire (MIR). Arrêté le 2 novembre à Santiago du Chili. Torturé, relâché puis de nouveau interpellé avant d'être libéré en novembre 1974. Regagne la France puis se rend en Argentine où il est enlevé à Buenos Aires, le 1er novembre 1975, dans le cadre du plan Condor. Quatre mandats : Jorge Oswaldo Rebero (alias Rawson), Enrique Arancibia Clavel, Raul Iturriaga Neumann, Jose Zara Holger.

Ces mandats visent aussi, nommément, le général Pinochet.

Tous.

– Annexes –

Lettre de Me William Bourdon à M. Roger Le Loire, juge d'instruction

Paris, le 22 mai 2001

Affaire : Familles Chanfreau, Pesle, Klein / Général Augusto Pinochet et autres

Monsieur le Juge,

Vous avez procédé récemment à l'audition de M. John Charles Dinges (cotes D 131412 et suivantes) qui a commenté différents documents émanant des services secrets américains, soit la C.I.S., aujourd'hui déclassifiés.

Ces documents sont évidemment importants et sont très éclairants en ce qu'ils révèlent que les services secrets américains n'ont rien ignoré des activités de certains des services d'intelligence sud-américains.

On peut se demander également s'il n'y a pas eu, à un certain moment, un échange d'informations entre ces mêmes services d'intelligence et les services secrets américains, et ce dans le cadre du plan Condor.

M. John Charles Dinges fait plus précisément référence à un document (voir cote D 13414) faisant état d'un accord séparé des services secrets de renseignement urugayens pour convenir de faire des opérations clandestines à Paris.

Je note également (voir cote D 13414) que M. John Charles Dinges fait référence à un document en date du 20 juillet 1976 émanant de celui qui était alors le Secrétaire d'État américain, soit M. Henry Kissinger, ledit document mentionnant la phrase suivante :

« L'Argentine, le Chili, et l'Uruguay vont coopérer clandestinement contre les activités de la J.C.R. (Junte coordinatrice révolutionnaire à Paris).

Par ailleurs, M. John Charles Dinges précise que ce document fait « référence également à la mort de M. Edgardo Enriquez, qui était un camarade du MIR de M. Claudet Fernandez » dont les ayants droit sont partie civile dans le dossier d'information dont vous avez la charge.

Je sais également que les services de la Brigade criminelle, sur vos instructions, ont versé au dossier d'information une partie substantielle des archives de la C.I.A. déclassifiées, leur traduction en français ayant été assurée.

Par ailleurs, personne n'ignore, car ces faits ont fait l'objet de nombreux travaux d'historiens et d'études, l'importance des agissements des autorités américaines aux fins de déstabiliser le régime du Président Allende d'une part, et, d'autre part, le fait que des échanges de renseignements entre la C.I.A. et la DINA (services secrets chiliens) ont eu lieu après le coup d'État intervenu à Santiago le 11 septembre 1973.

L'interventionnisme actif de l'Administration américaine au Chili, avant, pendant et après le coup d'État est relaté dans un ouvrage paru très récemment en France, écrit par M. Christopher Hitchens, dont le titre est *Les Crimes de M. Kissinger* publié aux éditions Saint-Simon.

Cet ouvrage, je prends l'initiative de le communiquer,

Monsieur le Juge, évidemment à titre strictement d'information, car naturellement l'objet de l'information qui vous a été confiée n'est évidemment pas d'enquêter sur les responsabilités américaines dans le coup d'État intervenu au Chili, ces responsabilités ayant été stigmatisées par de nombreux travaux d'historiens.

Il est acquis cependant que ceux qui étaient responsables de l'Administration américaine ou ses représentants au Chili en 1973 ont, au minimum, surveillé de très près les activités de la DINA.

Il est acquis également (voir le témoignage de M. John Charles Dinges, cote D 13403) que la C.I.A. a mené une enquête, notamment sur la « Colonia Dignidad » dont nous savons, par différents témoignages, que M. Alphonse Chanfreau semble y avoir transité.

Il est acquis également, selon les témoignages que vous avez récemment recueillis, que les services américains ont contrôlé, surveillé et en tous les cas ont pris des dispositions pour en être informés, les activités des services d'intelligence latino-américains en Europe à partir de 1973, et notamment à Paris.

Dans ces conditions, j'ai l'honneur de vous prier de bien vouloir entendre en qualité de témoins les personnes suivantes :

– M. Henry Kissinger, qui a, à la fois, longtemps été à la tête du National Security Council (Conseil national de sécurité, N.S.C.) qui définit, supervise l'ensemble des activités diplomatiques et militaires des États-Unis (pendant les deux présidences de M. Nixon) et à la suite de la réélection de M. Nixon, est devenu Secrétaire d'État, soit l'équivalent de notre ministre des Affaires étrangères.

– M. Richard Helms, qui était en 1973 directeur de la C.I.A.

– M. Jack Kubish, Secrétaire d'État adjoint, chargé des affaires latino-américaines en 1973.

Il m'apparaît essentiel, si certains de ces témoins acceptaient de contribuer à la manifestation de la vérité, que notamment mais non limitativement leur soient posées les questions suivantes :

– Ont-ils eu connaissance et dans quelles conditions de la disparition de Français au Chili à la suite du coup d'État ?

– Dans l'affirmative, les services américains ont-ils localisé les lieux de détention où se seraient trouvés certains des Français disparus au Chili et évidemment ceux pour lesquels différentes familles se sont constituées partie civile entre vos mains ?

– Les services américains disposent-ils d'un rapport spécifique sur les activités de la « Colonia Dignidad » ? Dans l'affirmative, il conviendrait, me semble-t-il, de le transmettre (il m'apparaît des plus vraisemblable que l'activité de la Colonia Dignidad a été étroitement surveillée par les services américains, ne serait-ce que parce qu'elle était animée, pendant une certaine période, par un ancien nazi).

– Il conviendrait également de demander aux témoins quelle connaissance les services américains ont-ils eue, et si des rapports ont été dressés à cet effet, s'agissant des activités de certains services latino-américains (provenant notamment d'Argentine, du Chili et d'Uruguay) à Paris.

– Enfin, il serait souhaitable que les témoins indiquent si, à un quelconque moment, ont été transmises à l'Administration française et/ou aux services français, des informations sur les Français disparus au Chili et/ou les activités des services latino-américains à Paris.

Vous remerciant de l'attention que vous voudrez bien porter à la présente,

Je vous prie de croire, Monsieur le Juge, en l'assurance de ma considération respectueuse.

William BOURDON

PLAN CONDOR

Première réunion de travail

PRIMERA
REUNION DE TRABAJO DE INTELIGENCIA NACIONAL.

SECRETO

PRIMERA REUNION DE TRABAJO DE INTELIGENCIA NACIONAL.

00022F 0156

I N D I C E

Santiago, 29 Octubre de 1975.-

PRIMERA REUNION DE TRABAJO DE INTELIGENCIA NACIONAL

I.- FUNDAMENTOS.

La Subversión desde hace algunos años, se encuentra presente en nuestro Continente, amparado por concepciones políticas-económicas que son fundamentalmente contrarias a la Historia, a la Filosofía, a la Religión y a las costumbres propias de los países de nuestro Hemisferio.

Esta situación descrita, no reconoce Fronteras ni Países, y la infiltración penetra todos los niveles de la vida Nacional.

La Subversión, ha desarrollado Mandos Intercontinentales, Continentales, Regionales y Subregionales, centralizados para coordinar las acciones disociadoras. A manera de ejemplo podemos citar la Conferencia Tricontinental de la Habana, la Junta Coordinadora Revolucionaria para el Sur, etc., todo ello amenizado con toda suerte de Comités de Solidaridad con..........; de Congresos para.........; de Tribunales de...........; de Encuentros.........; de Festivales.........; de Conferencias ....etc.

En cambio los países que están siendo agredidos Política-Económica y Militarmente (desde adentro y fuera de sus fronteras), están combatiendo solos o cuando más con entendimientos bilaterales o simples "acuerdos de caballeros".

Es para enfrentar esta Guerra Psicopolítica, hemos estimado que debemos contar en el ámbito Internacional no con un Mando centralizado en su accionar interno, sino que con una Coordinación eficaz que permita un intercambio oportuno de informaciones y experiencias además con cierto grado de conocimiento personal entre los Jefes responsables de la Seguridad.

II.- PROPOSICION.

Para materializar los intercambios de información se proponen las siguientes acciones a la digna consideración de los Honorables delegados, consistente en una Oficina de Coordinación y Seguridad.

//..

A.- Banco de Datos.

Establecer en un País de los que aquí se encuentran representados, un Archivo Centralizado de Antecedentes de Personas, Organizaciones y otras Actividades, conectadas directa o indirectamente con la Subversión.

En líneas generales, algo similar a lo que tiene INTERPOL., en París, pero dedicado a la Subversión

Desde luego, este Banco de Datos, debe ser manejado financiado y alimentado por los Servicios de Seguridad de los Países interesados, de acuerdo a un Reglamento Orgánico y de Funcionamiento aprobado por los Delegados.

B.- Central de Informaciones.

Para obtener un eficaz rendimiento en el uso del Banco de Datos, es necesario contar con un Sistema de Comunicaciones moderno y ágil, que permita cumplir con los principios de rapidez y oportunidad en la entrega de la información. A modo de ejemplo, el sistema podría conformarse a base de:

1.- Transmisión por Telex.

2.- Medios de Criptografía.

3.- Teléfonos con inversores de voz.

4.- Correos.

Este Sistema debe ser manejado, financiado y alimantado por los Servicios de Seguridad de los Países interesados, de acuerdo a un Reglamento.

C.- Reunión de Trabajo.

Con el fin de ir evaluando los servicios prestados por la Oficina de Coordinación de Seguridad, tratar problemas específicos; realizar contactos de coordinación o conocimiento personal, deben programarse Reuniones de Trabajo en los Países cuyos servicios de Seguridad serán parte de este Sistema. También deben estimularse Reuniones de Trabajo bilaterales o extraordinarios cuando la situación así lo exija.

Para evitar cargas onerosas o compromisos, este tipo de reuniones deben estar regidas por un Reglamento de funcionamiento, que permita un ordenamiento de las mismas.

//..

D.- Estos tres elementos básicos: Banco de Datos, Central de Informaciones y Reuniones de Trabajo, forman el Sistema de Coordinación de Seguridad propuesto.

III.- PAISES PARTICIPANTES

Pueden ingresar todos los países que quieran, siempre y cuando, no representen a países Marxistas.

La admisión desde luego debe estar sujeta a la Reglamentación del Sistema.

IV.- SEDE DE SISTEMA Y VISION GENERAL.

A.- La Dirección de Inteligencia Nacional, está en condiciones de ofrecer como Sede del Sistema a Santiago de Chile, pero se somete a cualquier tipo de acuerdo que exista entre los Países participantes.

B.- La Dirección del Sistema debe ser ejercida en la forma que los países lo acuerden, ya sea en forma rotativa, por elección y conforme a un período determinado.

C.- Los Países deben concurrir en forma igualitaria y proporcional al mantenimiento del Sistema, conforme a los acuerdos que se determinen.

D.- El personal técnico del Sistema debe ser propor porcionado en forma igualitaria o proporcional por los Servicios involucrados, y solo el personal no técnico puede ser contratado localmente previa Investigación de confiabilidad.

El Personal Técnico, debe tener inmunidad diplomática y estar agregado a su respectiva Representación de acuerdo a las normas que le fije cada País, aunque es deseable que ellos dependan directamente de sus Servicios.

V.- ESQUEMA ORGANICO PROPUESTO.

(Ver anexo A.-)

VI.- MECANICA DE CONSULTA.

(Ver anexo B.-)

//..

VII.- PROGRAMA GENERAL.

A.- DIA MARTES 25 de NOVIEMBRE.
= Arribo a Santiago de Chile.
= Otorgamiento de Credenciales.
= Aposentamiento en Hotel.
= Libre.

B.- DIA MIERCOLES 26 de NOVIEMBRE.
= 10.00 hrs. Saludos protocolares a las Autoridades.
= 11.30 hrs. 1a. Sesión de Trabajo.
13.00 hrs.
= 13.30 hrs. Almuerzo.
= 15.30 hrs. 2a. Sesión de Trabajo.
= 19.30 hrs.
= 21.00 hrs. Comida ofrecida por el Sr. Direc-Director de Inteligencia Nacional.

C.- DIA JUEVES 27 de NOVIEMBRE.
= 09.00 hrs. 3a. Sesión de Trabajò.
= 13.00 hrs.
= 13.30 hrs. Almuerzo.
= 15.30 hrs. 4a. Sesión de Trabajo.
= 19.30 hrs. Libre.

D.- DIA VIERNES 28 de NOVIEMBRE.
= 09.00 hrs. 5a. Sesión de Trabajo.
= 13.00 hrs.
= 13.30 hrs. Almuerzo.
= 15.30 hrs. 6a. Sesión de Trabajo.
= 19.30 hrs. Libre.

E.- DIA SABADO 29 de NOVIEMBRE.
= 10.00 hrs. 7a. Sesión de Trabajo.
= 13.00 hrs.
= 13.30 hrs. Almuerzo.
= 16.00 hrs. Viaje a Viña del Mar.
= 21.00 hrs. Comida en el Casino de Viña del Mar.

F.- DIA DOMINGO 30 de NOVIEMBRE.
= 11.00 hrs. Visita a la Escuela de Caballería y almuerzo.
= 21.00 hrs. Visita algún Centro Nocturno y Libre.

G.- DIA LUNES 01 de DICIEMBRE.
Regreso a Santiago.
Regreso a los países a voluntad.
Término de la visita Oficial.

//..

VIII.- PROGRAMA DE TRABAJO.

A.- DIA MIERCOLES 26 de NOVIEMBRE.
1.- 1a. Sesión de Trabajo.
Hora: 11.30 18.30 hrs.
Materia: Organización de la Dirección de Inteligencia Nacional. Situación de la Subversión en Chile.
- Objetivo de la 1a. Reunión de Trabajo de Inteligencia Nacional.

2.- 2a. Sesión de Trabajo.
Hora: 15.30 19.30 hrs.
Materia: Cada país participante puede si así lo desea, disponer de 1 hora y 30 mitos para exponer su Organización de Inteligencia, su actual situación de la Subversión y forma de combatirla.

B.- DIA JUEVES 27 de NOVIEMBRE.
1.- 3a. Sesión de Trabajo.
Hora: 09.00 13.30 hrs.
Materia: Tiempo disponible para las exposiciones de los países.

2.- 4a. Sesión de Trabajo.
Hora: 15.30 19.30 hrs.
Materia: Necesidad de contar con un Sistema de Coordinación de Seguridad.
- Opinión de los participantes.
- Estructuración del Sistema, Organización y funcionamiento.

C.- DIA VIERNES 28 de NOVIEMBRE.
1.- 5a. Sesión de Trabajo.
Hora: 09.00 13.30 hrs.
Materia: Dotación de Medios, Personal, costos del Sistema.
- Distribución y obligación de los países.

2.- 6a. Sesión de Trabajo.
Hora: 15.30 19.30 hrs.
Materia: Continuación de las conversaciones sobre el Sistema propuesto.

D.- DIA SABADO 29 de NOVIEMBRE.
1.- 7a. Sesión de Trabajo.
Hora: 10.00 13.00
Materia: Lectura y aprobación del acta final. Clausura de la 1a. Reunión de Trabajo de Inteligencia Nacional.

//..

IX.- <u>INFORMACIONES PARA LOS ASISTENTES</u>.

A.- La Dirección de Inteligencia Nacional, tiene el agrado de invitar a los miembros de los Servicios de acuerdo a lo siguiente:

1.- Cancela la Dirección de Inteligencia Nacional, gastos de Hotel, y alimentación para 3 Delegados por País invitado.

2.- Les coloca a cada Delegación los medios de transporte en Chile con un Oficial acompañante.

3.- Proporciona el total de la Seguridad requerida.

4.- Locales de Reunión y todos los medios para esta Asamblea.

B.- Se adjunta una clave (anexo C.-) para comunicar por Telex los siguientes antecedentes:

1.- Grado, Nombre y Cargo de los participantes.

2.- Línea Aérea, Número del Vuelo y día que arriban.

3.- La Comunicación debe hacerse a la siguiente Dirección:
LUIS GUTIERREZ.
Telex INSRE. 40619- CL.

Como alternativa pueden llamar por teléfono al número 394133 de Santiago de Chile al Sr. Luis Gutiérrez.

/.

00022F 0163

SISTEMA DE COORDINACION (Anexo A.-)

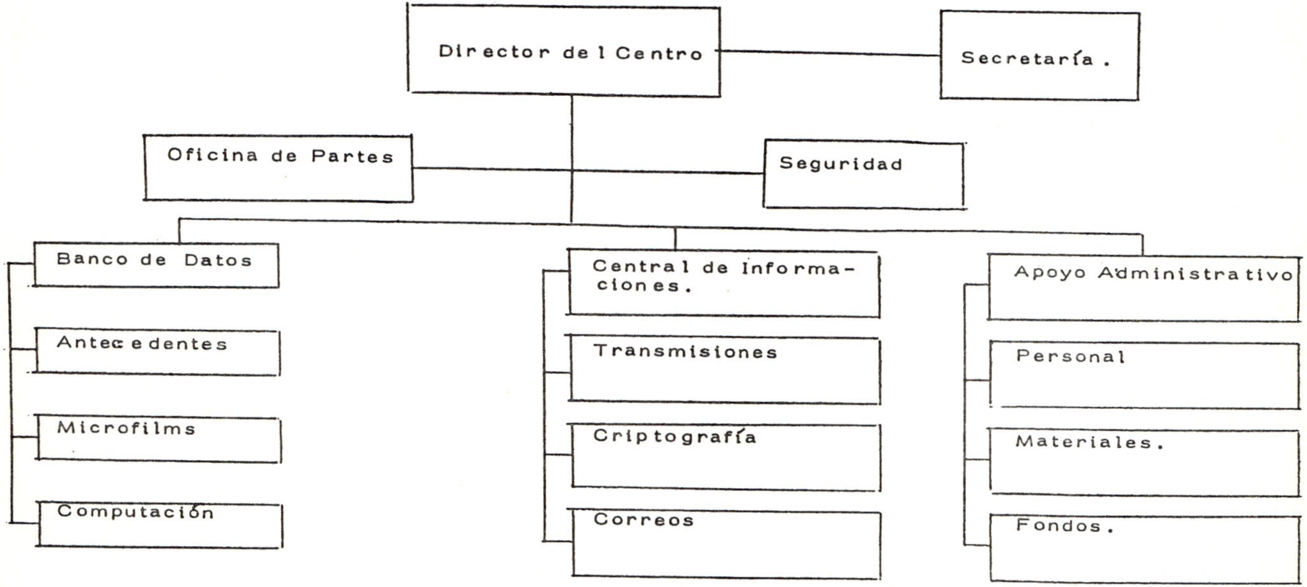

00022F 0164

MECANICA DE CONSULTA (Anexo B.-)

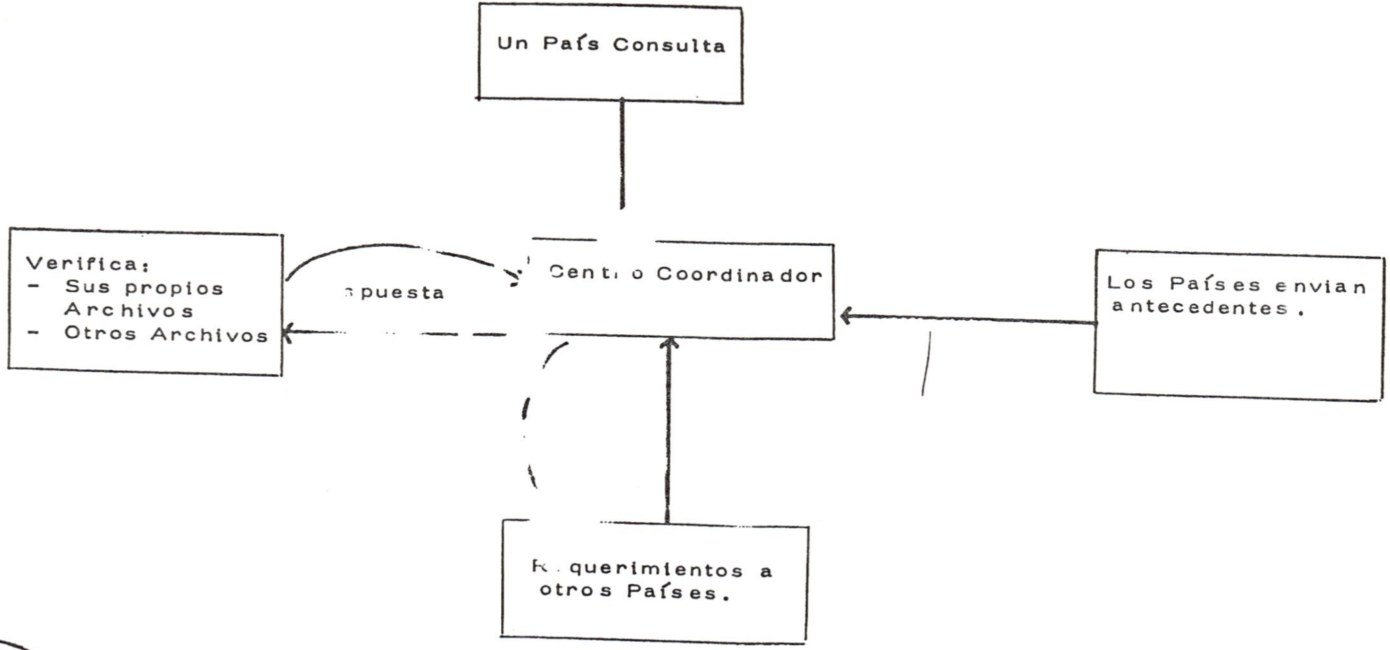

DOCUMENTS DÉCLASSIFIÉS
DE LA C.I.A.
CONCERNANT LE PLAN CONDOR

SECRET (classification) (dissem controls) [redacted]

1. [redacted]

REPRESENTATIVES FROM ALL MEMBER COUNTRIES OF THE CONDOR ORGANIZATION MET IN BUENOS AIRES 13-16 DECEMBER 1976 TO REVIEW PAST ACTIVITIES AND DISCUSS FUTURE PLANS. THE PRINCIPAL ITEM ON THE AGENDA WAS TH DISCUSSION AND PLANNING OF COORDINATED PSYCHOLOGICAL WARFARE OPERATIONS DIRECTED AGAINST LEFTIST AND RADICAL GROUPS IN THE VARIOUS MEMBER COUNTRIES. OPERATION CONDOR IS A COOPERATIVE ARRANGEMENT AMON SECURITY SERVICES OF CHILE, ARGENTINA, BOLIVIA, PARAGUAY, URUGUAY, AN BRAZIL TO COUNTER TERRORISM AND SUBVERSION.)

2. ON 12 APRIL [redacted] TO OPERATION CONDOR-AS WELL AS THE [redacted], SAID HE WAS NOT AWARE OF ANY OPERATIONS BEING RUN IN EITHER THE UNITED STATES OR EUROPE BY CONDOR COUNTRIES. [redacted] CAUTIONED, HOWEVER, THAT SECURITY HAD BEEN STRENGTHENED AT THE OPERATIONS CENTER IN BUENOS AIRES AND COMPARTMENTATION INCREASED AFTE CONDOR REPRESENTATIVES FOUND OUT IN SEPTEMBER 1976 THAT THE FRENCH

SECRET (classification) [redacted]

INTELLIGENCE SERVICE WAS AWARE OF THE EXISTENCE AND SOME OBJECTIVES OF OPERATION CONDOR; THUS, HE COULD NOT BE SURE ABOUT OPERATIONS ELSEWHERE, ALTHOUGH HE EMPHASIZED THAT DISCUSSION OF OPERATIONS IN EITHER THE U.S. OR EUROPE WAS NOT SURFACED AT THE MEETING HELD 13-16 DECEMBER. [redacted] SAID THAT REACTION TO THIS PARTICULAR BREACH OF SECURITY WAS EXTREMELY HARSH IN ARGENTINA WHICH RESULTED IN THE FIRING OF THE THEN DIRECTOR OF THE ARGENTINE STATE SECRETARIAT FOR INTELLIGENCE (SIDE) AND REPLACING HIM WITH GENERAL CARLOS ENRIQUE L A I D L A W, THE CURRENT DIRECTOR. HE ADDED THAT THE FOREGOING INCIDENT MADE CONDOR REPRESENTATIVES REALIZE THAT THE OTHER INTELLIGENCE SERVICES ARE PROBABLY AWARE OF THEIR ORGANIZATION AND, THEREFORE, EVERYTHING IS HANDLED ACCORDINGLY, I.E.; WITH A MAXIMUM OF CAUTION. [redacted] COMMENT: GENERAL OTTO P A L A D I N O HAS THE FORMER DIRECTOR OF SIDE. a-
[redacted]

3. CONCERNING CURRENT CONDOR OPERATIONS, [redacted] BELIEVED THE EXCHANGE OF INFORMATION ON SUBVERSIVES AND TERRORISTS HAS BEING CONDUCTED MOSTLY BILATERALLY BETWEEN INTELLIGENCE SERVICES OF MEMBER COUNTRIES. IN THE COVERT ACTION FIELD, -THAT BOTH ARGENTINA AND CHILE WERE MAKING EXTENSIVE USE OF THE COMMUNICATIONS

MEDIA FOR PROPAGANDA PURPOSES. HE ADDED THAT THE THRUST OF THESE PROPAGANDA EFFORTS WAS TWOFOLD: TO REFUTE CRITICISM LEVELLED AT THE RESPECTIVE GOVERNMENTS BY THE FOREIGN COMMUNICATIONS MEDIA AND INTERNATIONAL FORA AND TO INSTILL A NEW SENSE OF NATIONAL PRIDE IN THE POPULATION. [redacted] THAT CHILE HAD RECENTLY COMPLETED TWO FILMS ON "CHILE AFTER ALLENDE" WHICH IT WAS ASKING CONDOR REPRESENTATIVES TO SHOW ON TELEVISION IN THEIR COUNTRIES. TO DATE, ONLY URUGUAY AND ARGENTINA HAVE AGREED TO SHOW THEM. ACCORDING TO [redacted] PARAGUAY HAD ONLY MADE USE OF THE PRESS, THE DAILY NEWSPAPER "PATRIA" IN WHICH PROPAGANDA WAS PERIODICALLY INSERTED. HE SAID THAT A REQUEST TO USE TELEVISION FOR THIS PURPOSE WAS UNDER CONSIDERATION BY HIS SUPERIORS AS WAS A REQUEST FOR THE ESTABLISHMENT OF A NATIONAL NEWS AGENCY. [redacted] THAT THE LATTER WOULD PROBABLY NEVER COME TO PASS BECAUSE FUNDS SIMPLY WERE NOT AVAILABLE FOR SUCH AN UNDERTAKING. 1.5

4. LASTLY [redacted] THAT THE MEETING THAT WAS TO BE HELD IN ASUNCION IN MARCH 1977 ON "PSYCHOLOGICAL WARFARE TECHNIQUES AGAINST TERRORISTS AND LEFTIST EXTREMISTS" WAS CANCELLED BECAUSE OF THE INABILITY OF ARGENTINA AND PARAGUAY TO PARTICIPATE. [redacted] THAT BOTH COUNTRIES INTELLIGENCE SERVICES HAD BEEN DEEPLY INVOLVED IS

5,321

[redacted]

[redacted]

SECURITY ARRANGEMENTS FOR THE THIRD CONGRESS OF THE LATIN-AMERICAS ANTI-COMMUNIST CONFEDERATION HELD 28-30 MARCH, AS WELL AS IN THE PREPARATION FOR THE 20 APRIL STATE VISIT OF ARGENTINE PRESIDENT JORGE V I D E L A TOPARAGUAY: [redacted] THAT A NEW DATE FOR THE NEXT CONDOR MEETING HAD NOT BEEN SET. 1.5 (c)

5. [redacted].

[redacted]

5
4
3
2
1

– Table des matières –

Troisième partie
La Colonia Dignidad

Quatrième partie
L'énigmatique Michael Townley, mercenaire de la DINA

Direction littéraire
Huguette Maure

assistée de
Marie Dreyfuss
et
Maggy Noël

Composé par P.C.A.
44400 – Rezé

Impression réalisée sur CAMERON par

BRODARD & TAUPIN
GROUPE CPI

La Flèche

pour le compte des Éditions Michel Lafon
en avril 2002

Imprimé en France
Dépôt légal : avril 2002
N° d'impression : 12481
ISBN : 2-84098-791-0
LAF 171